書經集傳

蔡沈 撰

精一執中，
堯、舜、禹相傳之心法也；
建中建極，
商湯、周武相傳之心法也；
曰德、曰仁、曰敬、曰誠，
言雖殊而理則一，
無非所以明此心之妙也。

華夏出版公司本著「弘揚傳統文化，好書永世流傳」的理念，因舊版圖書年代久遠，囿於時空因素，在尚未能聯繫到原著作人並取得同意下，重新出版了這本著作，如有侵權，敬請著作權人或其親友和華夏出版公司聯繫，謝謝您。

書經集傳序

慶元(宋寧宗年號)己未冬。先生文公令(平聲)沈作書集傳(去聲)。明年。先生歿。又十年。始克成編。總若干萬言。嗚呼。書豈易(音異)言哉。二帝(堯舜)三王(禹湯文武)治(平聲。澄之反。鄒氏季友曰。治字本平聲。借用乃爲去聲。故陸氏於諸經中平聲者並無音。去聲者乃音直吏反。而讀者不察。乃或皆作去聲讀之。今二聲並音。以矯其弊。平聲者。修理其事。方用其力也。去聲者。事有條理。已見其效也。諸篇中有不及盡音者。以此推之。皆可見矣。)天下之大經大法。皆載此書。而淺見薄識。豈足以盡發蘊奧。且生於數千載之下。而欲講明於數千載之前。亦已難矣。然二帝三王之治(去聲。下同)本於道。二帝三王之道本於心。得其心。則道與治固可得而言矣。何者。精一執中。堯舜禹相授之心法也。建中建極。商湯周武相傳之心法也。曰德曰仁曰敬曰誠。言雖殊而理則一。無非所以明此心之妙也。至於言天。則嚴其心之所自出。言民。則謹其心之所由施。禮樂教化。心之發也。典章文物。心之著也。家齊國治而天下平。心之推也。心之德。其盛矣乎。二帝三王。存此心者也。夏桀商受。亡此心者也。太甲成王。困而存此心者也。存則治。亡則亂。治亂之分。顧其心之存不存如何耳。後世人主有志於二帝三王之治。不可不求其道。有志於二帝三王之道。不可不求其心。求心之要。舍(音捨)是書何以哉。沈自受讀以來。沈潛其義。參考衆說。融會貫通。迺敢折衷(音中)微辭奧旨。多述舊聞。二典三謨。先生蓋嘗是正。手澤尚新。嗚呼惜哉。(先生改本。已附文集中。其間亦有經承先生口授指畫。而未及盡改者。今悉更定。見本篇。)集傳(去聲)本先生所命。故凡引用師說。不復(扶又反)識(音志)別(彼列反)。四代虞夏商周之書。分爲六卷。虞一卷。夏一卷。商一卷。周三卷。○書凡百篇。遭秦火後。今所存者。僅五十八篇。文以時異。治以道同。聖人之心見音現於書。猶化工之妙著於物。非精深不能識也。是傳去聲也。於堯舜禹湯文武周公之心。雖未必能造七到反其微。於堯舜禹湯文武周公之書。因是訓詁。果五古纂二切。通古今之言也。亦可得其指意之大略矣。嘉定亦寧宗年號。己巳三月既望武夷蔡沈序沈。俗作沉非。沈音澄。沈字仲默。建寧府建陽縣人。西山先生之仲子。從學於朱文公。隱居不仕。自號九峰先生。

書經篇目

第五卷　周書

第六卷　周書

書經卷之一

虞書

虞。舜氏。因以爲有天下之號也。書凡五篇。堯典。雖紀唐堯之事。然本虞史所作。故曰虞書。其舜典以下。夏史所作。當曰夏書。春秋傳亦多引爲夏書。此云虞書。或以爲孔子所定也。

堯典

堯。唐帝名。說文曰。典。從冊在丌上。尊閣之也。此篇以簡冊載堯之事。故名曰堯典。後世以其所載之事。可爲常法。故又訓爲常也。今文古文皆有。

曰若稽古帝堯。曰放勳。欽明文思安安。允恭克讓。光被四表。格于上下。曰。粵越通。古文作粵。曰若者。發語辭。周書越若來三月。亦此例也。稽。考也。史臣將敘堯事。故先言考古之帝堯者。其德如下文所云也。曰者。猶言其說如此也。放。至也。猶孟子言放乎四海是也。勳。功也。言堯之功大而無所不至也。欽。恭敬也。明。通明也。敬體而明用也。文。文章也。思。意思也。文著見而思深遠也。安安。無所勉強也。言其德性之美。皆出於自然而非勉強。所謂性之者也。允。信。克。能也。常人德非性有。物欲害之。故有強爲恭而不實。欲爲讓而不能者。惟堯性之。是以信恭而能讓也。光。顯。被。及。表。外。格。至。上。天。下。地也。言其德之盛如此。故其所及之遠如此也。蓋放勳者。總言堯之德業也。欽明文思安安。本其德性而言也。允恭克讓。以其行實而言也。至於被四表。格上下。則放勳之所極也。孔子曰。惟天爲大。惟堯則之。故書敘帝王之德。莫盛於堯。而其贊堯之德。莫備於此。且又首以欽之一字爲言。此書中開卷第一義也。讀者深味而有得焉。則一經之全體不外是矣。其可忽哉。

克明俊德。以親九族。九族既睦。平章百姓。百姓昭明。協和萬邦。黎民於變時雍。於。音烏。○明。明之也。俊。大也。堯之大德。上文所稱是也。九族。高祖至玄孫之親。舉近以該遠。五服異姓之親。亦在其中也。睦。親而和也。平。均。章。明也。百姓。畿內民庶也。昭明。皆能自明其德也。萬邦。天下諸侯之國也。黎。黑也。民首皆黑。故曰黎民。於。歎美辭。變。變惡爲善也。時。是。雍。和也。此言堯推其德。自身而家。而國。而天下。所謂放勳者也。

乃命羲和。欽若昊天。歷象日月星辰。敬授人時。昊。下老反。○乃者。繼事之辭。羲氏和氏。主歷象授時之官。若。順也。昊。廣大之意。歷。所以紀數之書。象。所以觀天之器。如下篇璣衡之屬是也。日。陽精。一日而繞地一周。月。陰精。一月而與日一會。星。二十八宿衆星爲經。金木水火土五星爲緯。皆是也。辰。以日月所會分周天之度爲十二次也。人時。謂耕穫之候。凡民事早晚之所關也。其說詳見下文。

分命羲仲。宅嵎夷。曰暘谷。寅賓出日。平秩東作。日中星鳥。以殷仲春。厥民析。鳥獸孳尾。嵎。音隅。孳。音字。○此下四節。言歷既成而分職以頒布。且考驗之。恐其推步之或差也。或曰。上文所命。蓋羲伯和伯。此乃分命其仲叔。未詳是否也。宅。居也。嵎夷。即禹貢嵎夷既略者也。曰暘谷者。取日出之義。羲仲所以官次之名。蓋官在國都。而測候之所則在於嵎夷東表之地也。寅。敬也。賓。禮接之如賓客也。亦帝嚳歷日月而迎送之意。出日。方出之日。蓋以春分之旦。朝方出之日。而識其初出之景也。平。均。秩。序。作。起也。東作。春月歲功方興。所當作起之事也。蓋以歷之節氣早晚。均次其先後之宜。以授有司也。日中者。春分之刻。於夏永冬短爲適中也。晝夜皆五十刻。舉晝以見夜。故曰日。星鳥。南方朱鳥七宿。唐一行推以鶉火爲春分昏之中星也。殷。中也。春分陽之中也。析。分散也。先時

冬寒民聚於隩至是則以民之散處而驗其氣之溫也乳化曰孳交接曰尾以物之生育而驗其氣之和也

申命羲叔宅南交平秩南訛敬致日永星火以正仲夏厥民因鳥獸希革

申重也南交南方交趾之地陳氏曰南交下當有曰明都三字訛化也謂夏月時物長盛所當變化之事也史記索隱作南爲謂所當爲之事也敬致周禮所謂冬夏致日蓋以夏至之日中祠日而識其景如所謂日至之景尺有五寸謂之地中者也永長也日永晝六十刻也星火東方蒼龍七宿火謂大火夏至昏之中星也正者夏至陽之極午爲正陽位也因析而又析以氣愈熱而民愈散處也希革鳥獸毛希而革易也

分命和仲宅西曰昧谷寅餞納日平秩西成宵中星虛以殷仲秋厥民夷鳥獸毛毨

毨蘇典反○西謂西極之地也曰昧谷者以日所入而名也餞禮送行者之名納日方納之日也蓋以秋分之莫夕方納之日而識其景也西成秋月物成之時所當成就之事也宵夜也宵中者秋分夜之刻於夏冬爲適中也晝夜亦各五十刻舉夜以見日故曰宵星虛北方玄武七宿之虛星秋分昏之中星也亦曰殷者以分陰之中也夷平也暑退而人氣平也毛毨鳥獸毛落更生潤澤鮮好也

申命和叔宅朔方曰幽都平在朔易日短星昴以正仲冬厥民隩鳥獸氄毛

隩於到反氄而隴反○朔方北荒之地謂之朔者朔之爲言蘇也萬物至此死而復蘇猶月之晦而有朔也日行至是則淪於地中萬象幽暗故曰幽都在察也朔易冬月歲事已畢除舊更新所當改易之事也日短晝四十刻也星昴西方白虎七宿之昴宿冬至昏之中星也亦曰正者冬至陰之極子爲正陰之位也隩室之內也氣寒而民聚於內也氄毛鳥獸生耎毳細毛以自溫也蓋既命羲和造歷制器而又分方與時使各驗其實以審夫推步之差聖人之敬天勤民其謹如是是以術不違天而政不失時也又按此冬至日在虛昏中昴今冬至日在斗昏中壁中星不同者蓋天有三百六十五度四分度之一歲有三百六十五日四分日之一天度四分之一而有餘歲日四分之一而不足故天度常平運而舒日道常內轉而縮天漸差而西歲漸差而東此差之由唐一行所謂歲差者是也古歷簡易未立差法但隨時占候修改以與天合至東晉虞喜始以天爲天以歲爲歲乃立差以追其變約以五十年退一度何承天以爲太過乃倍其年而又反不及至隋劉焯取二家中數七十五年爲近之然亦未爲精密也因附著于此

帝曰咨汝羲暨和朞三百有六旬有六日以閏月定四時成歲允釐百工庶績咸熙

咨嗟也嗟歎而告之也暨及也朞猶周也允信釐治工官庶衆績功咸皆熙廣也天體至圓周圍三百六十五度四分度之一繞地左旋常一日一周而過一度日麗天而少遲故日行一日亦繞地一周而在天爲不及一度積三百六十五日九百四十分日之二百三十五而與天會是一歲日行之數也月麗天而尤遲一日常不及天十三度十九分度之七積二十九日九百四十分日之四百九十九而與日會十二會得全日三百四十八餘分之積又五千九百八十八如日法九百四十而一得六不盡三百四十八通計得日三百五十四九百四十分日之三百四十八是一歲月行之數也歲有十二月月有三十日三百六十者一歲之常數也故日與天會而多五日九百四十分日之二百三十五者爲氣盈月與日會而少五日九百四十分日之五百九十二者爲朔虛合氣盈朔虛而閏生

閏。故一歲閏率則十日九百四十分日之八百二十七。三歲一閏則三十二日九百四十分日之六百單一。五歲再閏則五十四日九百四十分日之三百七十五。十有九歲七閏則氣朔分齊。是爲一章也。故三年而不置閏。則春之一月入于夏。而時漸不定矣。子之一月入于丑。而歲漸不成矣。積之之久。至於三失閏。則春皆入夏。而時全不定矣。十二失閏。子皆入丑。歲全不成矣。其名實乖戾。寒暑反易。農桑庶務。皆失其時。故必以此餘日置閏月於其閒。然後四時不差。而歲功得成。以此信治百官。而衆功皆廣也。

帝曰。疇咨若時登庸。放齊曰。胤子朱啓明。帝曰。吁。嚚訟可乎。

放甫兩反。胤羊進反。嚚魚巾反。○此下至鯀績用弗成。皆爲禪舜張本也。疇誰。咨訪問也。若順。庸用也。堯言誰爲我訪問能順時爲治之人而登用之乎。放齊臣名。胤嗣也。胤子朱。堯之嗣子丹朱也。啓開也。言其性開明可登用也。吁者歎其不然之辭。嚚謂口不道忠信之言。訟爭辯也。朱蓋以其開明之才。用之於不善。故嚚訟。禹所謂傲虐是也。此見堯之至公至明。深知其子之惡。而不以一人病天下也。或曰。胤國。子爵。堯時諸侯也。夏書有胤侯。周書有胤之舞衣。今亦未見其必不然。姑存於此云。

帝曰。疇咨若予采。驩兜曰。都。共工方鳩僝功。帝曰。吁。靜言庸違。象恭滔天。

驩呼官反。兜當侯反。共音恭。僝仕限反。○采事也。都歎美之辭也。驩兜臣名。共工官名。蓋古之世官族也。方且。鳩聚。僝見也。言共工方且鳩聚而見其功也。靜言庸違者。靜則能言。用則違背也。象恭貌恭而心不然也。滔天二字未詳。與下文相似。疑有舛誤。上章言順時。此言順事。職任大小可見。

帝曰。咨四岳。湯湯洪水方割。蕩蕩懷山襄陵。浩浩滔天。下民其咨。有能俾乂。僉曰。於。鯀哉。帝曰。吁。咈哉。方命圮族。岳曰。异哉。試可乃已。帝曰。往欽哉。九載績用弗成。

湯音傷。於音烏。鯀古本反。咈符勿反。圮部鄙反。异音異。○四岳官名。一人而總四岳諸侯之事也。湯湯水盛貌。洪大也。孟子曰。水逆行。謂之洚水。洚水者洪水也。蓋水涌出而未洩。故汎濫而逆流也。割害也。蕩蕩廣貌。懷包其四面也。襄駕出其上也。大阜曰陵。浩浩大貌。滔漫也。極言其大勢若漫天也。俾使。乂治也。言有能任此責者。使之治水也。僉衆共之辭。四岳與其所領諸侯之在朝者同辭而對也。於歎美辭。鯀崇伯名。歎其美而薦之也。咈者甚不然之之辭。方命者。逆命而不行也。王氏曰。圓則行。方則止。方命猶今言廢閣詔令也。蓋鯀之爲人。悻戾自用。不從上令也。圮敗。族類也。言與衆不和。傷人害物。鯀之不可用者以此也。楚辭言鯀婞直。是其方命圮族之證也。岳曰四岳之獨言也。异義未詳。疑是已廢而復強舉之之意。試可乃已者。蓋廷臣未有能於鯀者。不若姑試用之。取其可以治水而已。言無預他事。不必求其備也。堯於是遣之往治水。而戒以欽哉。蓋任大事不可以不敬。聖人之戒辭約而意盡也。載年也。九載三考功用不成。故黜之

帝曰。咨四岳。朕在位七十載。汝能庸命。巽朕位。岳曰。否德忝帝位。曰。明明揚側陋。師錫帝曰。有鰥在下。曰虞舜。帝曰。俞。予聞。如何。岳曰。瞽子。父頑。母嚚。象傲。克諧以孝。烝烝乂。不格姦。帝曰。我其試哉。女于時。觀厥刑于二女。釐降二女于嬀汭。嬪于虞。帝曰。欽哉。

○嬀俱爲反。汭如稅反。嬪音舟。朕古人自稱之通號。吳氏

曰巽。遜古通用。言汝四岳能用我之命而可遜以此位乎。蓋丹朱既不肖。羣臣又多不稱。故欲舉以授人。而先之四岳也。否不。通。忝辱也。明明上明。謂明顯之。下明。謂已在顯位者。揚舉也。側陋。微賤之人也。言惟德是舉。不拘貴賤也。師衆。錫與也。四岳羣臣諸侯同辭以對也。鰥無妻之名。虞氏舜名也。俞應許之辭。予聞者我亦嘗聞是人也。如何者復問其德之詳也。岳曰四岳獨對也。瞽無目之名。言舜乃瞽者之子也。舜父號瞽叟。心不則德義之經爲頑。母舜後母也。象舜異母弟名。傲驕慢也。諧和。烝進也。言舜不幸遭此而能和以孝。使之進進以善自治而不至於大爲姦惡也。女以女與人也。時是。刑法也。二女。堯二女。娥皇女英也。此堯言其將試舜之意也。莊子所謂二女事之以觀其內是也。蓋夫婦之閒。隱微之際。正始之道。所繫尤重。故觀人者於此爲尤切也。釐理。降下也。嬀水名。在今河中府河東縣。出歷山入河。爾雅曰。水北曰汭。亦小水入大水之名。蓋兩水合流之內也。故從水從內。蓋舜所居之地。嬪婦也。虞舜氏也。史言堯治裝下嫁二女于嬀水之北。使爲舜婦于虞氏之家也。欽哉堯戒二女之辭。卽禮所謂往之女家。必敬必戒者。況以天子之女嫁於匹夫。尤不可不深戒之也。

舜典

今文古文皆有。今文合于堯典而無篇首二十八字。○唐孔氏曰。東晉梅賾上孔傳。闕舜典。自乃命以位以上二十八字。世所不傳。多用王范之註補之。而皆以愼徽五典以下爲舜典之初。至齊蕭鸞建武四年。姚方興於大航頭得孔氏傳古文舜典。乃上之。事未施行而方興以罪致戮。至隋開皇初。購求遺典。始得之。今按古文孔傳尙書有曰若稽古以下二十八字。伏生以舜典合於堯典。只以愼徽五典以上接帝曰欽哉之下。而無此二十八字。梅賾既失孔傳舜典。故亦不知有此二十八字。而愼徽五典以下。則固具於伏生之書。故傳者用王范之註以補之。至姚方興乃得古文孔傳舜典。於是始知有此二十八字。或者由此乃謂古文舜典一篇皆盡亡失。至是方全得之。遂疑其僞。蓋過論也。

曰若稽古帝舜。曰重華協于帝。濬哲文明。溫恭允塞。玄德升聞。乃命以位。 濬音浚。○華光華也。協合也。帝謂堯也。濬深。哲智也。溫和粹也。塞實也。玄幽潛也。升上也。言堯既有光華。而舜又有光華。可合於堯。因言其目。則深沈而有智。文理而光明。和粹而恭敬。誠信而篤實。有此四者幽潛之德。上聞於堯。堯乃命之以職位也。

愼徽五典。五典克從。納于百揆。百揆時敍。賓于四門。四門穆穆。納于大麓。烈風雷雨弗迷。 徽美也。五典五常也。父子有親。君臣有義。夫婦有別。長幼有序。朋友有信是也。從順也。左氏所謂無違教也。此蓋使爲司徒之官也。揆度也。百揆者。揆度庶政之官。惟唐虞有之。猶周之冢宰也。時敍以時而敍。左氏所謂無廢事也。四門四方之門。古者以賓禮親邦國。諸侯各以方至。而使主焉。故曰賓。穆穆和之至也。左氏所謂無凶人也。此蓋又兼四岳之官也。麓山足也。烈迅。迷錯也。史記曰。堯使舜入山林川澤。暴風雷雨。舜行不迷。蘇氏曰。洪水爲害。堯使舜入山林相視原隰。雷雨大至。衆懼失常。而舜不迷。其度量有絕人者。而天地鬼神亦或有以相之歟。愚謂遇烈風雷雨非常之變而不震懼失常。非固聰明誠智確乎不亂者不能也。易震驚百里不喪匕鬯意爲近之。

帝曰。格汝舜。詢事考言。乃言底可績。三載。汝陟帝位。舜讓于德弗嗣。 格來。詢謀。乃汝。底致。陟升也。堯言詢舜所行之事而考其言。則見汝之言致可有功。於今三年矣。汝宜升帝位也。讓于德。讓于有德之人也。或曰。謙遜自以其德不足爲嗣也。**正月上日。受終于文祖。**上日朔日也。葉氏曰。上旬之日。曾氏曰。如上戊上辛上丁之類。未詳孰是。受終者。堯於是終帝位之事。而舜受之也。文祖者。堯始祖之廟。未詳所指爲何人也。**在璿璣玉衡。以齊七政。**璿音旋。○在。察也。美珠謂之璿。璣。機也。以璿飾璣。所以象天體之轉運也。衡。横也。謂衡簫也。以玉爲管。横而設之。所以窺璣而齊七政之運行。猶今之渾天儀也。七政。日月五星也。七者運行於天。有遲有速。有順有逆。猶人君之有政事也。此言舜初攝位。整理庶務。首察璣衡。以齊七政。蓋歷象授時所當先也。○按渾天儀者。天文志云。言天體者三家。一曰周髀。二曰宣夜。三曰渾天。宣夜絕無師說。不知其狀如何。周髀之術。以爲天似覆盆。蓋以斗極爲中。中高而四邊下。日月旁行遶之。日近而見之爲晝。日遠而不見爲夜。蔡邕以爲考驗天象。多所違失。渾天說曰。天之形狀似鳥卵。地居其中。天包地外。猶卵之裹黃。圓如彈丸。故曰渾天。言其形體渾渾然也。其術以爲天半覆地上。半在地下。其天居地上見者。一百八十二度半強。地下亦然。北極出地上三十六度。南極入地下亦三十六度。而嵩高正當天之中。極南五十五度當嵩高之上。又其南十二度爲夏至之日道。又其南二十四度爲春秋分之日道。又其南二十四度爲冬至之日道。南下去地三十一度而已。是夏至日北去極六十七度。春秋分去極九十一度。冬至去極一百一十五度。此其大率也。其南北極持其兩端。其天與日月星宿斜而迴轉。此必古有其法。遭秦而滅。至漢武帝時。落下閎始經營之。鮮于妄人又量度之。至宣帝時。耿壽昌始鑄銅而爲之象。宋錢樂又鑄銅作渾天儀。衡長八尺。孔徑一寸。璣徑八尺。圓周二丈五尺強。轉而望之。以知日月星辰之所在。即璿璣玉衡之遺法也。歷代以來。其法漸密。本朝因之。爲儀三重。其在外者曰六合儀。平置黑單環。上刻十二辰八干四隅在地之位。以準地面而定四方。側立黑雙環。背刻去極度數。以中分天脊。直跨地平。使其半入地下。而結於其子午。以爲天經。斜倚赤單環。背刻赤道度數。以平分天腹。横繞天經。亦使半出地上。半入地下。而結於其卯酉。以爲天緯。三環表裏相結不動。其天經之環。則南北二極皆爲圓軸。虛中而內向。以挈三辰四遊之環。以其上下四方。於是可考。故曰六合。次其內曰三辰儀。側立黑雙環。亦刻去極度數。外貫天經之軸。內挈黃赤二道。其赤道則爲赤單環。外依天緯。亦刻宿度。而結於黑雙環之卯酉。其黃道則爲黃單環。亦刻宿度。而又斜倚於赤道之腹。以交結於卯酉。而半入其內。以爲春分後之日軌。半出其外。以爲秋分後之日軌。又爲白單環。以承其交。使不傾墊。下設機輪。以水激之。使其日夜隨天東西運轉。以象天行。以其日月星辰於是可考。故曰三辰。其最在內者。曰四遊儀。亦爲黑雙環。如三辰儀之制。以貫天經之軸。其環之內。則兩面當中。各施直距。外指兩軸。而當其要中之內面。又爲小竅。以受玉衡要中之小軸。使衡既得隨環東西運轉。又可隨處南北低昂。以待占候者之仰窺焉。以其東西南北無不周徧。故曰四遊。此其法之大略也。沈括曰。舊法規環一面刻周天度。一面加銀丁。蓋以夜候天晦不可目察。則以手切之也。古人以璿飾璣。疑亦爲此。今太史局秘書省銅儀制極精緻。亦以銅丁爲之。歷家之說。又以北斗魁四星爲璣杓三星爲衡。今詳經文簡質。不應北斗二字。乃用寓名。恐未必然。姑存其說。以廣異聞。**肆類于上帝。禋于六宗。望于山川。徧于羣神。**禋音因。○肆。遂也。類禋望皆祭名。周禮肆師類造于上帝。註云。郊祀者。祭昊天之常祭。非常祀而祭告于天。其禮依郊祀爲之。故曰類。如泰誓武王伐商。王制言天子將出。皆云類于上帝是也。禋。精意以享之謂宗尊也所尊祭者其祀有六祭法曰埋少牢於泰昭祭時也相近於坎壇祭寒暑也王宮祭日也夜明祭月也幽宗祭星也雩宗祭水旱也山川名山大川五嶽四瀆之屬望而祭之故曰望徧周徧也羣神謂丘陵墳衍古昔聖賢之類言受終觀象之後即祭祀上下神祇以攝位告也。

輯五瑞。既月乃日覲四岳羣牧。班瑞于羣后。

輯斂瑞信也公執桓圭侯執信圭伯執躬圭子執穀璧男執蒲璧五等諸侯執之以合符於天子而驗其信否也周禮天子執冒以朝諸侯鄭氏註云名玉以冒以德覆冒天下也諸侯始受命天子錫以圭圭頭斜銳其冒下斜刻小大長短廣狹如之諸侯來朝天子以刻處冒其圭頭有不同者則辨其僞也既盡覲四岳四方之諸侯羣牧九州之牧伯也程子曰輯五瑞徵五等之諸侯也此已上皆正月事至盡此月則四方之諸侯有至者矣遠近不同來有先後故日日見之不如他朝會之同期於一日蓋欲以少接之則得盡其詢察禮意也班頒同羣后即侯牧也既見之後審知非僞則又頒還其瑞以與天下正始也。

歲二月。東巡守。至于岱宗。柴。望秩于山川。肆覲東后。協時月。正日。同律度量衡。修五禮。五玉。三帛。二生。一死。贄。如五器。卒乃復。五月南巡守。至于南岳。如岱禮。八月西巡守。至于西岳。如初。十有一月朔巡守。至于北岳。如西禮。歸格于藝祖。用特。

孟子曰天子適諸侯曰巡守巡守者巡所守也歲二月當巡守之年二月也岱宗泰山也柴燔柴以祀天也望望秩以祀山川也秩者其牲幣祝號之次第如五岳視三公四瀆視諸侯其餘視伯子男者也東后東方之諸侯也時謂四時月謂月之大小日謂日之甲乙其法略見上篇諸侯之國其有不齊者則協而正之也律謂十二律黃鍾大簇姑洗蕤賓夷則無射大呂夾鍾仲呂林鍾南呂應鍾也六爲律六爲呂凡十二管皆徑三分有奇空圍九分而黃鍾之長九寸大呂以下律呂相間以次而短至應鍾而極焉以之制樂而節聲音則長者聲下短者聲高下者則重濁而舒遲上者則輕清而剽疾以之審度而度長短則九十分黃鍾之長一爲一分而十分爲寸十寸爲尺十尺爲丈十丈爲引以之審量而量多少則黃鍾之管其容子穀秬黍中者一千二百以爲龠而十龠爲合十合爲升十升爲斗十斗爲斛以之平衡而權輕重則黃鍾之龠所容千二百黍其重十二銖兩龠則二十四銖爲兩十六兩爲斤三十斤爲鈞四鈞爲石此黃鍾所以爲萬事根本諸侯之國其有不一者則審而同之也時月之差由積日而成其法則先麤而後精度量衡受法於律其法則先本而後末故言正日在協時月之後同律在度量衡之先立言之敘蓋如此也五禮吉凶軍賓嘉也修之所以同天下之風俗五玉五等諸侯所執者即五瑞也三帛諸侯世子執纁公之孤執玄附庸之君執黃二生卿執羔大夫執鴈一死士執雉五玉三帛二生一死所以爲贄而見者此九字當在肆覲東后之下協時月正日之上誤脫在此言東后之覲皆執此贄也如五器劉侍講曰如同也五器即五禮之器也周禮六器六贄即舜之遺法也卒乃復者舉祀禮覲諸侯一正朔同制度修五禮如五器數事皆畢則不復東行而遂西向且轉而南行也故曰卒乃復南岳衡山西岳華山北岳恒山二月東五月南八月西十一月北各以其時也格至也言至于其廟而祭告也藝祖疑即文祖或曰文祖藝祖之所自出未有所考也特特牲也謂一牛也古者君將出必告于祖禰歸又至其廟而告之孝子不忍死其親出告

反面之義也。王制曰。歸格于祖禰。鄭註曰祖下及禰皆一牛。程子以為但言藝祖舉尊爾。實皆告也。但止就祖廟共用一牛。不如時祭各設主於其廟也。二說未知孰是。今兩存之。**五載一巡守。羣后四朝。敷奏以言。明試以功。車服以庸。**五載之內。天子巡守者一。諸侯來朝者四。蓋巡守之明年。則東方諸侯來朝于天子之國。又明年。則南方之諸侯來朝。又明年。則西方之諸侯來朝。又明年。則北方之諸侯來朝。又明年。則天子復巡守。是則天子諸侯。雖有尊卑。而一往一來。禮無不答。是以上下交通。而遠近洽和也。敷。陳。奏。進也。周禮曰。民功曰庸。程子曰。敷奏以言者。使各陳其為治之說。言之善者。則從而明考其功。有功則賜車服以旌異之。其言不善。則亦有以告飭之也。林氏曰。天子巡守。則有協時月日以下等事。諸侯來朝則有敷奏以言以下等事。**肇十有二州。封十有二山。濬川。**肇。始也。十二州。冀兗青徐荊揚豫梁雍幽并營也。中古之地。但為九州。曰冀兗青徐荊揚豫梁雍。禹治水作貢。亦因其舊。及舜即位。以冀青地廣。始分冀東恒山之地為并州。其東北醫無閭之地為幽州。又分青之東北遼東等處為營州。而冀州止有河內之地。今河東一路是也。封。表也。封十二山者。每州封表一山。以為一州之鎮。如職方氏言揚州其山鎮曰會稽之類。濬川。濬導十二州之川也。然舜既分十二州。而至商時。又但言九圍九有。周禮職方氏亦止列為九州。有揚荊豫青兗雍幽冀并。而無徐梁營也。則是為十二州。蓋不甚久。不知其自何時復合為九也。吳氏曰。此一節在禹治水之後。其次序不當在四罪之先。蓋史官泛記舜所行之大事。初不記先後之序也。**象以典刑。流宥五刑。鞭作官刑。扑作教刑。金作贖刑。眚災肆赦。怙終賊刑。欽哉欽哉。惟刑之恤哉。**宥音又。眚音省。○象。如天之垂象以示人。而典者。常也。示人以常刑。所謂墨劓剕宮大辟五刑之正也。所以待夫元惡大憝。殺人傷人。穿窬淫放。凡罪之不可宥者也。流宥五刑者。流遣之使遠去。如下文流放竄殛之類也。宥。寬也。所以待夫罪之稍輕。雖入於五刑。而情可矜。法可疑。與夫親貴勳勞。而不可加以刑者。則以此而寬之也。鞭作官刑者。木末垂革。官府之刑也。扑作教刑者。夏楚二物。學校之刑也。皆以待夫罪之輕者也。金作贖刑者。金黃金。贖。贖其罪也。蓋罪之極輕。雖入於鞭扑之刑。而情法猶有可議者也。此五句者。從重入輕。各有條理。法之正也。肆。縱也。眚災肆赦者。眚謂過誤。災謂不幸。若人有如此而入於刑。則又不待流宥金贖。而直赦之也。賊。殺也。怙終賊刑者。怙謂有恃。終謂再犯。若人有如此而入於刑。則雖當宥當贖。亦不許其宥。不聽其贖。而必刑之也。此二句者。或由重而即輕。或由輕而即重。蓋用法之權衡。所謂法外意也。聖人立法制刑之本末。此七言者。大略盡之矣。雖其輕重取舍。陽舒陰慘之不同。然欽哉欽哉。惟刑之恤之意。則未始不行乎其間也。蓋其輕重毫釐之間。各有攸當者。乃天討不易之定理。而欽恤之意。行乎其間。則可以見聖人好生之本心也。據此經文。則五刑有流宥而無金贖。周禮秋官亦無其文。至呂刑乃有五等之罰。疑穆王始制之。非法之正也。蓋當刑而贖。則失之輕。疑赦而贖。則失之重。且使富者幸免。貧者受刑。又非所以為平也。**流共工于幽洲。放驩兜于崇山。竄三苗于三危。殛鯀于羽山。四罪而天下咸服。**流。遣之遠去。如水之流也。放。置之於此。不得他適也。竄。則驅逐禁錮之。殛。則拘囚困苦之。隨其罪之輕重而異法也。共工。驩兜。鯀。事見上篇。三苗。國名。在江南荊揚之間。恃險為亂者也。幽洲。北裔之地。水中可居曰洲。崇山，南裔之山，在今澧州。三危，西裔之地，卽雍之所謂三危旣宅者。羽山，東裔之地，卽徐之蒙羽其藝者。服者，天下皆服其用刑之當罪也。程子曰：舜之誅四凶，怒在四凶，舜何與焉。蓋因是人有可怒之事而怒之，聖人之心本無怒也。聖人以天下之怒爲怒，故天下咸服之。春秋傳所記四凶之名與此不同，說者以窮奇爲共工，渾敦爲驩兜，饕餮爲三苗，檮杌爲鯀，不知其果然否也。

二十有八載，帝乃殂落。百姓如喪考妣，三載，四海遏密八音。殂落，死也。死者魂氣歸于天，故曰殂；體魄歸于地，故曰落。喪，爲之服也。遏，絕；密，靜也。八音，金石絲竹匏土革木也。言堯聖德廣大，恩澤隆厚，故四海之民思慕之深，至於如此也。儀禮：圻內之民爲天子齊衰三月，圻外之民無服。今應服三月者如喪考妣，應無服者遏密八音。堯十六卽位，在位七十載，又試舜三載，老不聽政二十八載乃崩，在位通計百單一年。

月正元日，舜格于文祖。月正，正月；元日，朔日也。漢孔氏曰：舜服堯喪三年畢，將卽政，故復至文祖廟告。蘇氏曰：受終告攝，此告卽位也。然春秋國君皆以遭喪之明年正月卽位於廟而改元，孔氏云喪畢之明年，不知何所據也。

詢于四岳，闢四門，明四目，達四聰。詢，謀；闢，開也。舜旣告廟卽位，乃謀治于四岳之官，開四方之門以來天下之賢俊，廣四方之視聽以決天下之壅蔽。

咨十有二牧，曰：食哉惟時，柔遠能邇，惇德允元，而難任人，蠻夷率服。牧，養民之官。十二牧，十二州之牧也。王政以食爲首，農事以時爲先。舜言足食之道惟在於不違農時也。柔者，寬而撫之也。能者，擾而習之也。遠近之勢如此，先其略而後其詳也。惇，厚；允，信也。德，有德之人也。元，仁厚之人也。難，拒絕也。任，古文作壬，包藏凶惡之人也。言當厚有德、信仁人，而拒姦惡也。凡此五者處之各得其宜，則不特中國順治，雖蠻夷之國亦相率而服從矣。

舜曰：咨，四岳！有能奮庸熙帝之載，使宅百揆亮采，惠疇？僉曰：伯禹作司空。帝曰：俞，咨！禹，汝平水土，惟時懋哉。禹拜稽首，讓于稷、契暨皐陶。帝曰：俞，汝往哉。契音泄，陶音遙。○奮，起；熙，廣；載，事；亮，明；惠，順；疇，類也。一說亮，相也。舜言有能奮起事功以廣帝堯之事者，使居百揆之位，以明亮庶事而順成庶類也。僉，衆也。四岳所領四方諸侯有在朝者也。禹，姒姓，崇伯鯀之子也。平水土者，司空之職。時，是；懋，勉也。指百揆之事以勉之也。蓋四岳及諸侯言伯禹見作司空，可宅百揆，帝然其舉，而咨禹使仍作司空而兼行百揆之事，錄其舊績而勉其新功也。以司空兼百揆，如周以六卿兼三公，後世以他官平章事、知政事，亦此類也。稽首，首至地。稷，田正官。稷，棄，姬氏，封於邰。契，臣名，姓子氏，封於商。稷、契皆帝嚳之子。暨，及也。皐陶，亦臣名。俞者，然其舉也。汝往哉者，不聽其讓也。此章稱舜曰，此下方稱帝曰者，以見堯老舜攝，堯在時舜未嘗稱帝，此後舜方眞卽帝位而稱帝也。

帝曰：棄，黎民阻飢，汝后稷，播時百穀。阻，厄；后，君也。有爵土之稱。播，布也。穀非一種，故曰百穀。此因禹之讓而申命之，使仍舊職以終其事也。

帝曰：契，百姓不親，五品不遜，汝作司徒，敬敷五教，在寬。親，相親睦也。五品，父子、君臣、夫婦、長幼、朋友五者之名位等級也。遜，順也。司徒，掌教之官。敷，布也。五教，父子有親，君臣有義，夫婦有別，長幼有序，朋友有信，以五者當然之理而爲教令也。敬，敬其事也。聖賢之於事，雖無所不敬，而此又事之大者，故特以敬言之。寬，裕以待之也。蓋五者之理。出於人心之本然。非有强而後能者。自其拘於氣質之偏。溺於物欲之蔽。始有昧於其理。而不相親愛。不相遜順者。於是因禹之讓。又申命契仍爲司徒。使之敬以敷敎。而又寬裕以待之。使之優柔浸漬。以漸而入。則其天性之眞。自然呈露。不能自已。而無無恥之患矣。孟子所引堯言勞來匡直輔翼。使自得之。又從而振德之。亦此意也。

帝曰。皐陶。蠻夷猾夏。寇賊姦宄。汝作士。五刑有服。五服三就。五流有宅。五宅三居。惟明克允。

宄音軌。○猾亂。夏明而大也。曾氏曰。中國文明之地。故曰華夏。四時之夏。疑亦取此義也。刦人曰寇。殺人曰賊。在外曰姦。在內曰宄。士理官也。服服其罪也。呂刑所謂上服下服是也。三就孔氏以爲大罪於原野。大夫於朝。士於市。不知何據。竊恐惟大辟棄之於市。宮辟則下蠶室。餘刑亦就屛處。蓋非死刑。不欲使風中其瘡。誤而至死。聖人之仁也。五流五等象刑之當宥者也。五宅三居者。流雖有五。而宅之但爲三等之居。如列爵惟五。分土惟三也。孔氏以爲大罪居於四裔。次則九州之外。次則千里之外。雖亦未見其所據。然大槩當略近之。此亦因禹之讓而申命之。又戒以必當致其明察。乃能使刑當其罪。而人無不信服也。

帝曰。疇若予工。僉曰。垂哉。帝曰。兪。咨垂。汝共工。垂拜稽首。讓于殳斨暨伯與。帝曰。兪。往哉。汝諧。

殳音殊。斨千羊反。與音餘。○若順其理而治之也。曲禮六工。有土工。金工。石工。木工。獸工。草工。周禮有攻木之工。攻金之工。攻皮之工。設色之工。摶埴之工。皆是也。帝問誰能順治予百工之事者。垂臣名。有巧思。莊子曰。攦工倕之指。卽此也。殳斨伯與。三臣名也。殳以積竹爲兵。建兵車者。斨方銎斧也。古者多以其所能爲名。殳斨豈能爲二器者歟。往哉汝諧者。往哉汝和其職也。

帝曰。疇若予上下草木鳥獸。僉曰。益哉。帝曰。兪。咨益。汝作朕虞。益拜稽首。讓于朱虎熊羆。帝曰。兪。往哉汝諧。

熊回弓反。羆班糜反。○上下山林澤藪也。虞掌山澤之官。周禮分爲虞衡。屬於夏官。朱虎熊羆四臣名也。高辛氏之子。有曰仲虎仲熊。意以獸爲名者。亦以其能服是獸而得名歟。史記曰。朱虎熊羆爲伯益之佐。前殳斨伯與。當亦爲垂之佐也。

帝曰。咨四岳。有能典朕三禮。僉曰。伯夷。帝曰。兪。咨伯。汝作秩宗。夙夜惟寅。直哉惟清。伯拜稽首。讓于夔龍。帝曰。兪。往欽哉。

夔音逵。○典主也。三禮。祀天神。享人鬼。祭地祇之禮也。伯夷臣名。姜姓。秩序也。宗祖廟也。秩宗主叙次百神之官。而專以秩宗名之者。蓋以宗廟爲主也。周禮亦謂之宗伯。而都家皆有宗人之官以掌祭祀之事。亦此意也。夙早。寅敬畏也。直者心無私曲之謂。人能敬以直內。不使少有私曲。則其心潔清而無物欲之汚。可以交於神明矣。夔龍二臣名。

帝曰。夔。命汝典樂。敎冑子。直而溫。寬而栗。剛而無虐。簡而無傲。詩言志。歌永言。聲依永。律和聲。八音克諧。無相奪倫。神人以和。夔曰。於。予擊石拊石。百獸率舞。

冑直又反。○冑長也。自天子至卿大夫之適子也。栗莊敬也。上二無字。與毋同。凡人直者必不足於溫。故欲其溫。寬者必不足於栗。故欲其栗。所以慮其偏而輔翼之也。剛者必至於虐。故欲其無虐。簡者必至於傲。故欲其無傲。所以防其過而戒禁之也。敎冑子者。欲其如此。而其所以敎之之具。

則又專在於樂。如周禮大司樂掌成均之法。以教國子弟。而孔子亦曰興於詩。成於樂。蓋所以蕩滌邪穢。斟酌飽滿。動盪血脈。流通精神。養其中和之德。而救其氣質之偏者也。心之所之謂之志。心有所之。必形於言。故曰詩言志。既形於言。則必有長短之節。故曰歌永言。既有長短。則必有高下清濁之殊。故曰聲依永。聲者。宮商角徵羽也。大抵歌聲長而濁者爲宮。以漸而清且短。則爲商爲角爲徵爲羽。所謂聲依永也。既有長短清濁。則又必以十二律和之。乃能成文而不亂。假令黃鍾爲宮。則太簇爲商。姑洗爲角。林鍾爲徵。南呂爲羽。蓋以三分損益。隔八相生而得之。餘律皆然。卽禮運所謂五聲六律十二管還相爲宮。所謂律和聲也。人聲旣和。乃以其聲被之八音而爲樂。則無不諧協。而不相侵亂。失其倫次。可以奏之朝廷。薦之郊廟。而神人以和矣。聖人作樂以養情性。育人材。事神祇。和上下。其體用功效廣大深切乃如此。今皆不復見矣。可勝歎哉。夔曰以下。蘇氏曰。舜方命九官。濟濟相讓。無緣夔於此獨言其功。此益稷之文。簡編脫誤。復見於此。

帝曰。龍。朕堲讒說殄行。震驚朕師。命汝作納言。夙夜出納朕命。惟允。

○堲。疾力反。讒。音慙。堲。疾。殄。絕也。殄行者。謂傷絕善人之事也。師。衆也。謂其言之不正。而能變亂黑白。以駭衆聽也。納言。官名。命令政教。必使審之。旣允而後出。則讒說不得行。而矯僞無所託矣。敷奏復逆。必使審之。旣允而後入。則邪僻無自進。而功緒有所稽矣。周之內史。漢之尙書。魏晉以來所謂中書門下者。皆此職也。

帝曰。咨汝二十有二人。欽哉。惟時亮天功。

二十二人。四岳九官十二牧也。周官言內有百揆四岳。外有州牧侯伯。蓋百揆者。所以統庶官。而四岳者。所以統十二牧也。旣分命之。又總告之。使之各敬其職。以相天事也。曾氏曰。舜命九官。新命者六人。命伯禹。命伯夷。咨四岳而命者也。命垂。命益。泛咨而命者也。命夔。命龍。因人之讓。不咨而命者也。夫知道而後可宅百揆。知禮而後可典三禮。知道知禮。非人人所能。故必咨於四岳。若予工。若上下草木鳥獸。則非此之比。故泛咨而已。禮樂命令。其體雖不若百揆之大。然其事理精微。亦非百工庶物之可比。伯夷旣以四岳之舉。而當秩宗之任。則其所讓之人。必其中於典樂納言之選可知。故不咨而命之也。若稷契皐陶之不咨者。申命其舊職而已。又按此以平水土。若百工。各爲一官。而周制同領於司空。此以士一官。兼兵刑之事。而周禮分爲夏秋兩官。蓋帝王之法。隨時制宜。所謂損益可知者如此。

三載考績。三考。黜陟幽明。庶績咸熙。分北三苗。

北。如字。又音佩。○考。核實也。三考。九載也。九載。則人之賢否。事之得失。可見。於是陟其明而黜其幽。賞罰明信。人人力於事功。此所以庶績咸熙也。北。猶背也。其善者留。其不善者竄徙之。使分背而去也。此言舜命二十二人之後。立此考績黜陟之法。以時舉行。而卒言其效如此也。按三苗見於經者。如典謨益稷禹貢呂刑詳矣。蓋其負固不服。乍臣乍叛。舜攝位而竄逐之。禹治水之時。三危已宅。而舊都猶頑不卽工。禹攝位之後。帝命徂征。而猶逆命。及禹班師而後來格。於是乃得考其善惡而分北之也。呂刑之言遏絕。則通其本末而言。不可以先後論也。

舜生三十。徵庸三十。在位五十載。陟方乃死。

陟。知陵反。○徵。召也。陟方。猶言升遐也。韓子曰。竹書紀年。帝王之沒皆曰陟。陟。昇也。謂昇天也。書曰。殷禮陟配天。言以道終。其德協天也。故書紀舜之末云陟。其下言方乃死者。所以釋陟爲死也。地之勢東南下。如言舜巡守而死。宜言下方。不得言陟方也。按此得之。但不當以陟爲句絕耳。方。猶云徂乎方之方。陟方乃死。猶言殂落而死也。舜生三十年。堯方召用。歷試三年。居攝二十八年。通三十年乃卽帝位。又五十年而崩。蓋於篇末總敘其始終也。史記言舜巡守。崩于蒼梧之野。孟子言舜卒于鳴條。未知孰是。今零陵九疑有舜塚云。

大禹謨

謨。謀也。林氏曰。虞史既述二典。其所載有未備者。於是又敘其君臣之間嘉言善政。以爲大禹皐陶謨益稷三篇。所以備二典之未備者。今文無古文有。

曰若稽古大禹。曰文命敷于四海。祗承于帝。 命。教。祗。敬也。帝。謂舜也。文命敷于四海者。卽禹貢所謂東漸西被朔南暨聲教訖于四海者是也。史臣言禹既已布其文教於四海矣。於是陳其謨以敬承于舜。如下文所云也。文命。史記以爲禹名。蘇氏曰。以文命爲禹名。則敷于四海者爲何事邪。

曰。后克艱厥后。臣克艱厥臣。政乃乂。黎民敏德。 曰以下。卽禹祗承于帝之言也。艱。難也。孔子曰。爲君難。爲臣不易。卽此意也。乃者。難辭也。敏。速也。禹言君而不敢易其爲君之道。臣而不敢易其爲臣之職。夙夜祗懼。各務盡其所當爲者。則其政事乃能修治而無邪慝。下民自然觀感速化於善。而有不容已者矣。

帝曰。兪。允若茲。嘉言罔攸伏。野無遺賢。萬邦咸寧。稽于衆。舍己從人。不虐無告。不廢困窮。惟帝時克。 嘉。善。攸。所也。舜然禹之言。以爲信能如此。則必有以廣延衆論。悉致羣賢。而天下之民。咸被其澤。無不得其所矣。然非忘私順理。愛民好士之至。無以及此。而惟堯能之。非常人所及也。蓋爲謙辭以對。而不敢自謂其必能。舜之克艱於此。亦可見矣。程子曰。舍己從人。最爲難事。己者。我之所有。雖痛舍之。猶懼守己者固。而從人者輕也。

益曰。都。帝德廣運。乃聖乃神。乃武乃文。皇天眷命。奄有四海。爲天下君。 廣者。大而無外。運者。行之不息。大而能運。則變化不測。故自其大而化之而言。則謂之聖。自其聖而不可知而言。則謂之神。自其威之可畏而言。則謂之武。自其英華發外而言。則謂之文。眷。顧。奄。盡也。堯之初起不見於經傳。稱其自唐侯特起爲帝。觀益之言。理或然也。或曰。舜之所謂帝者。堯也。羣臣之言帝者。舜也。如帝德罔愆。帝其念哉之類。皆謂舜也。蓋益因舜尊堯而遂美舜之德。以勸之言。不特堯能如此。帝亦當然也。今按此說所引。比類固爲甚明。但益之語接連上句惟帝時克之下。未應遽舍堯而譽舜。又徒極口以稱其美。而不見其有勸勉規戒之意。恐唐虞之際。未遽有此諛佞之風也。依舊說贊堯爲是。

禹曰。惠迪吉。從逆凶。惟影響。 惠。順。迪。道也。逆。反道者也。惠迪從逆。猶言順善從惡也。禹言天道可畏。吉凶之應於善惡。猶影響之出於形聲也。以見不可不艱者。以此而終上文之意。

益曰。吁。戒哉。儆戒無虞。罔失法度。罔遊于逸。罔淫于樂。任賢勿貳。去邪勿疑。疑謀勿成。百志惟熙。罔違道以干百姓之譽。罔咈百姓以從己之欲。無怠無荒。四夷來王。 樂。音洛。咈。符勿反。○先吁後戒。欲使聽者精審也。儆與警同。虞。度。罔。勿也。法度。法則制度也。淫。過也。當四方無可虞度之時。法度易至廢弛。故戒其失墜。逸樂易至縱恣。故戒其遊淫。言此三者所當謹畏也。任賢以小人間之謂之貳。去邪不能果斷謂之疑。謀。圖爲也。有所圖爲。揆之於理而未安者。則不復成就之也。百志猶易所謂百慮也。咈逆也。九州之外世一見曰王。帝於是八者朝夕戒懼無怠於心無荒於事則治道益隆。四夷之遠莫不歸往。中土之民服從可知。今按益言八者亦有次第。蓋人君能守法度不縱逸樂則心正身脩義理昭著而於人之賢否孰爲可任孰爲可去事之是非孰爲可疑孰爲不可疑皆有以審其幾微絕其蔽惑故方寸之間光輝明白而於天下之事孰爲道義之正而不可違孰爲民心之公而不可咈皆有以處之不失其理而毫髮私意不入於其間此其懲戒之深旨所以推廣大禹克艱惠迪之謨也。苟無其本而是非取舍決於一已之私乃欲斷而行之無所疑惑則其爲害反有不可勝言者矣可不戒哉。

禹曰。於。帝念哉。德惟善政。政在養民。水火金木土穀惟修。正德利用厚生惟和。九功惟敘。九敘惟歌。戒之用休。董之用威。勸之以九歌俾勿壞。於音烏。○益言儆戒之道。禹歎而美之。謂帝當深念益之所言也。且德非徒善而已。惟當有以善其政。政非徒法而已。在乎有以養其民。下文六府三事。即養民之政也。水火金木土穀惟修者。水克火。火克金。金克木。木克土。而生五穀。或相制以洩其過。或相助以補其不足。而六者無不修矣。正德者。父慈子孝兄友弟恭夫義婦聽所以正民之德也。利用者。工作什器商通貨財之類所以利民之用也。厚生者。衣帛食肉不饑不寒之類所以厚民之生也。六者既修民生始遂不可以逸居而無教。故爲之惇典敷教以正其德。通功易事以利其用。制節謹度以厚其生。使皆當其理而無所乖。則無不和矣。九功合六與三也。敘者言九者各順其理而不汨陳以亂其常也。歌者以九功之敘而詠之歌也。言九者既已修和各由其理民享其利莫不歌詠而樂其生也。然始勤終怠者人情之常。恐安養既久怠心必生則已成之功不能保其久而不廢。故當有以激厲之如下文所云也。董督也。威古文作畏。其勤於是者則戒喻而休美之。其怠於是者則督責而懲戒之。然又以事之出於勉強者不能久。故復即其前日歌詠之言。協之律呂。播之聲音。用之鄉人用之邦國。以勸相之。使其歡欣鼓舞。趨事赴功。不能自已。而前日之成功得以久存而不壞。此周禮所謂九德之歌。九韶之舞。而太史公所謂伕能思初安能惟始沐浴膏澤而歌詠勤苦者也。葛氏曰。洪範五行。水火木金土而已。穀本在木行之數。禹以其爲民食之急。故別而附之也。

帝曰。俞。地平天成。六府三事允治。萬世永賴。時乃功。治去聲。○水土治曰平。言水土既平而萬物得以成遂也。六府即水火金木土穀也。六者財用之所自出。故曰府。三事正德利用厚生也。三者人事之所當爲。故曰事。舜因禹言養民之政。而推其功以美之也。

帝曰。格汝禹。朕宅帝位三十有三載。耄期倦于勤。汝惟不怠。總朕師。耄莫報反。○九十曰耄。百年曰期。舜至是年已九十三矣。總率也。舜自言既老。血氣已衰。故倦於勤勞之事。汝當勉力不怠。而總率我衆也。蓋命之攝位之事。堯命舜曰陟帝位。舜命禹曰總朕師者。蓋堯欲使舜眞宅帝位。舜讓弗嗣。後惟居攝。亦若是而已。

禹曰。朕德罔克。民不依。皋陶邁種德。德乃降。黎民懷之。帝念哉。念茲在茲。釋茲在茲。名言茲在茲。允出茲在茲。惟帝念功。邁勇往力行之意。種布。降下也。禹自言其德不能勝任。民不依歸。惟皋陶勇往力行。以布其德。德下及於民。而民懷服之。帝當思念之而不忘也。茲指皋陶也。禹遂言念之而不忘罔在於皋陶。舍之而他求。亦惟在於皋陶。名言於口。固在於皋陶。誠發於心。亦惟在於皋陶也。蓋反覆思之。而卒無有易於皋陶者。惟帝深念其功。而使之攝位也。**帝曰。皋陶。惟茲臣庶。罔或干予正。汝作士。明于五刑。以弼五教。期于予治。刑期于無刑。民協于中。時乃功。懋哉。**干。犯。正。政。弼。輔也。聖人之治。以德爲化民之本。而刑特以輔其所不及而已。期者。先事取必之謂。舜言惟此臣庶。無或有干犯我之政者。以爾爲士師之官。能明五刑。以輔五品之教。而期我以至於治。其始雖不免於用刑。而實所以期至於無刑之地。故民亦皆能協於中道。初無有過不及之差。則刑果無所施矣。凡此皆汝之功也。懋。勉也。蓋不聽禹之讓。而稱皋陶之美以勸勉之也。**皋陶曰。帝德罔愆。臨下以簡。御衆以寬。罰弗及嗣。賞延于世。宥過無大。刑故無小。罪疑惟輕。功疑惟重。與其殺不辜。寧失不經。好生之德。洽于民心。茲用不犯于有司。**愆。過也。簡者。不煩之謂。上煩密則下無所容。御者急促。則衆擾亂。嗣。世。皆謂子孫。然嗣親而世疏也。延。遠及也。父子罪不相及。而賞則遠延于世。其善善長而惡惡短如此。過者。不識而誤犯也。故者。知之而故犯也。過誤所犯。雖大必宥。不忌故犯。雖小必刑。即上篇所謂眚災肆赦。怙終賊刑者也。罪已定矣。而於法之中。有疑其可重可輕者。則從輕以罰之。功已定矣。而於法之中。有疑其可輕可重者。則從重以賞之。辜。罪。經。常也。謂法可以殺。可以無殺。殺之則恐陷於非辜。不殺之恐失於輕縱。二者皆非聖人至公至平之意。而殺不辜者。尤聖人之所不忍也。故與其殺之而害彼之生。寧姑全之而自受失刑之責。此其仁愛忠厚之至。皆所謂好生之德也。蓋聖人之法有盡。而心則無窮。故其用刑行賞。或有所疑。則常屈法以申恩。而不使執法之意有以勝其好生之德。此其本心所以無所壅遏。而得行於常法之外。及其流衍洋溢。漸涵浸漬。有以入於民心。則天下之人。無不愛慕感悅。興起於善。而自不犯于有司也。皋陶以舜美其功。故言此以歸功於其上。蓋不敢當其褒美之意。而自謂已功也。**帝曰。俾予從欲以治。四方風動。惟乃之休。**民不犯法。而上不用刑者。舜之所欲也。汝能使我如所願欲以治。教化四達。如風鼓動。莫不靡然。是乃汝之美。也。舜又申言以重歎美之。**帝曰。來禹。洚水儆予。成允成功。惟汝賢。克勤于邦。克儉于家。不自滿假。惟汝賢。汝惟不矜。天下莫與汝爭能。汝惟不伐。天下莫與汝爭功。予懋乃德。嘉乃丕績。天之歷數在汝躬。汝終陟元后。**洚水。洪水也。古文作降。孟子曰。水逆行。謂之洚水。蓋山崩水渾。下流淤塞。故其逝者輒復反流。而泛濫決溢。洚洞無涯也。其災所起。雖在堯時。然舜既攝位。害猶未息。故舜以爲天警懼於己。不敢以爲非己之責而自寬也。允。信也。禹奏言而能踐其言。試功而能有其功。所謂成允成功也。禹能如此。則既賢於人矣。而又能勤於王事。儉於私養。此又禹之賢也。有此二美。而又能不矜其能。不伐其功。然其功能之實。則自有不可掩者。故舜於此復申命之。必使攝位也。懋。楙古通用。楙。盛大之意。丕。大。績。功也。懋乃德者。禹有是德。而我以爲盛大。嘉乃丕績者。禹有是功。而我以爲嘉美也。歷數者。帝王相繼之次第。猶歲時氣節之先後。汝有盛德大功。故知歷數當歸於汝。汝終當升此大君之位。不可辭也。是時舜方命禹以居攝未卽天位。故以終陟言也。人心惟危。道心惟微。惟精惟一。允執厥中。心者。人之知覺。主於中而應於外者也。指其發於形氣者而言。則謂之人心。指其發於義理者而言。則謂之道心。人心易私而難公。故危。道心難明而易昧。故微。惟能精以察之。而不雜形氣之私。一以守之。而純乎義理之正。道心常爲之主。而人心聽命焉。則危者安。微者著。動靜云爲。自無過不及之差。而信能執其中矣。堯之告舜。但曰允執其中。今舜命禹。又推其所以而詳言之。蓋古之聖人。將以天下與人。未嘗不以其治之之法。并而傳之。其見於經者如此。後之人君。其可不深思而敬守之哉。無稽之言勿聽。弗詢之謀勿庸。無稽者。不考於古。弗詢者。不咨於衆。言之無據。謀之自專。是皆一人之私。心必非天下之公論。皆妨政害治之大者也。言謂泛言。勿聽可矣。謀謂計事。故又戒其勿用也。上文既言存心出治之本。此又告之以聽言處事之要。內外相資。而治道備矣。可愛非君。可畏非民。衆非元后何戴。后非衆罔與守邦。欽哉。愼乃有位。敬修其可願。四海困窮。天祿永終。惟口出好興戎。朕言不再。可愛非君乎。可畏非民乎。衆非君。則何所奉戴。君非民。則誰與守邦。欽哉。言不可不敬也。可願。猶孟子所謂可欲。凡可願欲者。皆善也。人君當謹其所居之位。敬修其所可願欲者。苟有一毫之不善。生於心。害於政。則民不得其所者多矣。四海之民。至於困窮。則君之天祿。一絕而不復續。豈不深可畏哉。此又極言安危存亡之戒。以深警之。雖知其功德之盛。必不至此。然猶欲其戰戰兢兢。無敢逸豫。而謹之於毫釐之間。此其所以爲聖人之心也。好。善也。戎。兵也。言發於口。則有二者之分。利害之幾可畏如此。吾之命汝。蓋已審矣。豈復更有他說。蓋欲禹受命而不復辭避也。禹曰。枚卜功臣。惟吉之從。帝曰。禹。官占。惟先蔽志。昆命于元龜。朕志先定。詢謀僉同。鬼神其依。龜筮協從。卜不習吉。禹拜稽首固辭。帝曰。毋。惟汝諧。枚卜。歷卜之也。帝之所言。人事已盡。禹不容復辭。但請歷卜有功之臣。而從其吉。冀自有以當之者而已。得遂其辭也。官占。掌占卜之官也。蔽。斷。昆。後。龜。卜。筮。蓍。習。重也。帝言官占之法。先斷其志之所向。然後令之於龜。今我志既先定。而衆謀皆同。鬼神依順。而龜筮已協從矣。又何用更枚卜乎。況占卜之法。不待重吉也。固辭。再辭也。毋者。禁止之辭。言惟汝可以諧此元后之位也。正月朔旦。受命于神宗。率百官若帝之初。神宗。堯廟也。蘇氏曰。堯之所從受天下者曰文祖。舜之所從受天下者曰神宗。受天下於人。必告於其人之所從受者。禮曰。有虞氏禘黃帝而郊嚳。祖顓頊而宗堯。則神宗爲堯明矣。正月朔旦。禹受攝帝之命于神宗之廟。總率百官。其禮一如帝舜受終之初等事也。帝曰。咨禹。惟時有苗弗率。汝徂征。禹乃會羣后。誓于師曰。濟濟有衆。咸聽朕命。蠢茲有苗。昏迷不恭。侮慢自賢。反道敗德。君子在野。小人在位。民棄不保。天降之咎。肆予以爾衆士。奉辭伐罪。爾尚一乃心力。其克有勳。蠢。尺尹反。○徂。往也。舜咨嗟言今天下惟是有苗之君。不循教命。汝往征之。征。正也。往正其罪也。會。徵會也。誓。戒也。軍旅曰誓。有會有誓。自唐虞時已然。禮言商作誓同作會非也。禹會諸侯之師。而戒誓以征討之意。濟濟。和整衆盛之貌。蠢。動也。蠢然無知之貌。昏。闇。迷。惑也。不恭。不敬也。言苗民昏迷不敬。侮慢於人。妄自尊大。反戾正道。敗壞常德。用舍顚倒。民怨天怒。故我以爾衆士。奉帝之辭。罰苗之罪。爾衆士庶幾同心同力。乃能有功。此上禹誓衆之辭也。林氏曰。堯老而舜攝者二十有八年。舜老而禹攝者十有七年。其居攝也。代總萬幾之政。而堯舜之爲天子。蓋自若也。故國有大事。猶稟命焉。禹征有苗。蓋在夫居攝之後。而稟命於舜。禹不敢專也。以征有苗推之。則知舜之誅四凶。亦必稟堯之命無疑。

三旬。苗民逆命。益贊于禹曰。惟德動天。無遠弗屆。滿招損。謙受益。時乃天道。帝初于歷山。往于田。日號泣于旻天。于父母。負罪引慝。祗載見瞽瞍。夔夔齊慄。瞽亦允若。至諴感神。矧茲有苗。禹拜昌言曰。兪。班師振旅。帝乃誕敷文德。舞干羽于兩階。七旬有苗格。屆音介旻音民諴音咸慝惕德反矧音哂羽王遇反。○三旬三十日也。以師臨之。閱月。苗頑猶不聽服也。贊。佐。屆。至也。是時益蓋從禹出征。以苗負固恃強。未可威服。故贊佐於禹。以爲惟德可以動天。其感通之妙。無遠不至。蓋欲禹還兵而增修其德也。滿損謙益。卽易所謂天道虧盈而益謙者。帝。舜也。歷山。在河中府河東縣。仁覆閔下。謂之旻。日非一日也。言舜耕歷山。往于田之時。以不獲順於父母之故。而日號呼于旻天。于其父母。蓋怨慕之深也。負罪。自負其罪。不敢以爲父母之罪。引慝。自引其慝。不敢以爲父母之慝也。祗。敬。載。事也。瞍。長者之稱。言舜敬其子職之事。以見瞽瞍也。齊。莊。敬也。慄。戰慄也。夔夔。莊敬戰慄之容也。舜之敬畏小心。而盡於事親者如此。允。信。若。順也。言舜以誠孝感格。雖瞽瞍頑愚。亦且信順之。卽孟子所謂厎豫也。諴。感物曰諴。益又推極至誠之道。以爲神明亦且感格。而況於苗民乎。昌言。盛德之言。拜。所以敬其言也。班。還。振。整也。謂整旅以歸也。或謂出曰班師。入曰振旅。謂班師於有苗之國。而振旅於京師也。誕。大也。文命德敎也。干。楯。羽。翳也。皆舞者所執也。兩階。賓主之階也。七旬。七十日也。格。至也。言班師七旬。而有苗來格也。舜之文德。非自禹班師而始敷之。來格。非以舞干羽而後至。史臣以禹班師而歸。弛其威武。專尚德敎。干羽之舞。雍容不迫。有苗之至。適當其時。故作史者。因卽其一實。以形容有虞之德。數千載之下。猶可以是而想其一時氣象也。

皐陶謨

今文古文皆有。

曰若稽古皐陶。曰。允迪厥德。謨明弼諧。禹曰。兪。如何。皐陶曰。都。愼厥身修。思永。惇敘九族。庶明勵翼。邇可遠在茲。禹拜昌言曰。兪。稽古之下。卽記皐陶之言者。謂考古皐陶之言如此也。皐陶言爲君而信蹈其德。則臣之所謀者無不明。所弼者無不諧也。兪。如何者。禹然其言。而復問其詳也。都者。皐陶美其問也。愼者。言不可不致其謹也。身修則無言行之失。思永。則非淺近之謀。厚敘九族。則親親恩篤而家齊矣。庶明勵翼。則羣哲勉輔而國治矣。邇。近。茲。此也。言近而可推之遠者。在此道也。蓋身修家齊國治而天下平矣。皐陶此言。所以推廣允迪謨明之義。故禹復兪而然之也。○又按典謨皆稱稽古。而下文所記則異。典主記事。故堯舜皆載其實。謨主記言。故禹皐陶則載其謨。后克艱厥后。臣克艱厥臣。禹之謨也。允迪厥德。謨明弼諧。皐陶之謨也。然禹謨之上。增文命敷于四海。祗承于帝者。禹受舜天下。非盡皐陶比例。立言輕重。於此可見。

皐陶曰。都。在知人。在安民。禹曰。吁。咸若時。惟帝其難之。知人則哲。能官人。安民則惠。黎民懷之。能哲而惠。何憂乎驩兜。何遷乎有苗。何畏乎巧言令色孔壬。

皐陶因禹之俞而復推廣其未盡之旨。歎美其言。謂在於知人。在於安民。二者而已。知人。智之事。安民。仁之事也。禹曰吁者。歎而未深然之辭也。時。是也。帝。謂堯也。言既在知人。又在安民。二者兼舉。雖帝堯亦難能之。哲。智之明也。惠。仁之愛也。能哲而惠。猶言能知人而安民也。遷。竄。巧。好。令。善。孔。大也。好其言。善其色。而大包藏凶惡之人也。言能哲而惠。則智仁兩盡。雖黨惡如驩兜者不足憂。昏迷如有苗者不足遷。與夫好言善色。大包藏姦惡者不足畏。是三者擧不足害吾之治。極言仁智功用如此。其大也。或曰巧言令色孔壬共工也。禹言三凶而不及鯀者。爲親者諱也。○楊氏曰。知人安民。此皐陶一篇之體要也。九德而下。知人之事也。天敘有典而下。安民之道也。非知人而能安民者。未之有也。

皐陶曰。都。亦行有九德。亦言其人有德。乃言曰。載采采。禹曰。何。皐陶曰。寬而栗。柔而立。愿而恭。亂而敬。擾而毅。直而溫。簡而廉。剛而塞。彊而義。彰厥有常。吉哉。

亦總也。亦行有九德者。總言德之見於行者。其凡有九也。亦言其人有德者。總言其人之有德也。載行。采事也。總言其人有德。必言其行某事某事爲可信驗也。禹曰何者。問其九德之目也。寬而栗者。寬弘而莊栗也。柔而立者。柔順而植立也。愿而恭者。謹愿而恭恪也。亂。治也。亂而敬者。有治才而敬畏也。擾。馴也。擾而毅者。馴擾而果毅也。直而溫者。徑直而溫和也。簡而廉者。簡易而廉隅也。剛而塞者。剛健而篤實也。彊而義者。彊勇而好義也。而轉語辭也。正言而反應者。所以明其德之不偏。皆指其成德之自然。非以彼濟此之謂也。彰。著也。成德著之於身。而又始終有常。其吉士矣哉。

日宣三德。夙夜浚明有家。日嚴祗敬六德。亮采有邦。翕受敷施。九德咸事。俊乂在官。百僚師師。百工惟時。撫于五辰。庶績其凝。

浚音峻。○宣。明也。三德六德者。九德之中。有其三。有其六也。浚。治也。亮。亦明也。有家。大夫也。有邦。諸侯也。浚明亮采。皆言家邦政事明治之義。氣象則有大小之不同。三德而爲大夫。六德而爲諸侯。以德之多寡。職之大小。槩言之也。夫九德有其三。必日宣而充廣之。而使之益以著。九德有其六。尤必日嚴而祗敬之。而使之益以謹也。翕。合也。德之多寡雖不同。人君惟能合而受之。布而用之。如此則九德之人。咸事其事。大而千人之俊。小而百人之乂。皆在官使。以天下之才。任天下之治。唐虞之朝。下無遺才。而上無廢事者。良以此也。師師。相師法也。言百僚皆相師法。而百工皆及時以趨事也。百僚百工。皆謂百官。言其人之相師。則曰百僚。言其人之趨事。則曰百工。其實一也。撫。順也。五辰。四時也。木火金水。旺於四時。而上則寄旺於四季也。禮運曰。播五行於四時者是也。凝。成也。言百工趨時。而衆功皆成也。

無教逸欲有邦。兢兢業業。一日二日萬幾。無曠庶官。天工人其代之。

無與毋通。禁止之辭。教。非必教令。謂上行而下效也。言天子當

以勤儉率諸侯。不可以逸欲導之也。兢兢。戒謹也。業業。危懼也。幾。微也。易曰。惟幾也。故能成天
下之務。蓋禍患之幾。藏於細微。而非常人之所豫見。及其著也。則雖智者不能善其後。故聖人
於幾。則兢業以圖之。所謂圖難於其易。爲大於其細者此也。一日二日者。言其日之至淺。萬幾
者。言其幾事之至多也。蓋一日二日之間。事幾之來。且至萬焉。是可一日而縱欲乎。曠。廢也。言
不可用非才。而使庶官曠廢厥職也。天工。天之工也。人君代天理
物。庶官所治。無非天事。苟一職之或曠。則天工廢矣。可不深戒哉。天敘有典。勑我五典五惇哉。
天秩有禮。自我五禮有庸哉。同寅協恭和衷哉。天命有德。五服五章哉。天討有罪。五刑五用哉。
政事懋哉懋哉。衷音中。○敘者。君臣父子兄弟夫婦朋友之倫敘也。秩者。尊卑貴賤等級隆殺
之品秩也。勑。正。惇。厚。庸。常也。有庸。馬本作五庸。衷。降衷之衷。即所謂典禮也。典
禮雖天所敘秩。然正之使敘倫而益厚。用之使品秩而有常。則在我而已。故君臣當同其寅畏。
協其恭敬。誠一無間。融會流通。而民彝物則。各得其正。所謂和衷也。章。顯也。五服。五等之服。自
九章以至一章是也。言天命有德之人。則五等之服以彰顯之。天討有罪之人。則五等之刑以
懲戒之。蓋爵賞刑罰。乃人君之政事。君主之。臣用之。當勉勉而不可怠者也。○楊氏曰。典禮自
天子出。故言勑我自我。若夫爵人於朝。與衆共之。刑人
於市。與衆棄之。天子不得而私焉。此其立言之異也。天聰明。自我民聰明。天明畏。自我民明
威。達于上下。敬哉有土。威古文作畏。二字通用。明者。顯其善。畏者。威其惡。天之聰明。非有視聽
也。因民之視聽以爲聰明。天之明畏。非有好惡也。因民之好惡以爲明
畏。上下。上天下民也。敬。心無所慢也。有土。有民社也。言天人一理。通達無間。民心所存。
即天理之所在。而吾心之敬。是又合天民而一之者也。有天下者。可不知所以敬之哉。皋陶曰。
朕言惠可底行。禹曰。俞。乃言底可績。皋陶曰。予未有知。思曰贊贊襄哉。思曰之曰。當作日。襄。成
也。皋陶謂我所言。順於
理。可致之於行。禹然其言。以爲致之於行。信可有功。皋陶謙辭
我未有所知。言不敢計功也。惟思日贊助於帝。以成其治而已。

益稷今文古文皆有。但今文合於皋陶謨。帝曰來禹汝亦昌言。正與上篇末文勢接續。古
者簡冊以竹爲之。而所編之簡。不可以多。故釐而二之。非有意於其間也。以下文禹
稱益稷二人佐其
成功。因以名篇。

帝曰。來禹。汝亦昌言。禹拜曰。都。帝。予何言。予思日孜孜。皋陶曰。吁。如何。禹曰。洪水滔天。浩浩懷
山襄陵。下民昏墊。予乘四載。隨山刊木。暨益奏庶鮮食。予決九川。距四海。濬畎澮。距川。暨稷播
奏庶艱食鮮食。懋遷有無化居。烝民乃粒。萬邦作乂。皋陶曰。俞。師汝昌言。孜音茲。墊。都念反。畎
古泫反。○孜孜者。勉
力不怠之謂。帝以皋陶既陳知人安民之謨。因呼禹使陳其言。禹拜而歎美。謂皋陶之謨至矣。
我更何所言。惟思日勉勉以務事功而已。觀此則上篇禹皋陶答問者。蓋相與言於帝舜之前。

也如何者皐陶問其孜孜者何如也禹言往者洪水泛溢上漫于天浩浩盛大包山上陵下民
昏瞀墊溺困於水災如此之甚也四載水乘舟陸乘車泥乘輴山乘樏也輴史記作橇漢書作
毳以板爲之其狀如箕擿行泥上樏史記作橋漢書作梮以鐵爲之其形似錐長半寸施之履
下以上山不蹉跌也蓋禹治水之時乘此四載以跋履山川踐行險阻者隨循刊除也左傳云
井堙木刊刊除木之義也蓋水湧不洩泛濫瀰漫地之平者無非水也其可見者山耳故必循
山伐木通蔽障開道路而後水工可興也奏進也血食曰鮮水土未平民未粒食與益進衆鳥
獸魚鼈之肉於民使食以充飽也九川九州之川也距至濬深也周禮一畝之間廣尺深尺曰
畎一同之間廣二尋深二仞曰澮畎澮之間有遂有溝有洫皆通田間水道以小注大言畎澮
而不及遂溝洫者舉小大以包其餘也先決九川之水使各通於海次濬畎澮之水使各通於
川也播布也謂布種五穀也艱難也水平播種之初民尚艱食也懋勉也懋勉其民徙有於無
交易變化其所居積之貨也烝衆也米食曰粒蓋水患悉平民得播種之利而山林川澤之貨
又有無相通以濟匱乏然後庶民粒食萬邦興起治功也禹因孜孜之義述其治水本末先後
之詳而警戒之意實存於其間蓋欲君臣上下相與勉力不
怠以保其治於無窮而已師法也皐陶以其言爲可師法也**禹曰都帝愼乃在位帝曰俞禹曰**
安汝止惟幾惟康其弼直惟動丕應徯志以昭受上帝天其申命用休禹既歎美又特稱帝以告之所以起其聽也愼
乃在位者謹其在天子之位也天位惟艱一念不謹或以貽四海之憂一日不謹或以致千百
年之患帝深然之而禹又推其所以謹在位之意如下文所云也止者心之所止也人心之靈
事事物物莫不各有至善之所而不可遷者人惟私欲之念動搖其中始有昧於理而不得其
所止者安之云者順適乎道心之正而不陷於人欲之危動靜云爲各得其當而無有止而不
得其止者惟幾所以審其事之發惟康所以省其事之安即下文庶事康哉之義至於左右輔
弼之臣又皆盡其繩愆糾繆之職內外交修無有不至若是則是惟無作作則天下無不丕應
固有先意而徯我者以是昭受
于天天豈不重命而用休美乎**帝曰吁臣哉鄰哉鄰哉臣哉禹曰俞**鄰左右輔弼也臣以人言鄰以職言帝深感上文弼
直之語故曰吁臣哉鄰哉鄰哉臣哉反復歎詠以見
弼直之義如此其重而不可忽禹即俞而然之也**帝曰臣作朕股肱耳目予欲左右有民汝**
翼予欲宣力四方汝爲予欲觀古人之象日月星辰山龍華蟲作會宗彝藻火粉米黼黻絺繡
以五采彰施于五色作服汝明予欲聞六律五聲八音在治忽以出納五言汝聽黼音甫黻音弗出尺類反
○此言臣所以爲鄰之義也君元首也君資臣以爲助猶元首須股肱耳目以爲用也下文翼
爲明聽即作股肱耳目之義左右者輔翼也猶孟子所謂輔之翼之使自得之也宣力者宣布
其力也言我欲左右有民則資汝以爲助欲宣力四方則資汝以有爲也象像也日月以下物
象是也易曰黃帝堯舜垂衣裳而天下治蓋取諸乾坤則上衣下裳之制創自黃帝而成於堯
舜也日月星辰取其照臨也山取其鎭也龍取其變也華蟲雉取其文也會繪也宗彝虎蜼取
其孝也藻水草取其潔也火取其明也粉米白米取其養也黼若斧形取其斷也黻爲兩己相

背。取其辨也。絺，鄭氏讀為黹，紩也。紩以為繡也。日也，月也，星辰也，山也，龍也，華蟲也，六者繪之於衣。宗彝也，藻也，火也，粉米也，黼也，黻也，六者繡之於裳。所謂十二章也。衣之六章，其序自上而下；裳之六章，其序自下而上。采者，青黃赤白黑也。色者，言施之於繪帛也。繪於衣，繡於裳，皆雜施五采以為五色也。汝明者，汝當明其大小尊卑之差等也。又按周禮以日月星辰畫於旂，冕服九章，登龍於山，登火於宗彝，以龍山華蟲火宗彝五者繪於衣，以藻粉黼黻四者繡於裳。袞冕九章，以龍為首；鷩冕七章，以華蟲為首；毳冕五章，以虎蜼為首。蓋亦增損有虞之制而為之耳。六律，陽律也。不言六呂者，陽統陰也。有律而後有聲，有聲而後八音得以依據。故六律五聲八音，在，察也。忽，治之反也。聲音之道與政通，故審音以知樂，審樂以知政，而治之得失可知也。五言者，詩歌之協於五聲者也。自上達下，謂之出；自下達上，謂之納。汝聽者，言汝當審樂而察政治之得失者也。

予違汝弼，汝無面從，退有後言。欽四鄰。以違戾也。言我有違戾於道，爾當弼正其失，爾無面諫以為是，而背毀為非，不可不敬爾鄰之職也。申結上文弼直鄰哉之義，而深責之禹者如此。

庶頑讒說，若不在時，侯以明之，撻以記之，書用識哉，欲並生哉。工以納言，時而颺之，格則承之庸之，否則威之。識音志。颺音揚。否，俯久反。○此因上文而慮庶頑讒說之不忠不直者。讒說，即舜所堲者。時，是也。在是，指忠直為言。侯，射侯也。明者，欲明其果頑愚讒說與否也。蓋射所以觀德，頑愚讒說之人，其心不正，則形乎四體，布乎動靜，其容體必不能比於禮，其節奏必不能比於樂，其中必不能多。審如是，則其為頑愚讒說也必矣。周禮王大射，則供虎侯、熊侯、豹侯；諸侯供熊侯、豹侯；卿大夫供麋侯，皆設其鵠。又梓人為侯，廣與崇方，三分其廣而鵠居一焉。應古制亦不相遠也。撻，扑也，即扑作教刑者。蓋懲之使記而不忘也。識，誌也。錄其過惡以識于冊，如周制鄉黨之官，以時書民之孝弟睦婣有學者也。聖人不忍以頑愚讒說而遽棄之，用此三者之教，啓其憤，發其悱，使之遷善改過，欲其並生於天地之間也。工，掌樂之官也。格，有恥且格之格，謂改過也。承，薦也。聖人於庶頑讒說之人，既有以啓發其憤悱遷善之心，而又命掌樂之官，以其所納之言，時而颺之，以觀其改過之與否。如其改也，則進之用之；如其不改，然後刑以威之。以見聖人之教無所不極其至，必不得已焉而後威之。其不忍輕於棄人也如此。此即龍之所典，而此命伯禹總之也。

禹曰：俞哉！帝光天之下，至于海隅蒼生，萬邦黎獻，共惟帝臣，惟帝時舉。敷納以言，明庶以功，車服以庸。誰敢不讓，敢不敬應。帝不時，敷同日奏罔功。俞哉者，蘇氏曰：與春秋傳公曰諾哉意同。口然而心不然之辭也。隅，角也。蒼生者，蒼蒼然而生，視遠之義也。獻，賢也。黎獻者，黎民之賢者也。共，同。時，是也。敷納者，下陳而上納也。明庶者，明其衆庶也。禹雖俞帝之言，而有未盡然之意。謂庶頑讒說，加之以威，不若明之以德，使帝德光輝達於天下，海隅蒼生之地，莫不昭灼，德之遠著如此，則萬邦黎民之賢，孰不感慕興起，而皆有帝臣之願。惟帝時舉而用之爾。敷納以言而觀其蘊，明庶以功而考其成，旌能命德，以厚其報。如此，則誰敢不讓於善，敢不精白一心，敬應其上，而庶頑讒說，豈足慮乎？帝不如是，則今任用之臣，遠近敷同，率為誕慢，日進於無功矣，豈特庶頑讒說為可慮哉？

無若丹朱傲。惟慢遊是好。傲虐是作。罔晝夜頟頟。罔水行舟。朋淫于家。用殄厥世。予創若時。娶于塗山。辛壬癸甲。啓呱呱而泣。予弗子。惟荒度土功。弼成五服。至于五千。州十有二師。外薄四海。咸建五長。各迪有功。苗頑弗卽工。帝其念哉。帝曰。迪朕德。時乃功惟敘。皐陶方祗厥敘。方施象刑惟明。

頟鄂格反。呱音孤。○漢志。堯處子朱於丹淵。爲諸侯。丹朱之國名也。頟頟。不休息之狀。罔水行舟。如奡盪舟之類。朋淫者。朋比小人而淫亂于家也。殄。絕也。世者。世堯之天下也。丹朱不肖。堯以天下與舜而不與朱。故曰殄世。程子曰。夫聖莫聖於舜。而禹之戒舜至曰無若丹朱好慢遊作傲虐。且舜之不爲慢遊傲虐。雖愚者亦當知之。豈以禹而不知乎。蓋處崇高之位。所以儆戒者當如是也。創。懲也。禹自言懲丹朱之惡而不敢以慢遊也。塗山。國名。在今壽春縣東北。禹娶塗山氏之女也。辛壬癸甲。四日也。禹娶塗山。甫及四日。卽往治水也。啓。禹之子。呱呱。泣聲。荒。大也。言娶妻生子。皆有所不暇顧。念惟以大相度平治水土之功爲急也。孟子言禹八年於外。三過其門而不入。是也。五服。甸侯綏要荒也。言非特平治水土。又因地域之遠近。以輔成五服之制也。疆理宇內。乃人君之事。非人臣之所當專者。故曰弼成也。五千者。每服五百里。五服之地。東西南北相距五千里也。十二師者。每州立十二諸侯以爲之師。使之相牧以糾羣后也。薄。迫也。九州之外。迫於四海。每方各建五人以爲之長。而統率之也。聖人經理之制。其詳內略外者如此。卽。就也。謂十二師五長內而侯牧。外而蕃夷。皆蹈行有功。惟三苗頑慢不率不肯就工。帝當憂念之也。帝言四海之內。蹈行我之德教者。是汝功惟敘之故。其頑而弗率者。則皐陶方敬承汝之功敘。方施象刑。惟明矣。曰明者。言其刑罰當罪。可以畏服乎人也。上文禹之意。欲舜弛其鞭扑之威。益廣其文教之及。而帝以禹之功敘既已如此。而猶有頑不卽工如苗民者。是豈刑法之所可廢哉。或者乃謂苗之凶頑。六師征之。猶且逆命。豈皐陶象刑之所能致。是未知聖人兵刑之敘。與帝舜治苗之本末也。帝之此言。乃在禹未攝位之前。非徂征後事。蓋威以象刑而苗猶不服。然後命禹征之。征之不服。以益之諫而又增修德教。及其來格。然後分背之。舜之此言。雖在三謨之末。而實則禹未攝位之前也。

夔曰。戛擊鳴球。搏拊琴瑟。以詠。祖考來格。虞賓在位。羣后德讓。下管鼗鼓。合止柷敔。笙鏞以閒。鳥獸蹌蹌。簫韶九成。鳳皇來儀。

戛訖黠反。鼗音桃。柷昌六反。敔偶許反。○戛擊。考擊也。鳴球。玉磬名也。搏。至。拊。循也。樂之始作。升歌於堂上。則堂上之樂。惟取其聲之輕清者。與人聲相比。故曰以詠。蓋戛擊鳴球。搏拊琴瑟。以合詠歌之聲也。格。神之格。思之格。虞賓。丹朱也。堯之後。爲賓於虞。猶微子作賓於周也。丹朱在位。與助祭羣后。以德相讓。則人無不和可知矣。下。堂下之樂也。管。猶周禮所謂陰竹之管。孤竹之管。孫竹之管也。鼗鼓。如鼓而小。有柄。持而搖之。則旁耳自擊。柷敔。郭璞云。柷如漆桶。方二尺四寸。深一尺八寸。中有椎柄。連底撞之。令左右擊。敔狀如伏虎。背上有二十七鉏鋙。刻以籈櫟之。籈長一尺。以木爲之。始作也。擊柷以合之。及其將終也。則櫟敔以止之。蓋節樂之器也。笙以匏爲之。列管於匏中。又施簧於管端。鏞。大鐘也。葉氏曰。鐘與笙相應者曰笙鐘。與歌相應者曰頌鐘。頌或謂之鏞。詩賁鼓維鏞是也。大射禮。樂人宿縣于阼階東笙磬西面其南笙鐘西階之西頌磬東面其南頌鐘頌鐘即鏞鐘也上言以詠此言以閒相對而言蓋與詠歌迭奏也鄉飲酒禮云歌鹿鳴笙南陔閒歌魚麗笙由庚或其遺制也蹌蹌行動之貌言樂音不獨感神人至於鳥獸無知亦且相率而舞蹌蹌然也簫古文作箾舞者所執之物說文云樂名箾韶季札觀周樂見舞韶箾者則箾韶蓋舜樂之總名也今文作簫故先儒誤以簫管釋之九成者樂之九成也功以九敘故樂以九成九成猶周禮所謂九變也孔子曰樂者象成者也故曰成鳳凰羽族之靈者其雄爲鳳其雌爲凰來儀者來舞而有容儀也戛擊鳴球搏拊琴瑟以詠堂上之樂也下管鼗鼓合止柷敔笙鏞以閒堂下之樂也唐孔氏曰樂之作也依上下而遞奏閒合而後曲成祖考尊神故言於堂上之樂鳥獸微物故言於堂下之樂九成致鳳尊異靈瑞故別言之非堂上之樂獨致神格堂下之樂偏能舞獸也或曰笙之形如鳥翼鏞之虡爲獸形故於笙鏞以閒言鳥獸蹌蹌風俗通曰舜作簫笙以象鳳蓋因其形聲之似以狀其聲樂之和豈眞有鳥獸鳳凰而蹌蹌來儀者乎曰是未知聲樂感通之妙也瓠巴鼓瑟而游魚出聽伯牙鼓琴而六馬仰秣聲之致祥召物見於傳者多矣況舜之德致和於上夔之樂召和於下其格神人舞獸盛豈足疑哉今按季札觀周樂見舞韶箾者曰德至矣盡矣如天之無不覆如地之無不載雖甚盛德蔑以加矣夫韶樂之奏幽而感神則祖考來格明而感人則羣后德讓微而感物則鳳儀獸舞原其所以能感召如此者皆由舜之德如天地之無不覆燾也其樂之傳歷千餘載孔子聞之於齊尚且三月不知肉味曰不圖爲樂之至於斯則當時感召從可知矣又按此章夔言作樂之效其文自爲一段不與上下文勢相屬蓋舜之在位五十餘年其與禹皐陶夔益相與答問者多矣史官取其尤彰明者以詔後世則是其所言者自有先後史官集而記之非其一日之言也諸儒之說自皐陶謨至此篇末皆謂文勢相屬故其說牽合不通今皆不取

夔曰於予擊石拊石百獸率舞庶尹允諧重擊曰擊輕擊曰拊石磬也有大磬有編磬有歌磬磬有大小故擊有輕重八音獨言石者蓋石音屬角最難諧和記曰磬以立辨夫樂以合爲主而石聲獨立辨者以其難和也石聲既和則金絲竹匏土革木之聲無不和者矣詩曰既和且平依我磬聲則知言石者總樂之和而言之也或曰玉振之也者終條理之事故舉磬以終焉上言鳥獸此言百獸者考工記曰天下大獸五脂者膏者臝者羽者鱗者羽鱗總可謂之獸也百獸舞則物無不和可知矣尹正也庶尹者衆百官府之長也允諧者信皆和諧也庶尹諧則人無不和可知矣

帝庸作歌曰勑天之命惟時惟幾乃歌曰股肱喜哉元首起哉百工熙哉皐陶拜手稽首颺言曰念哉率作興事愼乃憲欽哉屢省乃成欽哉乃賡載歌曰元首明哉股肱良哉庶事康哉又歌曰元首叢脞哉股肱惰哉萬事墮哉帝拜曰俞往欽哉明音芒脞取果反○庸用也歌詩歌也勑戒勑也幾事之微也惟時者無時而不戒勑也惟幾者無事而不戒勑也蓋天命無常理亂安危相爲倚伏今雖治定功成禮備樂和然頃刻謹畏之不存則怠荒之所自起毫髮幾微之不察則禍患之所自生不可不戒也此舜將欲作歌而先述其所以歌之之意也股肱臣也元首君也人臣樂於趨事赴功則人君之治爲之興起而百官之功皆廣也拜手稽首者首至手又至地也大言而疾曰颺率總

率也。皐陶言人君當總率羣臣以起事功。又必謹其所守之法度。蓋樂於興事者易至於紛更。故深戒之也。屢數也。興事而數考其成。則有課功覈實之效。而無誕慢欺蔽之失。兩言欽哉者興事考成。二者皆所當深敬而不可忽者也。此皐陶將欲賡歌。而先述其所以歌之意也。賡續。載成也。續帝歌以成其義也。皐陶言君明則臣良。而衆事皆安。所以勸之也。叢脞煩碎也。惰懈怠也。墮傾圮也。言君行臣職煩瑣細碎。則臣下懈怠不肯任事。而萬事廢壞。所以戒之也。舜作歌而責難於臣。皐陶賡歌而責難於君。君臣之相責難者如此。有虞之治。茲所以為不可及也歟。帝拜者重其禮也。重其禮然其言。而曰汝等往治其職。不可以不敬也。林氏曰。舜與皐陶之賡歌。三百篇之權輿也。學詩者當自此始。

書經卷之二

夏書

夏禹有天下之號也書凡四篇禹貢作於虞時而繫之夏書者禹之王以是功也

禹貢

上之所取謂之賦下之所供謂之貢是篇有貢有賦而獨以貢名篇者孟子曰夏后氏五十而貢貢者較數歲之中以為常則貢又夏后氏田賦之總名今文古文皆有

禹敷土隨山刊木奠高山大川。敷分也分別土地以為九州也奠定也定高山大川以別州境也若兗之濟河青之海岱揚之淮海雍之黑水西河荊之荊衡徐之海岱淮豫之荊河梁之華陽黑水是也方洪水橫流不辨區域禹分九州之地隨山之勢相其便宜斬木通道以治之又定其山之高者與其川之大者以為之紀綱此三者禹治水之要故作書者首述之○曾氏曰禹別九州非用其私智天文地理區域各定故星土之法則有九野而在地者必有高山大川為之限隔風氣為之不通民生其間亦各異俗故禹因高山大川之所限者別為九州又定其山之高峻水之深大者為其州之鎮秩其祭而使其國主之也

冀州冀州帝都之地三面距河兗河之西雍河之東豫河之北周禮職方河內曰冀州是也八州皆言疆界而冀不言者以餘州所至可見晁氏曰亦所以尊京師示王者無外之意

既載壺口經始治之謂之載壺口山名漢地志在河東郡北屈縣東南今隰州吉鄉縣也○今按既載云者冀州帝都之地禹受命治水所始在所當先經始壺口等處以殺河勢故曰既載然禹治水施功之序則皆自下流始故次兗次青次徐次揚次荊次豫次梁次雍兗最下故所先雍最高故獨後禹言予決九川距四海濬畎澮距川則其用工之本末先決九川之水以距海則水之大者有所歸又濬畎澮以距川則水之小者有所泄皆自下流以疏殺其勢讀禹貢之書求禹功之序當於此詳之

治梁及岐梁岐皆冀州山梁山呂梁山也在今石州離石縣東北爾雅云梁山晉望即冀州呂梁也呂不韋曰龍門未闢呂梁未鑿河出孟門之上又春秋梁山崩左氏穀梁皆以為晉山則亦指呂梁矣酈道元謂呂梁之石崇竦河流激盪震動天地此禹既事壺口乃即治梁也岐山在今汾州介休縣狐岐之山勝水所出東北流注于汾酈道元云後魏於胡岐置六壁防離石諸胡因為大鎮今六壁城在勝水之側實古河逕之險阨二山河水所經治之所以開河道也先儒以為雍州梁岐者非是

既修太原至于岳陽修因鯀之功而修之也廣平曰原今河東路太原府也岳太岳也周職方冀州其山鎮曰霍山地志謂霍太山即太岳在河東郡彘縣東今晉州霍邑也山南曰陽即今岳陽縣地也堯之所都揚子雲冀州箴曰岳陽是都是也蓋汾水出於太原經於太岳東入于河此則導汾水也

覃懷底績至于衡漳覃懷地名地志河內郡有懷縣今懷州也曾氏曰覃懷平地也當在孟津之東太行之西沁水出乎其西淇水出乎其東方洪水懷山襄陵之時而平地致功為難故曰底績衡漳水名衡古橫字地志漳水二一出上黨沾縣大黽谷今平定軍樂平縣少山也名為清漳一出上黨長子縣鹿谷山今潞州長子縣發鳩山也名為濁漳酈道元謂之衡水又謂之橫水東至鄴合清漳東北至阜城入北河鄴今潞州涉縣也阜城今定遠軍東光縣也○又按桑欽云二漳異源而下流相合同歸于海唐人亦言漳水能獨達于海請以為瀆而不云入河者蓋禹之導河自洚水大陸至碣石入于

海本隨西山下東北去周定王五年河徙砱礫則漸遷而東漢初漳猶入河其後河徙日東而取漳水益遠至欽時河自大伾而下已非故道而漳自入海矣故欽與唐人所言者如此**厥土惟白壤。**漢孔氏曰無塊曰壤顏氏曰柔土曰壤夏氏曰周官大司徒辨十有二壤之物而知其種以教稼穡樹藝以土均之法辨五物九等制天下之地征則夫教民樹藝與因地制貢固不可不先於辨土也然辨土之宜有二白以辨其色壤以辨其性也蓋草人糞壤之法騂剛用牛赤緹用羊墳壤用麋渴澤用鹿冀治田疇各因色性而辨其所當用也曾氏曰冀州之土豈皆白壤云然者土會之法從其多者論也**厥賦惟上上錯厥田惟中中。**賦田所出穀米兵車之類錯雜也賦第一等而錯出第二等也田第五等也賦高於田四等者地廣而人稠也林氏曰冀州先賦後田者冀王畿之地天子所自治併與場圃園田漆林之類而征之如周官載師所載賦非盡出於田也故以賦屬於厥土之下餘州皆田之賦也故先田而後賦又按九州九等之賦皆每州歲入總數以九州多寡相較而為九等非以是等田而責其出是等賦也冀獨不言貢篚者冀天子封內之地無所事於貢篚也**衡既從大陸既作。**恒衛二水名恒水地志出常山郡上曲陽縣恒山北谷在今定州曲陽縣西北恒山也東入滱水薛氏曰東流合滱水至瀛州高陽縣入易水晁氏曰今之恒水西南流至眞定府行唐縣東流入于滋水又南流入于衡水非古迹矣衛水地志出常山郡靈壽縣東北即今眞定府靈壽縣也東入滹沱河薛氏曰東北合滹沱河過信安軍入易水從從其道也大陸孫炎曰鉅鹿北廣阿澤河所經也程氏曰鉅鹿去古河絕遠河未嘗遷入邢以行鉅鹿之廣阿非是按爾雅高平曰陸大陸云者四無出阜曠然平地蓋禹河自澶相以北皆行西山之麓故班馬王橫皆謂載之高地則古河之在貝冀以及枯洚之南率皆穿西山踵趾以行及其已過信洚之北則西山勢斷曠然四平蓋以此地謂之大陸乃與下文北至大陸者合故隋改趙之昭慶以為大陸縣唐又割鹿城置陸澤縣皆疑鉅鹿之大陸不與河應而亦求之向北之地杜佑李吉甫以為邢趙深三州為大陸者得之作者言可耕治水患既息而平地之廣衍者亦可耕治也恒衛水小而地遠大陸地平而近河故其成功於田賦之後**島夷皮服。**海曲曰島海島之夷以皮服來貢也**夾右碣石入于河。**碣石地志在北平郡驪城縣西南河口之地今平州之南也冀州北方貢賦之來自北海入河南向西轉而碣石在其右轉屈之間故曰夾右也程氏曰冀為帝都東西南三面距河他州貢賦皆以達河為至故此三方亦不必書而其北境則漢遼東西右北平漁陽上谷之地其水如遼濡濘易皆中高不與河通故必自北海然後能達河也又按酈道元言驪城枕海有石如甬道數十里當山頂有大石如柱形韋昭以為碣石其山昔在河口海濱故以誌其入貢河道歷世既久為水所漸淪入于海已去岸五百餘里矣戰國策以碣石在常山郡九門縣者恐名偶同而鄭氏以為九門無此山也**濟河惟兗州。**兗州之域東南據濟西北距河濟河見導水蘇氏曰河濟之間相去不遠兗州之境東南跨濟非止於濟也愚謂河昔北流兗州之境北盡碣石河右之地後碣石之地淪入于海河益徙而南濟河之間始相去不遠蘇氏之說未必然也林氏曰濟古文作泲說文註云此兗州之濟也其從水從齊者說文註云出常山房子縣贊皇山則此二字音同義異當以古文為正**九河既道。**九河爾雅一曰徒駭二曰太史三曰馬頰四曰覆鬴五曰胡蘇六曰簡潔七曰鉤盤八曰鬲津其一則河之經流也先儒不知河之經流。遂分簡潔爲二。既道者既順其道也。按徒駭河地志云滹沱河寰宇記云在滄州清池南許商云在平城馬頰河元和志在德州安德平原南東寰宇記云在棣州滴河北輿地記云即篤馬河也覆鬴河通典云在德州安德胡蘇河寰宇記云在饒安無棣臨津三縣許商云在東光簡潔河輿地記云在臨津鉤盤河寰宇記云在樂陵東南從德州平昌來輿地記云在樂陵鬲津河寰宇記云在樂陵東西北流入饒安許商云在鬲縣輿地記云在無棣太史河不知所在自漢以來講求九河者甚詳漢世近古止得其三唐人集累世積傳之語遂得其六歐陽忞輿地記又得其一或新河而載以舊名或一地而互爲兩說要之皆似是而非無所依據至其顯然謬誤者則班固以滹沱爲徒駭而不知滹沱不與古河相涉樂史馬頰乃以漢篤馬河當之鄭氏求之不得又以爲九河齊桓塞其八流以自廣夫曲防齊之所禁塞河宜非桓公之所爲也河水可塞而河道果能盡平乎皆無稽考之言也惟程氏以爲九河之地已淪於海引碣石爲九河之證以謂今滄州之地北與平州接境相去五百餘里禹之九河當在其地後爲海水淪沒故其迹不存方九河未沒於海之時從今海岸東北更五百里平地河播爲九在此五百里中又上文言夾右碣石則九河入海之處有碣石在其西北岸九河水道變遷難於推考而碣石通趾頂皆石不應仆沒今兗冀之地既無此石而平州正南有山而名碣石者尚在海中去岸五百餘里卓立可見則自古河自今以爲海處向北斜行始分爲九其河道已淪入於海明矣漢王橫言昔天常連雨東北風海水溢西南出浸數百里九河之地已爲海水所漸酈道元亦謂九河碣石苞淪於海後世儒者知求九河於平地而不知求碣石有無以爲之證故前後異說竟無歸宿蓋非九河之地而強鑿求之宜其支離而不能得也**雷夏既澤。**澤者水之鍾也雷夏地志在濟陰郡城陽縣西北今濮州雷澤縣西北也山海經云澤中有雷神龍身而人頰鼓其腹則雷然則本夏澤也因其神名之曰雷夏也洪水橫流而入于澤澤不能受則亦泛濫奔潰故水治而後雷夏爲澤。**灉沮會同。**灉沮二水名灉水曾氏曰爾雅水自河出爲灉許慎云河灉水在宋又曰汳水受陳留浚儀陰溝至蒙爲灉水東入于泗水經汳水出陰溝東至蒙爲狙獾則灉水即汳水也灉之下流入于睢水沮水地志睢水出沛國芒縣睢水其沮水歟晁氏曰爾雅云自河出爲灉濟出爲濋求之於韻沮有楚音二水河濟之別也二說未詳孰是會者水之合也同者合而一也。**桑土既蠶是降丘宅土。**桑土宜桑之土既蠶者可以蠶桑也蠶性惡濕故水退而後可蠶然九州皆賴其利而獨於兗言之者兗地宜桑後世之濮上桑間猶可驗也地高曰丘兗地多在卑下水害尤甚民皆依丘陵以居至是始得下居平地也**厥土黑墳厥草惟繇厥木惟條。**墳土脉墳起也如左氏所謂祭之地地墳是也繇茂條長也○林氏曰九州之西北多山東南多水多山則草木爲宜不待書也兗徐揚三州最居東南下流其勢地卑濕沮洳洪水爲患草木不得其生至是或繇或條或夭或喬而或漸包故於三州特言之以見水土平草木亦得遂其性也**厥田惟中下厥賦貞作十有三載乃同。**田第六等賦第九等貞正也兗賦最薄言君天下者以薄賦爲正也作十有三載乃同者兗當河下流之衝水激而湍悍地平而土疏被害尤劇今水患雖平而卑濕沮洳未必盡去土曠人稀生理鮮少必作治十有三載然後賦法同於他州此爲田賦而言故其文屬於厥賦之下先儒以爲禹治水所歷之年且謂此州治水最在後畢州爲第九成功因以上文厥賦貞者謂賦亦第九與州正爲相當殊無意義其說非是 厥貢漆絲厥篚織文 貢者下獻其土所有於上也兗地宜漆宜桑故貢漆絲也篚竹器筐屬也古者幣帛之屬盛之以篚篚而貢焉經曰篚厥玄黃是也織文者織而有文錦綺之屬也以非一色故以織文總之林氏曰有貢又有篚者所貢之物入於篚也 浮于濟漯達于河 舟行水曰浮漯者河之枝流也兗之貢賦浮濟浮漯以達于河也帝都冀州三面距河達河則達帝都矣又按地志曰漯水出東郡東武陽至千乘入海程氏以爲此乃漢河與漯殊異然亦不能明言漯河所在未詳其地也

海岱惟青州 青州之域東北至海西南距岱岱泰山也今在襲慶府奉符縣西北三十里 嵎夷既略 嵎夷薛氏曰今登州之地略經略爲之封畛也即堯典之嵎夷 濰淄其道 濰淄二水名濰水地志云出琅琊郡箕縣今密州莒縣東北濰山也北至都昌入海今濰州昌邑也淄水地志云出泰山郡萊蕪縣原山今淄州淄川縣東南七十里原山也東至博昌縣入濟今青州壽光縣也其道者水循其道也上文言既道者禹爲之道也此言其道者泛濫既去水得其故道也林氏曰河濟下流兗受之淮下流徐受之江漢下流揚受之青雖近海然不當衆流之衝但濰淄二水順其故道則其功畢矣此之他州用力最省者也 厥土白墳海濱廣斥 濱涯也海涯之地廣漠而斥鹵許慎曰東方謂之斥西方謂之鹵斥鹵鹹地可煑爲鹽者也 厥田惟上下厥賦中上 田第三賦第四也 厥貢鹽絺海物惟錯岱畎絲枲鈆松怪石萊夷作牧厥篚檿絲 鹽斥地所出絺細葛也錯雜也海物非一種故曰錯林氏曰既總謂之海物則固非一物矣此與揚州齒革羽毛惟木文勢正同錯蓋別爲一物如錫貢磬錯之錯理或然也畎谷也岱山之谷也枲麻也怪石怪異之石也林氏曰怪石之貢誠爲可疑意其必須以爲器用之飾而有不可闕者非特貢其怪異之石以爲玩好也萊夷顏師古曰萊山之夷齊有萊侯萊人即今萊州之地作牧者言可牧放夷人以畜牧爲生也檿山桑也山桑之絲其韌中琴瑟之弦蘇氏曰惟東萊爲有此絲以之爲繒其堅韌異常萊人謂之山繭 浮于汶達于濟 汶水出泰山郡萊蕪縣原山今襲慶府萊蕪縣也西南入濟在今鄆州中都縣也蓋淄水出萊蕪原山之陰東北而入海汶水出萊蕪原山之陽西南而入濟不言達河者因於兗也

海岱及淮惟徐州 徐州之域東至海南至淮北至岱而西不言濟者岱之陽濟東爲徐岱之北濟東爲青言濟不足以辨故略之也爾雅濟東曰徐州者商無青幷青於徐也周禮正東曰青州者周無徐幷徐於青也林氏曰一州之境必有四至七州皆止二至蓋以鄰州互見至此州獨載其三邊者止言海岱則嫌於青止言淮海則嫌於揚故必曰海岱及淮而後徐州之疆境始別也 淮沂其乂 淮沂二水名淮見導水曾氏曰淮之源出于豫之境至揚徐之間始大其泛濫爲患尤在于徐故淮之治於徐言之也沂水地志云出泰山郡蓋縣艾山今沂州沂水縣也南至于下邳西南而入于泗曾氏曰徐州水以沂名者非一酈道元謂水出尼丘山西北徑魯之雩門亦謂之沂水水出太公武陽之冠石山亦謂之沂水而沂水之大則出於泰山也又按徐之水有泗有汶有沭有鄫而獨以淮沂言者周職方氏青州其川淮泗其浸沂沭周無徐州兼之於青周之青即禹之徐則徐之川莫大於淮淮乂則自泗而下凡爲川者可知矣徐之浸莫大於沂沂乂則自沭而下凡爲浸者可知矣 蒙羽其藝 蒙羽二山

名蒙山。地志在泰山郡蒙陰縣西南。今沂州費縣也。羽山。地志在東海郡祝其縣南。今海州朐山縣也。藝者言可種藝也。**大野既豬。**大野澤名。地志在山陽郡鉅野縣北。今濟州鉅野縣也。鉅即大也。水蓄而復流者謂之豬。按水經。濟水至乘氏縣分爲二。南爲菏。北爲濟。酈道元謂一水東南流。一水東北流。入鉅野澤。則大野爲濟之所絕。其所聚也。大矣。何承天曰。鉅野廣大。南導洙泗。北連清濟。徐之有濟。於是乎見。又鄆州中都西南。亦有大野陂。或皆大野之地也。**東原底平。**東原。漢之東平國。今之鄆州也。晁氏曰。東平自古多水患。數徙其城。咸平中。又徙城於東南。則其下濕可知。底平者。水患已去。而底於平也。後人以其地之平。故謂之東平。又按東原在徐之西北。而謂之東者。以在濟東故也。東平國。在景帝亦謂濟東國云。益知大野東原。所以志濟也。**厥土赤埴墳。草木漸包。**土黏曰埴。埴。膩也。黏泥如脂之膩也。周有摶埴之工。老氏言埏埴以爲器。惟土性黏膩細密。故可摶可埏也。漸進長也。如易所謂木漸。言其日進於茂而不已也。包叢生也。如詩所謂如竹包矣。言其叢生而稹也。**厥田惟上中。厥賦中中。**田第二等。賦第五等也。**厥貢惟土五色。羽畎夏翟。嶧陽孤桐。泗濱浮磬。淮夷蠙珠暨魚。厥篚玄纖縞。**徐州之土雖赤。而五色之土亦間有之。故制以爲貢。周書作雒曰。諸侯受命于周。乃建大社于國中。其壝東青土。南赤土。西白土。北驪土。中央疊以黃土。將建諸侯。鑿取其方面之土。苞以黃土。苴以白茅。以爲土封。故曰受列土於周室。此貢土五色。意亦爲是用也。羽畎。羽山之谷也。夏翟。翟雉具五色。其羽中旌旄者也。染人之職。秋染夏。鄭氏曰。染夏者。染五色也。林氏曰。古之車服器用。以雉爲飾者多。不但旌旄也。曾氏曰。山雉具五色。出于羽山之畎。則其名山以羽者。以此歟。嶧。山名。地志云。東海郡下邳縣西有葛嶧山。古文以爲嶧山。下邳。今淮陽軍下邳縣也。陽者。山南也。孤桐。特生之桐。其材中琴瑟。詩曰。梧桐生矣。于彼朝陽。蓋草木之生。以向日爲貴也。泗。水名。出魯國卞縣桃墟西北陪尾山。源有泉四。四泉俱導。因以爲名。西南過彭城。又東南過下邳入淮。卞縣。今襲慶府泗水縣也。濱。水旁也。浮磬。石露水濱若浮於水然。或曰非也。泗濱非必水中。泗水之旁近浮者。石浮生土中。不根著者也。今下邳有石磬山。或以爲古取磬之地。曾氏曰。不謂之石者。成磬而後貢也。淮夷。淮之夷也。蠙蚌之別名也。暨。及也。珠爲服飾。魚用祭祀。今濠泗楚皆貢淮白魚。亦古之遺制歟。夏翟之出於羽畎。孤桐之生於嶧陽。浮磬之出於泗濱。珠魚之出於淮夷。各有所產之地。非他處所有。故詳其地而使貢也。玄。赤黑色幣也。武成曰。篚厥玄黃。纖。縞。皆繒也。禮曰。及期而大祥。素縞麻衣。中月而禫。禫而纖。記曰。有虞氏縞衣而養老。則知纖縞皆繒之名也。曾氏曰。玄赤而有黑色。以之爲衮。所以祭也。以之爲端。所以齊也。以之爲冠。以爲首服也。黑經白緯曰纖。纖也。縞也。皆去凶即吉之所服也。**浮于淮泗。達于河。**許慎曰。汳水受陳畱浚儀陰溝。至蒙爲灉水。東入于泗。則淮泗之可以達于河者。以灉至于泗也。許慎又曰。泗受泲水東入淮。蓋泗水至大野而合泲。然則泗之上源自泲。亦可以通河也。**淮海惟揚州。**揚州之域。北至淮。東南至于海。**彭蠡既豬。**彭蠡。地志在豫章郡彭澤縣東。合江西江東諸水。跨豫章饒州南康軍三州之地。所謂鄱陽湖者是也。詳見導水。**陽鳥攸居。**陽鳥隨陽之鳥。謂鴈也。今惟彭蠡洲渚之間。千百爲羣。記陽鳥所居。猶夏小正記鴈北鄉也。言澤水既豬。洲渚既平。而禽鳥亦得其居止而遂其性也。**三江既入。**庾仲初吳都賦註。松江下七十里分流東北入海者爲婁江。東南流者爲東江。併松江爲三江。其地今亦名三江口。吳越春秋所謂范蠡乘舟出三江之口者是也。又按蘇氏謂岷山之江爲中江。嶓冢之江爲北江。豫章之江爲南江。卽導水所謂東爲北江。東爲中江者。既有中北二江。則豫章之江爲南江可知。今按此爲三江。若可依據。然江漢會于漢陽。合流數百里。至湖口而後與豫章江會。又合流千餘里而後入海。不復可指爲三矣。蘇氏知其說不通。遂以其味別之說。禹之治水。本爲民去害。豈如陸羽輩辨味烹茶爲口腹計邪。亦可見其說之窮矣。以其說易以惑人。故幷及之。或曰江漢之水。揚州巨浸。何以不書。曰禹貢書法。費疏鑿者。雖小必記。無施勞者。雖大亦略。江漢荊州而下。安於故道。無俟濬治。故在不書。況朝宗于海。荊州固備言之。是亦可以互見矣。此正禹貢之書法也。

震澤底定。震澤。太湖也。周職方。揚州藪曰具區。地志。在吳縣西南五十里。今蘇州吳縣也。曾氏曰。震如三川震之震。若今湖翻是也。具區之水。多震而難定。故謂之震。澤底定者。言底於定而不震蕩也。**篠簜既敷。厥草惟夭。厥木惟喬。厥土惟塗泥。**篠。箭竹。簜。大竹。郭璞曰。竹闊節曰簜。敷。布也。水去。竹已布生也。少長曰夭。喬。高也。塗泥。水泉濕也。下地多水。其土淖也。**厥田惟下下。厥賦下上上錯。**田第九等。賦第七等。雜出第六等也。言下上上錯者。以本設賦九等。分爲三品。下上與中下異品。故變文言下上上錯也。**厥貢惟金三品。瑤琨篠簜。齒革羽毛惟木。鳥夷卉服。厥篚織貝。厥包橘柚錫貢。**三品。金銀銅也。瑤琨。玉石名。詩曰。何以舟之。惟玉及瑤琨。說文云。石之美似玉者。取之可以爲禮器。篠之材中於矢之笴。簜之材中於樂之管。簜亦可爲符節。周官掌節有英簜。象有齒。犀兕有革。鳥有羽。獸有毛。木。楩梓豫章之屬。齒革可以成車甲。羽毛可以爲旌旄。木可以備棟宇器械之用也。鳥夷。東南海島之夷。卉。草也。葛越木綿之屬。織貝。錦名。織爲貝文。詩曰貝錦是也。今南夷木綿之精好者。亦謂之吉貝。海島之夷。以卉服來貢。而織貝之精者。則入篚焉。包。裹也。小曰橘。大曰柚。錫者。必待錫命而後貢。非歲貢之常也。張氏曰。必錫命乃貢者。供祭祀燕賓客則詔之。口腹之欲。則難於出令也。**沿于江海。達于淮泗。**順流而下曰沿。沿江入海。自海而入淮泗。不言達于河者。因於徐也。禹時江淮未通。故沿于海。至吳始開邗溝。隋人廣之。而江淮舟船始通也。孟子言排淮泗而注之江。記者之誤也。**荊及衡陽惟荊州。**荊州之域。北距南條荊山。南盡衡山之陽。荊衡各見導山。唐孔氏曰。荊州以衡山之陽爲至者。蓋南方惟衡山爲大。以衡陽言之。見其地不止此山。而猶包其南也。**江漢朝宗于海。**江漢見導水。春見曰朝。夏見曰宗。朝宗。諸侯見天子之名也。江漢合流于荊。去海尚遠。然水道已安。而無有壅塞橫決之患。雖未至海。而其勢已奔趨於海。猶諸侯之朝宗于王也。**九江孔殷。**九江卽今之洞庭也。水經言九江在長沙下雋西北。楚地記曰。巴陵瀟湘之淵。在九江之間。今岳州巴陵縣。卽楚之巴陵。漢之下雋也。洞庭正在其西北。則洞庭之爲九江審矣。今沅水漸水元水辰水敍水酉水澧水資水湘水。皆合於洞庭。意以是名九江也。孔。甚。殷。正也。九江。江水道甚得其正也。按漢志。九江在廬江郡之尋陽縣。尋陽記。九江之名。一曰烏江。二曰蜯江。三曰烏白江。四曰嘉靡江。五曰畎江。六曰源江。七曰廩江。八曰提江。九曰箘江。今詳漢九江郡之尋陽。乃禹貢揚州之境。而唐孔氏又以爲九江之名起於近代。未足爲據。且九江泒別取之邪。亦必首尾短長大略均布。然後可目之爲九。然其一水之間。當有一洲。九江之間沙水相間乃為十有七道而今尋陽之地將無所容況沙洲出沒其勢不常果可以為地理之定名乎設使派別為九則當曰九江既道不應曰孔殷於導江當曰播九江不應曰過九江反復參攷則九江非尋陽明甚本朝胡氏以洞庭為九江者得之曾氏亦謂導江曰過九江至于東陵東陵今之巴陵今巴陵之上即洞庭也因九水所合遂名九江故下文導水曰過九江經之例大水合小水謂之過則洞庭之為九江益以明矣

沱潛既道爾雅曰水自江出為沱自漢出為潛凡水之出於江漢者皆有此名此則荊州江漢之出者也今按南郡枝江縣有沱水然其流入江而非出於江也華容縣有夏水首出于江尾入于沔亦謂之沱若潛水則未有見也

雲土夢作乂雲夢澤名周官職方荊州其澤藪曰雲夢方八九百里跨江南北華容枝江江夏安陸皆其地也左傳楚子濟江入于雲中又楚子以鄭伯田于江南之夢合而言之則為一別而言之則二澤也雲土者雲之地土見而已夢作乂者夢之地已可耕治也蓋雲夢之澤地勢有高卑故水落有先後人工有早晚也

厥土惟塗泥厥田惟下中厥賦上下荊州之土與揚州同故田比揚只加一等而賦為第三等者地闕而人工脩也

厥貢羽毛齒革惟金三品杶榦栝柏礪砥砮丹惟箘簵楛三邦底貢厥名包匭菁茅厥篚玄纁璣組九江納錫大龜荊之貢與揚州大抵多同然荊先言羽毛者漢孔氏所謂善者為先也按職方氏揚州其利金錫荊州其利丹銀齒革則荊揚所產不無優劣矣杶栝柏三木名也杶木似樗而可為弓榦栝木柏葉松身礪砥皆磨石砥以細密為名礪以麤糲為稱砮者中矢鏃之用肅慎氏貢石砮者是也丹丹砂也箘簵竹名楛木名皆可以為矢董安于之治晉陽也公宮之垣皆以荻蒿苫楚廧之其高丈餘趙襄子發而試之其堅則箘簵不能過也則箘簵蓋竹之堅者其材中矢之笴楛肅慎氏貢楛矢者是也三邦未詳其地底致也致貢箘簵楛之有名者也匭匣也菁茅有刺而三脊所以供祭祀縮酒之用既包而又匣之所以示敬也齊桓公責楚貢包茅不入王祭不供無以縮酒又管子云江淮之間一茅而三脊名曰菁茅菁茅一物也孔氏謂菁以為葅者非是今辰州麻陽縣苞茅山出苞茅有刺而三脊周禮染人夏纁玄纁絳色幣也璣珠不圓者組綬類大龜尺有二寸所謂國之守龜非可常得故不為常貢若偶得之則使之納錫於上謂之納錫者下與上之辭重其事也

浮于江沱潛漢逾于洛至于南河江沱潛漢其水道之出入不可詳而大勢則自江沱而入潛漢也逾越也漢與洛不通故舍舟而陸以達于洛自洛而至于南河也程氏曰不逕浮江漢兼用沱潛者隨其貢物所出之便或由經流或循枝派期於便事而已

荊河惟豫州豫州之域西南至南係荊山北距大河

伊洛瀍澗既入于河伊木山海經曰熊耳之山伊水出焉東北至洛陽縣南北入于洛郭璞云熊耳在上洛縣南今商州上洛縣也地志言伊水出弘農盧氏之熊耳者非是洛水地志云出弘農郡上洛縣冢領山水經謂之讙舉山今商州洛南縣冢領山也至鞏縣入河今河南府鞏縣也瀍水地志云出河南郡穀城縣替亭北今河南府河南縣西北有古穀城縣其北山實瀍水所出也至偃師縣入洛今河南府偃師縣也澗水地志云出弘農郡新安縣東南入于洛新安在今河南府新安澠池之間今澠池縣東二十三里新安城是也城東北有白石山即澗水所出酈道元云世謂之廣陽山然則澗水出今之澠池至新安入洛也伊

瀍澗水入于洛而洛水入于河此言伊洛瀍澗入于河若四水不相合而各入河者猶漢入江江入海而荊州言江漢朝宗于海意同蓋四水並流小大相敵故也詳見下文**滎波既豬**東南敖倉者古之敖山也按今濟水但入河不復過河之南滎瀆水受河水有石門謂之滎口石門也鄭康成謂滎今塞為平地滎陽民猶謂其處為滎澤酈道元曰禹塞淫水於滎陽下引河東南以通淮泗濟水分河東南流漢明帝使王景卽滎水故瀆東注浚儀謂之浚儀渠漢志謂滎陽縣有狼蕩渠首受濟者是也南曰狼蕩北曰浚儀其實一也波水周職方豫州其川滎雒其浸波溠爾雅云水自洛出為波山海經曰婁涿之山波水出其陰北流注于穀二說不同未詳孰是孔氏以滎波為一水者非也**導菏澤被孟豬**菏澤地志在濟陰郡定陶縣東今興仁府濟陰縣南三里其地有菏山故名其澤為菏澤也蓋濟水所經水經謂南濟東過冤句縣南又東過定陶縣南又東北菏水東出焉是也被及也孟豬爾雅作孟諸地志在梁國睢陽縣東北今南京虞城縣西北孟諸澤是也曾氏曰被覆也菏水衍溢導其餘波入于孟豬不常入也故曰被**厥土惟壤下土墳壚**土不言色者其色雜也壚疏也顏氏曰玄而疏者謂之壚其土有高下之不同故別言之**厥田惟中上厥賦錯上中**田第四等賦第二等雜出第一等也**厥貢漆枲絺紵厥篚織纊錫貢磬錯**林氏曰周官載師漆林之征二十有五周以為征而此乃貢者蓋豫州在周為畿內故載師掌其征而不制貢禹時豫在畿外故有貢也推此義則冀不言貢者可知顏師古曰纖紵以為布及練然經但言貢枲與紵成布與未成布不可詳也纊細綿也磬錯治磬之錯也非所常用之物故非常貢必待錫命而後納也與揚州橘柚同然揚州先言橘柚而此先言錫貢者橘柚言包則於厥篚之文無嫌故言錫貢在後磬錯則與厥篚之文嫌於相屬故言錫貢在先蓋立言之法也**浮于洛達于河**豫州去帝都最近豫之東境徑自入河豫之西境則浮于洛而後至河也**華陽黑水惟梁州**梁州之境東距華山之南西據黑水華山卽太華見導山黑水見導水**岷嶓既藝**岷嶓二山名岷山地志在蜀郡湔氐道西徼外在今茂州汶山縣江水所出也晁氏曰蜀以山近江源者通為岷山連峰接岫重疊險阻不詳遠近青城天彭諸山之所環遶皆古之岷山青城乃其第一峰也嶓冢山地志云在隴西郡氐道縣漾水所出又云在西縣今興元府西縣三泉縣也蓋嶓冢一山跨于兩縣云川源既滌水去不滯而無泛溢之患其山巳可種藝也**沱潛既道**此江漢別流之在梁州者沱水地志蜀郡郫縣江沱在東西入大江郫縣今成都府郫縣也又地志云蜀郡汶江縣江沱在西南東入江汶江縣今永康軍導江縣也潛水地志云巴郡宕渠縣潛水西南入江宕渠今渠州流江縣也酈道元謂宕渠縣有大穴潛水入焉通罡山下西南潛出南入于江又地志漢中郡安陽縣鬵谷水出西南入漢鬵音潛安陽縣今洋州眞符縣也又按梁州乃江漢之原此不志者岷之藝導江也嶓之藝導漾也道沱則江悉矣道潛則漢悉矣上志岷嶓而見下志沱潛江漢源流於是而見**蔡蒙旅平**蔡蒙二山名蔡山輿地記在今雅州嚴道縣蒙山地志蜀郡青衣縣今雅州名山縣也酈道元謂山上合下開沬水逕其間溷崖水脉漂疾歷代為患蜀郡太守李冰發卒鑿平溷崖則此二山在禹為用功多也祭山曰旅旅平者治功畢而旅祭也**和夷厎績**和夷地名嚴道以西有和

岷有夷道武其地也又按晁氏曰和夷二水名和水今雅州滎經縣北和川水自蠻界羅嵒州東西來逕蒙山所謂青衣水而入岷江者也夷水出巴郡魚復縣東南過佷山縣南又東過夷州道縣北東入于江今詳二說皆未可必但經言底績者三覃懷原隰既皆地名則此恐爲地名或地名因水亦不可知也

厥土青黎黎黑**厥田惟下上厥賦下中三錯**田第七等賦第八等雜出第七第九等也按賦雜出他等者或以爲歲有豐凶或以爲戶有增減皆非也意者地力有上下年分不同如周官田一易再易之類故賦之等第亦有上下年分冀之正賦第一等而間歲第二等也揚之正賦第七等而間歲第六等也豫之正賦第二等而間歲第一等也梁之正賦第八等而間歲出第七第九等也當時必有條目詳具今不存矣書之所載特凡例也若謂歲之豐凶戶之增減則九州皆然何獨於冀揚豫梁四州言哉

厥貢璆鐵銀鏤砮磬熊羆狐貍織皮璆玉磬鐵柔鐵也鏤剛鐵可以刻鏤者也砮石磬也言鐵而先於銀者鐵之利多於銀也後世蜀之卓氏程氏以鐵冶富擬封君則梁之利尤在於鐵也織皮者梁州之地山林爲多獸之所走熊羆狐貍四獸之皮製之可以爲裘其毳毛織之可以爲罽也○林氏曰徐州貢浮磬此州既貢玉磬又貢石磬豫州又貢磬錯以此觀之則知當時樂器磬最爲重豈非以其聲角而在清濁小大之間最難得其和者哉

西傾因桓是來浮于潛逾于沔入于渭亂于河西傾山名地志在隴西郡臨洮縣西今洮州臨潭縣西南桓水名水經曰西傾之南桓水出焉蘇氏曰漢始出爲漾東南流爲沔至漢中東行爲漢沔酈道元曰自西傾而至葭萌浮于西漢西漢即潛水也自西漢遡流而居于晉壽界阻漾枝津南歷岡北迤邐接漢沔歷漢川至于褒水逾褒而暨于衙嶺之南溪灌于斜川居于武功而北以入于渭漢武帝時人有上書欲通褒斜道及漕事下張湯問之云褒水通沔斜水通渭皆可以漕從南陽上沔入褒褒絕水至斜間百餘里以車轉從斜下渭如此則漢中穀可致經言沔渭而不言褒斜者因大以見小也褒斜之間絕水百餘里故曰逾然於經文則當日逾于渭今日逾于沔此又未可曉也絕河而渡曰亂

黑水西河惟雍州雍州之域西據黑水東距西河謂之西河者主冀都而言也

弱水既西柳宗元曰西海之山有水焉散渙無力不能負芥投之則委靡墊沒及底而後止故名曰弱既西者導之西流也地志云在張掖郡刪丹縣薛氏曰弱水出吐谷渾界窮石山自刪丹西至合黎山與張掖縣河合又按通鑑魏太武擊柔然至栗水西行至菟園水分軍收討又循弱水西行至涿邪山則弱水在菟園水之西涿邪山之東矣北史載太武至菟園水分軍搜討東至瀚海西接張掖水北渡燕然山與通鑑一小異豈瀚海張掖水於弱水爲近乎程氏據西域傳以弱水爲在條支援引甚悉然長安西行一萬二千二百里又百餘日方至條支其去雍州如此之遠禹豈應窮荒而導其流也哉其說非是

涇屬渭汭涇渭汭三水名涇水地志出安定郡涇陽縣西今原州百泉縣岍頭山也東南至馮翊陽陵縣入渭今永興軍高陵縣也渭水地志出隴西郡首陽縣西南今渭州渭源縣鳥鼠山西北南谷山也東至京兆船司空縣入河今華州華陰縣也汭水地志作芮扶風汧縣弦蒲藪芮水出其西北東入涇今隴州汧源縣弦蒲藪有汭水焉周職方雍州其川涇汭詩曰汭鞫之即皆謂是也屬連屬也涇水連屬渭汭二水也

漆沮既從漆沮二水名漆水寰宇記自耀州同官縣東北界來經華原縣合沮水沮水地志出北地郡直路縣

東。今坊州宜君縣西北境也。寰宇記沮水自坊州昇平縣北子午嶺出。俗號子午水。下合榆谷慈馬等川。遂爲沮水。至耀州華原縣合漆水。至同州朝邑縣東南入渭。二水相敵。故並言之。既從者從於渭也。又按地志謂漆水出扶風縣。晁氏曰。此豳之漆也。水經漆水出扶風杜陽縣程氏曰。杜陽。今岐山普潤縣之地。亦漢漆縣之境。其水入渭。在灃水之上。與經序渭水節次不合。非禹貢之漆水也。**灃水攸同。**灃水。地志作酆。出扶風鄠縣終南山。今永興軍鄠縣山也。東至咸陽縣入渭。同者同於渭也。渭水自鳥鼠而東。灃水南注之。涇水北注之。漆沮東北注之。曰屬。曰從。曰同。皆主渭而言也。**荊岐既旅。終南惇物。至于鳥鼠。**荊岐二山名。荊山即北條之荊。地志在馮翊懷德縣南。今耀州富平縣掘陵原也。岐山地志在扶風美陽縣西北。今鳳翔府岐山縣東北十里也。終南惇物鳥鼠亦皆山名。終南地志古文以太一山爲終南山。在扶風武功縣。今永興軍萬年縣南五十里也。惇物地志古文以垂山爲惇物。在扶風武功縣。今永興軍武功縣也。鳥鼠地志在隴西郡首陽縣西南。今渭州渭源縣西也。俗呼爲青雀山。舉三山而不言所治者。蒙上既旅之文也。**原隰底績。至于豬野。**廣平曰原。下濕曰隰。詩曰。度其隰原。即指此也。鄭氏曰。其地在豳。今邠州也。豬野地志云武威縣東北有休屠澤。古今以爲豬野。今涼州姑臧縣也。治水成功。自高而下。故先言山。次原隰。次陂澤也。**三危既宅。三苗丕敘。**三危即舜竄三苗之地。或以爲燉煌。未詳其地。三苗之竄在洪水未平之前。及是三危已既可居。三苗於是大有功敘。今按舜竄三苗以其惡之尤甚者遷之。而立其次者於舊都。今既竄者已丕敘。而居於舊都者尚桀驁不服。蓋三苗舊都山川險阻。氣習使然。今湖南猺洞時猶竊發。俘而詢之。多爲猫姓。豈其遺種歟。**厥土惟黃壤。**黃者土之正色。林氏曰。物得其常性者最貴。雍州之土黃壤。故其田非他州所及。**厥田惟上上。厥賦中下。**田第一等。而賦第六等者。地狹而人功少也。**厥貢惟球琳琅玕。**球琳。美玉也。琅玕。石之似珠者。爾雅曰。西北之美者有昆侖虛之球琳琅玕。今南海有青琅玕。珊瑚屬也。**浮于積石。至于龍門西河。會于渭汭。**積石。地志在金城郡河關縣西南羌中。今鄯州龍支縣界也。龍門山地志在馮翊夏陽縣。今河中府龍門縣也。西河。冀之西河也。雍之貢道有二。其東北境則自積石至于西河。其西南境則會于渭汭。言渭汭不言河者。蒙梁州之文也。他州貢賦亦當不止一道。發此例以互見耳。○按邢恕奏乞下熙河路打造船五百隻於黃河順流放下。至會州西小河內藏放。熙河路漕使李復奏。竊知邢恕欲用此船載兵。順流而下。去取興州。契勘會州之西小河鹹水。其闊不及一丈。深止於一二尺。豈能藏船。黃河過會州入韋精山。石峽險窄。自上垂流直下。高數十丈。船豈可過。至西安州之東。大河分爲六七道。散流滑之南山。逆流數十里方再合。逆溜水淺。灘磧不勝舟載。此聲若出。必爲夏國侮笑。事遂寢。邢恕之策如李復之言。可謂謬矣。然此言貢賦之路。亦曰浮于積石。至于龍門西河。則古來此處河道固通舟楫矣。而復之言乃如此。何也。姑錄之以備參考云。**織皮崐崘析支渠搜。西戎即敘。**崐崘即河源所出。在臨羌。析支在河關西千餘里。渠搜。水經曰。河自朔方東轉經渠搜縣故城北。蓋近朔方之地也。三國皆貢皮衣。故以織皮冠之。皆西方戎落。故以西戎總之。即就也。雍州水土既平。而餘功及于西戎。故附于末。○蘇氏曰。青徐揚三州皆萊夷淮夷島夷所篚。此三國亦篚織皮。但古語有顚倒詳略爾。其文當在厥貢惟球琳琅玕之下。

浮于積石之上，簡編脫誤，不可不正。愚謂梁州亦篚織皮，恐蘇氏之說為然。**導岍及岐，至于荊山，逾于河；壺口、雷首，至于太岳；底柱、析城，至于王屋；太行、恒山，至于碣石，入于海。**此下隨山也。岍、岐、荊三山，皆雍州山。岍山，地志扶風岍縣西吳山，古文以為汧山，今隴州吳山縣吳嶽山也。周禮雍州山鎮曰嶽山。又按寰宇記，隴州汧源有岍山，汧水所出，禹貢所謂岍山也。晁氏以為今之隴山、天井、金門、秦嶺山者，皆古之岍也。岐、荊見雍州。壺口、雷首、太岳、底柱、析城、王屋、太行、恒山，皆冀州山。壺口、太岳、碣石見冀州。雷首，地志在河東郡蒲坂縣南，今河中府河東縣也。底柱，石在大河中流，其形如柱，今陝州陝縣三門山是也。析城，地志在河東郡濩澤縣西，今澤州陽城縣也。晁氏曰：山峰四面如城。王屋，地志在河東郡垣縣東北，今絳州垣曲縣也。晁氏曰：山狀如屋。太行山，地志在河內郡山陽縣西北，今懷州河內也。恒山，地志在常山郡上曲陽縣西北，今定州曲陽也。逾者，禹自荊山而過于河也。孔氏以為荊山之脈逾河而為壺口、雷首者，非是。蓋禹之治水，隨山刊木，其所表識諸山之名，必其高大可以辨疆域，廣博可以奠民居，故謹而書之，以見其施功之次第，初非有意推其脈絡之所自來，若今之葬法所言也。若必實以山脈言之，則尤見其說之謬妄。蓋河北諸山，根本脊脈皆自代北寰、武、嵐、憲諸州乘高而來，其脊以西之水則西流以入龍門西河之上流，其脊以東之水則東流而為桑乾，幽冀以入于海。其西一支為壺口、太岳，次一支包汾晉之源而南出以為析城、王屋，而又西折以為雷首，又次一支乃為太行，又次一支乃為恒山，其間各隔沁、潞諸川，不相連屬，豈自岍岐跨河而為是諸山哉？山之經理者，已附于逐州之下，於此又條列而詳記之，而山之經緯皆可見矣。王、鄭有三條四列之名，皆為未當。今據導字分之，以為南北二條，而江、河以為之紀。於二之中又分為二焉，此北條大河北境之山也。

西傾、朱圉、鳥鼠，至于太華；熊耳、外方、桐柏，至于陪尾。西傾、朱圉、鳥鼠、太華，雍州山也；熊耳、外方、桐柏、陪尾，豫州山也。西傾見梁州。朱圉，地志在天水郡冀縣南，今秦州大潭縣也，俗呼為白巖山。鳥鼠見雍州。太華，地志在京兆華陰縣南，今華州華陰縣二十里也。熊耳在商州上洛縣，詳見豫州。外方，地志潁川郡嵩高縣有嵩高山，古文以為外方，在今西京登封縣也。桐柏，地志在南陽郡平氏縣東南，今唐州桐柏縣也。陪尾，地志江夏郡安陸縣東北有橫尾山，古文以為陪尾，今安州安陸也。西傾不言導者，蒙導岍之文也。此北條大河南境之山也。

導嶓冢，至于荊山；內方，至于大別。嶓冢，卽梁州之嶓也。山形如冢，故謂之嶓冢，詳見梁州。荊山，南條荊山，地志在南郡臨沮縣北，今襄陽府南漳縣也。內方、大別，亦山名。內方，地志章山，古文以為內方山，在江夏郡竟陵縣東北，今荊門軍長林縣也。左傳吳與楚戰，楚濟漢而陳，自小別至于大別，蓋近漢之山，今漢陽軍漢陽縣北大別山是也。地志、水經云在安豐者非是。此南條江漢北境之山也。

岷山之陽，至于衡山，過九江，至于敷淺原。岷山見梁州。衡山，南嶽也，地志在長沙國湘南縣，今潭州衡山縣也。九江見荊州。敷淺原，地志云豫章郡歷陵縣南有傅易山，古文以為敷淺原，今江州德安縣博陽山也。晁氏以為在鄱陽者，非是。今按晁氏以鄱陽有博陽山，又有歷陵山，為應地志歷陵縣之名。然鄱陽漢舊縣地，不應又為歷陵縣，山名偶同，不足據也。江州德安雖為近之，然所謂敷淺原者，其山甚小而卑，亦未見其為在所表見者。惟廬阜在大江彭蠡之交，最高且大，宜所當紀志者。而皆無考據。恐山川之名。古今或異。而傳者未必得其眞也。姑俟知者。過。經過也。與導岍逾于河之義同。孔氏以爲衡山之脉。連延而爲敷淺原者。亦非是。蓋岷山之脉。其北一支爲衡山而盡於洞庭之西。其南一支度桂嶺。北經袁筠之地。至德安。所謂敷淺原者。二支之間。湘水間斷。衡山在湘水西南。敷淺原在湘水東北。其非衡山之脉。連延過九江而爲敷淺原者明甚。且其山川崗脊源流。具在眼前。而古今異說如此。況殘山斷港。歷數千百年者。尚何自取信哉。岷山不言導者。蒙導嶓冢之文也。此南條江漢南境之山也。

導弱水至于合黎。餘波入于流沙。

此下濬川也。弱水見雍州。合黎。山名。隋地志在張掖縣西北。亦名羌谷。流沙。杜佑云。在沙州西八十里。其沙隨風流行。故曰流沙。水之疏導者。已附于逐州之下。於此又派別而詳記之。而水之經緯皆可見矣。濬川之功。自隨山始。故導水次於導山也。又按山水皆原於西北。故禹敘山敘水。皆自西北而東南。導山則先岍岐。導水則先弱水也。

導黑水至于三危。入于南海。

黑水。地志出犍爲郡南廣縣汾關山。水經出張掖雞山。南至燉煌。過三危山。南流入于南海。唐樊綽云。西夷之水。南流入于南海者凡四。曰區江。曰西珥河。曰麗水。曰瀰渃江。皆入于南海。其曰麗水者。即古之黑水也。三危山臨峙其上。按梁雍二州。西邊皆以黑水爲界。是黑水自雍之西北而直出梁之西南也。中國山勢岡脊。大抵皆自西北而來。積石西傾岷山岡脊以東之水。既入于河漢岷江。其岡脊以西之水。即爲黑水而入于南海。地志水經樊氏之說。雖未詳的實。要是其地也。程氏曰。樊綽以麗水爲黑水者。恐其狹小不足爲界。其所稱西珥河者。却與漢志葉榆澤相貫。廣處可二十里。既足以界別二州。其流又正趨南海。又漢滇池。即葉榆之地。武帝初開滇嶲時。其地古有黑水舊祠。夷人不知載籍。必不能附會。而綽及道元皆謂此澤以榆葉所積得名。則其水之黑。似榆葉積漬所成。且其地乃在蜀之正西。又東北距宕昌不遠。宕昌即三苗種裔。與三苗之敘于三危者。又爲相應。其證驗莫此之明也。

導河積石。至于龍門。南至于華陰。東至于厎柱。又東至于孟津。東過洛汭。至于大伾。北過洚水。至于大陸。又北播爲九河。同爲逆河。入于海。

積石。龍門。見雍州。華陰。華山之北也。厎柱。見導山。孟。地名。津。渡處也。杜預云在河內郡河陽縣南。今孟州河陽縣也。武王師渡孟津者即此。今亦名富平津。洛汭。洛水交流之內。在今河南府鞏縣之東。洛之入河。實在東南。河則自西而東過之。故曰東過洛汭。大伾。孔氏曰。山再成曰伾。張揖以爲在成皐。鄭玄以爲在修武武德。臣瓚以爲修武武德無此山。成皐山又不再成。今通利軍黎陽縣臨河有山。蓋大伾也。按黎陽山在大河垂欲趨北之地。故禹記之。若成皐之山。既非從東折北之地。又無險礙如龍門厎柱之須疏鑿。西去洛汭既已大近。東距洚水大陸。又爲絕遠。當以黎陽者爲是。洚水。地志在信都縣。今冀州信都縣枯洚渠也。程氏曰。周時河徙砱礫。至漢又改向頓丘東南流。與禹河迹大相背戾。地志魏郡鄴縣。有故大河在東北。直達于海。疑即禹之故河。孟康以爲王莽河。非也。古洚瀆自唐貝州經城北入南宮。貫穿信都。大抵北向而入故河。於信都之北爲合。北過洚水之文。當以信都者爲是。大陸見冀州。九河。見兗州。逆河。意以海水逆潮而得名。九河既淪于海。則逆河在其下流。固不復有矣。河上播而爲九。下同而爲一。其分播合同。皆水勢之自然。禹特順而導之耳。今按漢西域傳張騫所窮河源。云河有兩源。一出葱嶺。一出于闐。于闐在南山下。其河北流。與葱嶺河合。東注蒲昌海。

蒲昌海一名鹽澤去玉門陽關三百餘里其水亭居冬夏不增減潛行地中南出積石又唐長慶中薛元鼎使吐蕃自隴西成紀縣西南出塞二千餘里得河源於莫賀延積尾曰悶磨黎山其山中高四下所謂崐崘也東北流與積石河相連河源澄瑩冬春可涉下稍合流色赤益遠他水并注遂濁吐蕃亦自言崐崘在其國西南二說恐薛氏爲是河自積石三千里而後至于龍門經但一書積石不言方向荒遠在所略也龍門而下因其所經記其自北而南則曰南至華陰記其自南而東則曰東至底柱又詳記其東向所經之地則曰孟津曰洛汭曰大伾又記其自東而北則曰北過洚水又詳記其北向所經之地則曰大陸曰九河又記其入海之處則曰逆河自洛汭而上河行於山其地皆可考自大伾而下垠岸高於平地故決齧流移水陸變遷而洚水大陸九河逆河皆難指實然上求大伾下得碣石因其方向辨其故迹則猶可考也其詳悉見上文○又按李復云同州韓城北有安國嶺東西四十餘里東臨大河瀕河有禹廟在山斷河出處禹鑿龍門起於唐張仁愿所築東受降城之東自北而南至此山盡兩岸石壁峭立大河盤束於山峽間千數百里至此山開岸闊豁然奔放怒氣噴風聲如萬雷今按舊說禹鑿龍門而不詳其所以鑿誦說相傳但謂因舊修闢去其齟齬以決水勢而已今詳此說則謂受降以東至于龍門皆是禹新開鑿若果如此則禹未鑿時河之故道不知却在何處而李氏之學極博不知此說又何所考也

嶓冢導漾東流爲漢又東爲滄浪之水過三澨至于大別南入于江東匯澤爲彭蠡東爲北江入于海

漾水名水經曰漾水出隴西郡氐道縣嶓冢山東至武都常璩曰漢水有兩源此東源也即禹貢所謂嶓冢導漾者其西源出隴西嶓冢山會泉始源曰沔逕葭萌入漢東源在今西縣之西西源在今三泉縣之東也酈道元謂東西兩川俱出嶓冢而同爲漢水者是也水源發于嶓冢爲漾至武都爲漢又東流爲滄浪之水酈道元云武當縣北四十里漢水中有洲曰滄浪洲水曰滄浪水是也蓋水之經歷隨地得名謂之爲者明非他水也三澨水名今郢州長壽縣磨石山發源東南流者名澨水至復州景陵縣界來又名汊水疑即三澨之一然據左傳漳澨薳澨則爲水際未可曉也大別見導山入江在今漢陽軍漢陽縣匯迴也彭蠡見揚州北江未詳入海在今通州靜海縣○今按彭蠡古今記載皆謂今之番陽然其澤在江之南去漢水入江之處已七百餘里所蓄之水則合饒信徽撫吉贛南安建昌臨江袁筠隆興南康數州之流非自漢入而爲匯者又其入江之處西則廬阜東則湖口皆石山峙立水道狹甚不應漢水入江之後七百餘里乃橫截而南入于番陽又橫截而北流爲北江且番陽合數州之流豬而爲澤泛溢壅遏初無仰於江漢之匯而後成也不惟無所仰於江漢而衆流之積日遏月高勢亦不復容江漢之來入矣今湖口橫渡之處其北則江漢之濁流其南則番陽之清漲不見所謂漢水匯澤而爲彭蠡者番陽之水既出湖口則依南岸與大江相持以東又不見所謂橫截而爲北江者又以經文考之則今之彭蠡既在大江之南於經則宜曰南匯彭蠡不應曰東匯於導江則宜曰南會于匯不應曰北會于匯匯既在南於經則宜曰北爲北江不應曰東爲北江以今地望參校絕爲反戾今廬江之北有所謂巢湖者湖大而源淺每歲四五月間蜀嶺雪消大江泛溢之時水淤入湖至七八月大江水落湖水方洩隨江以東爲合東匯北匯之文然番陽之湖方五六百里不應舍此而錄彼記其小而遺其大也蓋嘗以事理情勢考之洪水之患惟河爲甚意當時龍門九河等處事急民困勢重役煩禹親莅而身督之若江淮則地偏水急不待疏鑿固已通行或分遣官屬往視亦可見

洞庭彭蠡之閒。乃三苗所居。水澤山林。深昧不測。彼方負其險阻。頑不卽工。則官屬之往者。亦未必遽敢深入。是以但知彭蠡之爲澤。而不知其非漢水所匯。但意如巢湖江水之淤。而不知彭蠡之源爲甚衆也。以此致誤。謂之爲匯。謂之北江。無足怪者。然則番陽之爲彭蠡信矣。**岷山導江。東別爲沱。又東至于澧。過九江。至于東陵。東迆北會于匯。東爲中江。入于海。**沱。江之別流於梁者也。澧。水名。水經出武陵充縣西。至長沙下雋縣西北入江。鄭氏云。經言過言會者。水也。言至者。或山或澤也。澧宜山澤之名。按下文九江澧水既與其一。則非水明矣。九江見荊州。東陵巴陵也。今岳州巴陵縣也。地志在廬江西北者。非是。會匯中江見上章。**導沇水。東流爲濟。入于河。溢爲滎。東出于陶丘北。又東至于菏。又東北會于汶。又北東入于海。**沇水。濟水也。發源爲沇。既東爲濟。地志云。濟水出河東郡垣曲縣王屋山東南。今絳州垣曲縣山也。始發源王屋山頂崖下。曰沇水。既見而伏。東出於溫今孟州濟源縣。二源。東源周迴七百步。其深不測。西源周迴六百八十五步。其深一丈。合流至溫縣。是爲濟水。歷虢公臺西南入于河。溢。滿也。復出河之南。溢而爲滎。滎卽滎波之滎。見豫州。又東出于陶丘北。陶丘。地名。再成曰陶。在今廣濟軍西。又東至于菏。菏卽菏澤。亦見豫州。謂之至者。濟陰縣自有菏泒。濟流至其地爾。汶北汶也。見青州。又東北至于東平府壽張縣安民亭。合汶水至今青州博興縣入海。唐李賢謂濟自鄭以東貫滑曹鄆濟齊青以入于海。本朝樂史謂今東平濟南淄川北海界中。有水流入海。謂之清河。酈道元謂濟水當王莽之世。川瀆枯竭。其後水流逕通。津渠勢改。尋梁脉水。不與昔同。然則滎澤濟河雖枯。而濟水未嘗絕流也。程氏曰。滎水之爲濟。本無他義。濟之入河。適會河滿溢出南岸。溢出者非濟水。因濟而溢。故禹還以元名命之。按程氏言溢之一字。固爲有理。然出於河南者。旣非濟水。則禹不應以河枝流而冒稱爲濟。蓋溢者。指滎而言。非指河也。且河濁而滎清。則滎之水。非河之溢明矣。況經所書。單立導沇條例。若斷若續。而實有源流。或見或伏。而脉絡可考。先儒皆以濟水性下勁疾。故能入河穴地。流注顯伏。南豐曾氏齊州二堂記云。泰山之北。與齊之東南諸谷之水。西北匯于黑水之灣。又西北匯于柏崖之灣。而至于渴馬之崖。蓋水之來也衆。其北折而西也。悍疾尤甚。及至于崖下。則泊然而止。而自崖以北至于歷城之西。蓋五十里。而有泉湧出。高或致數尺。其旁之人。名之曰趵突之泉。齊人皆謂嘗有棄糠於黑水之灣者。而見之於此。蓋泉自渴馬之崖。潛流地中。而至此復出也。其注而北。則謂之濼水。達于清河以入于海。舟之通于濟者。皆於是乎達也。齊多甘泉。其顯名者十數。而色味皆同。以余驗之。蓋皆濼水之旁出者也。然則水之伏流地中。固多有之。奚獨於滎澤疑哉。吳興沈氏亦言古說濟水伏流地中。今歷下凡發地皆是流水。世謂濟水經過其下。東阿亦濟所經。取其井水煑膠。謂之阿膠。用攪濁水則清。人服之下膈疏痰。蓋其水性趨下。清而重故也。濟水伏流絕河。乃其物性之常。事理之著者。程氏非之。顧弗深考耳。**導淮自桐柏。東會于泗沂。東入于海。**水經云。淮水出南陽平氏縣胎簪山。禹只自桐柏導之耳。桐柏見導山。泗沂見徐州。沂入于泗。泗入于淮。此言會者。以二水相敵故也。入海在今淮浦。**導渭自鳥鼠同穴。東會于灃。又東會于涇。又東過漆沮。入于河。**同穴。山名。地志云。鳥鼠山者。同穴之枝山也。餘並見雍州。孔氏曰。鳥鼠共爲雌雄。同穴而處。其說怪誕不經。不足信也。酈道元云。渭水出南谷山。在鳥鼠山西北。禹只自鳥鼠同穴導之耳。**導洛自熊耳。東北會于澗瀍。又東會于伊。又東北入于河。**熊耳。盧氏之熊耳也。餘並見豫州。洛水出冢嶺山。禹只自熊耳導之耳。○按經言嶓冢導漾。岷山導江者。漾之源出於嶓。江之源出於岷。故先言山而後言水也。言導河積石。導淮自桐柏。導渭自鳥鼠同穴。導洛自熊耳。皆非出於其山。特自其山以導之耳。故先言水而後言山也。河不言自者。河源多伏流。積石其見處。故言積石而不言自也。沇水不言山者。沇水伏流。其出非一。故不誌其源也。弱水黑水不言山者。九州之外。蓋略之也。小水合大水謂之入。大水合小水謂之過。二水勢均相入謂之會。天下之水莫大於河。故於河不言會。此禹貢立言之法也。

九州攸同。四隩既宅。九山刊旅。九川滌源。九澤既陂。四海會同。隩。隈也。李氏曰。涯內近水爲隩。陂。障也。會同與灉沮會同同義。四海之隩。水涯之地。已可奠居。九州之山。槎木通道。已可祭告。九州之川。濬滌泉源而無壅遏。九州之澤。已有陂障而無決潰。四海之水。無不會同而各有所歸。此蓋總結上文。言九州四海水土無不平治也。

六府孔修。庶土交正。底慎財賦。咸則三壤。成賦中邦。孔。大也。水火金木土穀。皆大修治也。土者。財之自生。謂之庶土。則非特穀土也。庶土有等。當以肥瘠高下名物交相正焉。以任土事。底致也。因庶土所出之財。而致謹其財賦之入。如周大司徒以土宜之法辨十有二土之名物。以任土事之類。咸。皆也。則。品節之也。九州穀土。又皆品節之以上中下三等。如周大司徒辨十有二壤之名物。以致稼穡之類。中邦。中國也。蓋土賦或及於四夷。而田賦則止於中國而已。故曰成賦中邦。

錫土姓。錫土姓者。言錫之土以立國。錫之姓以立宗。左傳所謂天子建德。因生以賜姓。胙之土而命之氏者也。

祗台德先。不距朕行。台。我。距。違也。禹平水土。定土賦。建諸侯。治已定。功已成矣。當此之時。惟敬德以先天下。則天下自不能違越我之所行也。

五百里甸服。百里賦納總。二百里納銍。三百里納秸服。四百里粟。五百里米。甸服。畿內之地也。甸。田。服。事也。以皆田賦之事。故謂之甸服。五百里者。王城之外。四面皆五百里也。禾本全曰總。刈禾曰銍。半藁也。半藁去皮曰秸。謂之服者。三百里內。去王城爲近。非惟納總銍秸而又使之服輸將之事也。獨於秸言之者。總前二者而言也。粟。穀也。內百里爲最近。故并禾本總賦之。外百里次之。只刈禾半藁納也。外百里又次之。去藁麤皮納也。外百里爲遠。去其穗而納穀。外百里爲尤遠。去其穀而納米。蓋量其地之遠近而爲納賦之輕重精麤也。此分甸服五百里而爲五等者也。

五百里侯服。百里采。二百里男邦。三百里諸侯。侯服者。侯國之服。甸服外。四面又各五百里也。采者。卿大夫邑地。男邦。男爵。小國也。諸侯。諸侯之爵。大國次國也。先小國而後大國者。大可以禦外侮。小得以安內附也。此分侯服五百里而爲三等也。

五百里綏服。三百里揆文教。二百里奮武衞。綏。安也。謂之綏者。漸遠王畿而取撫安之義。侯服外。四面又各五百里也。揆。度也。綏服內取王城千里。外取荒服千里。介於內外之間。故以內三百里揆文教。外二百里奮武衞。文以治內。武以治外。聖人所以嚴華夏之辨者如此。此分綏服五百里而爲二等也。

五百里要服。三百里夷。二百里蔡。要服。去王畿已遠。皆夷狄之地。其文法略於中國。謂之要者。取要約之義。特羈縻之而已。綏服外。四面又各五百里也。蔡。放也。左傳云。蔡蔡叔是也。流放罪人於此也。此分要服五百里而爲二等也。**五百里荒服。三百里蠻。二百里流。**荒服去王畿益遠。而經略之者。視要服爲尤略也。以其荒野。故謂之荒服。要服外四面又各五百里也。流流放罪人之地。蔡與流皆所以處罪人。而罪有輕重。故地有遠近之別也。此分荒服五百里而爲二等也。○今按每服五百里。五服則二千五百里。南北東西相距五千里。故益稷篇言弼成五服。至于五千。然堯都冀州。冀之北境并雲中涿易。亦恐無二千五百里。藉使有之。亦皆沙漠不毛之地。而東南財賦所出。則反棄於要荒。以地勢考之。殊未可曉。但意古今土地盛衰不同。當舜之時。冀北之地。未必荒落如後世耳。亦猶閩浙之間。舊爲蠻夷淵藪。而今富庶繁衍。遂爲上國。土地興廢。不可以一時槩也。周制九畿。曰侯甸男采衞蠻夷鎭藩。每畿亦五百里。而王畿又不在其中。併之則一方五千里。四方相距爲萬里。蓋倍禹服之數也。漢地志亦言東西九千里。南北一萬三千里。先儒皆疑禹服之狹。而周漢地廣。或以周服里數皆以方言。或以古今尺有長短。或以禹直方計。而後世以人迹屈曲取之。要之皆非的論。蓋禹聲教所及則地盡四海。而其疆理則止以五服爲制。至荒服之外。又別爲區畫。如所謂咸建五長是已。若周漢則盡其地之所至而疆畫之也。

東漸于海。西被于流沙。朔南暨聲教。訖于四海。禹錫玄圭。告厥成功。漸漬。被覆。暨及也。地有遠近。故言有淺深也。聲謂風聲。教謂教化。林氏曰。振擧於此而遠者聞焉。故謂之聲。軌範於此而遠者效焉。故謂之教。上言五服之制。此言聲教所及。蓋法制有限。而教化無窮也。錫與師錫之錫同。水土旣平。禹以玄圭爲贄。而告成功于舜也。水色黑。故圭以玄云。

甘誓

甘。地名。有扈氏國之南郊也。在扶風鄠縣。誓與禹征苗之誓同義。言其討叛伐罪之意。嚴其坐作進退之節。所以一衆志而起其怠也。誓師于甘。故以甘誓名篇。書有六體。誓其一也。今文古文皆有。○按有扈夏同姓之國。史記曰。啓立。有扈不服。遂滅之。唐孔氏因謂堯舜受禪。啓獨繼父。以是不服。亦臆度之耳。左傳昭公元年。趙孟曰。虞有三苗。夏有觀扈。商有姺邳。周有徐奄。則有扈亦三苗徐奄之類也。

大戰于甘。乃召六卿。六卿。六鄉之卿也。按周禮鄉大夫。每鄉卿一人。六鄉六卿。平居無事。則各掌其鄉之政教禁令。而屬於大司徒。有事出征。則各率其鄉之一萬二千五百人。而屬於大司馬。所謂軍將皆卿者是也。意夏制亦如此。古者四方有變。專責之方伯。方伯不能討。然後天子親征之。天子之兵。有征無戰。今啓旣親率六軍以出。而又書大戰于甘。則有扈之怙強稔惡。敢與天子抗衡。豈特孟子所謂六師移之者。書曰大戰。蓋所以深著有扈不臣之罪。而爲天下後世諸侯之戒也。

王曰。嗟。六事之人。予誓告汝。重其事。故嗟歎而告之。六事者。非但六卿。有事於六軍者皆是也。

有扈氏威侮五行。怠棄三正。天用勦絕其命。今予惟恭行天之罰。威暴殄之也。侮輕忽之也。鯀汨五行而殛死。況於威侮之者乎。三正。子丑寅之正也。夏正建寅。怠棄者。不用正朔也。有扈氏暴殄天物。輕忽不敬。廢棄正朔。虐下背上。獲罪于天。天用勦絕其命。今我伐之。惟敬行天之罰而已。今按此章。則三正迭建。其來久矣。舜協時月正日。亦所以一正朔也。子丑之建。唐虞之前。當已有之。

左不攻于左。汝不恭

命。右不攻于右。汝不恭命。御非其馬之正。汝不恭命。左車左。右車右也。攻。治也。古者車戰之法。甲士三人。一居左以主射。一居右以主擊剌。御者居中以主馬之馳驅也。左傳宣公十二年。楚許伯御樂伯。攝叔爲右。以致晉師。樂伯曰。吾聞致師者。左射以菆。是車左主射也。攝叔曰。吾聞致師者。右入壘。折馘。執俘而還。是車右主擊剌也。御非其馬之正。猶王良所謂詭遇也。蓋左右不治其事。與御非其馬之正。皆足以致敗。故各指其人以責其事。而欲各盡其職而不敢忽也。用命賞于祖。不用命戮于社。予則孥戮汝。戮。殺也。禮曰。天子巡狩。以遷廟主行。左傳。軍行祓社釁鼓。然則天子親征。必載其遷廟之主與其社主以行。以示賞戮之不敢專也。祖。左。陽也。故賞于祖。社。右。陰也。故戮于社。孥。子也。孥戮與上戮字同義。言若不用命。不但戮及汝身。將幷汝妻子而戮之。戰。危事也。不重其法。則無以整肅其衆而使赴功也。或曰。戮。辱也。孥戮。猶秋官司厲孥男子以爲罪隸之孥。古人以辱爲戮。謂戮辱之以爲孥耳。古者罰弗及嗣。孥戮之刑。非三代之所宜有也。按此說固爲有理。然以上句考之。不應一戮而二義。蓋罰弗及嗣者。常刑也。予則孥戮者。非常刑也。常刑。則愛克厥威。非常刑。則威克厥愛。盤庚遷都。尚有劓殄滅之無遺育之語。則啓之誓師。豈爲過哉。

五子之歌

五子。太康之弟也。歌。與帝舜作歌之歌同義。今文無。古文有。

太康尸位。以逸豫滅厥德。黎民咸貳。乃盤遊無度。畋于有洛之表。十旬弗反。太康。啓之子。尸。如祭祀之尸。謂居其位而不爲其事。如古人所謂尸祿尸官者也。豫。樂也。夏諺曰。吾王不遊。吾何以休。吾王不豫。吾何以助。一遊一豫。爲諸侯度。夏之先王。非不遊豫。蓋有其節。皆所以爲民。非若太康以逸豫而滅其德也。民咸貳心。而太康猶不知悔。乃安於遊畋之無度。言其遠。則至于洛水之南。言其久。則十旬而弗反。是則太康自棄其國矣。有窮后羿因民弗忍。距于河。窮。國名。羿。窮國君之名也。或曰。羿。善射者之名。賈逵說文。羿。帝嚳射官。故其後善射者皆謂之羿。有窮之君亦善射。故以羿目之也。羿因民不堪命。距太康于河北。使不得返。遂廢之。厥弟五人。御其母以從。徯于洛之汭。五子咸怨。述大禹之戒以作歌。御。侍也。怨。如孟子所謂小弁之怨。親親也。小弁之詩。父子之怨。五子之歌。兄弟之怨。親之過大而不怨。是愈疏也。五子知宗廟社稷危亡之不可救。母子兄弟離散之不可保。憂愁鬱悒。慷慨感厲。情不自已。發爲詩歌。推其亡國敗家之由。皆原於荒棄皇祖之訓。雖其五章之間。非盡述皇祖之戒。然其先後終始。互相發明。史臣以其作歌之意。序於五章之首。後世序詩者。每篇皆有小序。以言其作詩之義。其原蓋出諸此。其一

曰。皇祖有訓。民可近。不可下。民惟邦本。本固邦寧。此禹之訓也。皇。大也。君之與民。以勢而言。則尊卑之分。如霄壤之不侔。以情而言。則相須以安。猶身體之相資以生也。故勢疏則離。情親則合。以其親。故謂之近。以其疏。故謂之下。言其可親而不可疏之也。且民者國之本。本固而後國安。本既不固。則雖強如秦。富如隋。終亦滅亡而已矣。其一。其二。或長幼之序。或作歌之序。不可知也。予視天下。愚夫愚婦。一能勝予。一人三失。怨豈在明。不見是圖。予

臨兆民。懍乎若朽索之馭六馬。爲人上者。奈何不敬。索昔各反馭音御。○予五子自稱也。君失人心。則爲獨夫。獨夫。卽愚夫愚婦。一能勝我矣。三失者。言所失衆也。民心怨背。豈待其彰著而後知之。當於事幾未形之時而圖之也。朽。腐也。朽索。易絕。六馬。易驚。朽索固非可以馭馬也。以喻其危懼可畏之甚。爲人上者。奈何而不敬乎。前旣引禹之訓言。此則以己之不足恃民之可畏者。申結其義也。

其二曰。訓有之。內作色荒。外作禽荒。甘酒嗜音。峻宇彫牆。有一于此。未或不亡。此亦禹之訓也。色荒。惑嬖寵也。禽荒。耽遊畋也。荒者。迷亂之謂。甘嗜。皆無厭也。峻。高大也。宇。棟宇也。彫。繪飾也。言六者有其一。皆足以致滅亡也。禹之訓昭明如此。而太康獨不念之乎。此章首尾意義已明。故不復申結之也。

其三曰。惟彼陶唐。有此冀方。今失厥道。亂其紀綱。乃底滅亡。堯初爲唐侯。後爲天子都陶。故曰陶唐。堯授舜。舜授禹。皆都冀州。言冀方者。擧中以包外也。大者爲綱。小者爲紀。底。致也。堯舜禹相授一道。以有天下。今太康失其道而紊亂其紀綱。以致滅亡也。○又按左氏所引惟彼陶唐之下。有帥彼天常一語。厥道作其行。乃底滅亡作乃滅而亡。

其四曰。明明我祖。萬邦之君。有典有則。貽厥子孫。關石和鈞。王府則有。荒墜厥緒。覆宗絕祀。明明。明而又明也。我祖。禹也。典。猶周之六典。則。猶周之八則。所以治天下之典章法度也。貽。遺。關。通。和。平也。百二十斤爲石。三十斤爲鈞。鈞與石。五權之最重者也。關通。以見彼此通同。無折閱之意。和平。以見人情兩平。無乖爭之意。言禹以明明之德。君臨天下。典則法度。所以貽後世者如此。至於鈞石之設。所以一天下之輕重而立民信者。王府亦有之。其爲子孫後世慮。可謂詳且遠矣。奈何太康荒墜其緒。覆其宗而絕其祀乎。○又按法度之制。始於權。權與物鈞而生衡。衡運生規。規圓生矩。矩方生繩。繩直生準。是權衡者。又法度之所自出也。故以鈞石言之。

其五曰。嗚呼曷歸。予懷之悲。萬姓仇予。予將疇依。鬱陶乎予心。顏厚有忸怩。弗慎厥德。雖悔可追。忸女六反怩女夷反。○曷。何也。嗚呼曷歸。歎息無地之可歸也。予將疇依。彷徨無人之可依也。爲君至此。亦可哀矣。仇予之予。指太康也。指太康而謂之予者。不忍斥言。忠厚之至也。鬱陶。哀思也。顏厚。愧之見於色也。忸怩。愧之發於心也。可追。言不可追也。

胤征

胤。國名。孟子曰。征者。上伐下也。此以征名。實卽誓也。仲康丁有夏中衰之運。羿執國政。社稷安危。在其掌握。而仲康能命胤侯以掌六師。胤侯能承仲康以討有罪。是雖未能行羿不道之誅。明羲和黨惡之罪。然當國命中絕之際。而能擧師伐罪。猶爲禮樂征伐之自天子出也。夫子所以錄其書者。以是歟。今文無。古文有。○或曰。蘇氏以爲羲和貳於羿。忠於夏者。故羿假仲康之命。命胤侯征之。今按篇首言仲康肇位四海。胤侯命掌六師。又曰。胤侯承王命徂征。詳其文意。蓋史臣善仲康能命將遣師。胤侯能承命致討。未見貶仲康不能制命。而罪胤侯之爲專征也。若果爲篡羿之書。則亂臣賊子所爲。孔子亦取之爲後世法乎。

惟仲康肇位四海。胤侯命掌六師。羲和廢厥職。酒荒于厥邑。胤后承王命徂征。仲康。太康之弟。胤侯。胤國之侯。

命掌六師。命爲大司馬也。仲康始即位。即命胤侯以掌六師。次年方有征羲和之命。必本始而言者。蓋史臣善仲康肇位之時。已能收其兵權。故羲和之征。猶能自天子出也。林氏曰。羿廢太康而立仲康。然其簒也。乃在相之世。仲康不爲羿所簒。至其子相然後見簒。是則仲康猶有以制之也。羿之立仲康也。方將執其禮樂征伐之權。以號令天下。而仲康即位之始。即能命胤侯掌六師。以收其兵權。如漢文帝入自代邸。即皇帝位。夜拜宋昌爲衛將軍。鎮撫南北軍之類。羲和之罪。雖曰沈亂于酒。然黨惡於羿。同惡相濟。故胤侯承王命往征之。以翦羿羽翼。故終仲康之世。羿不得以逞。使仲康盡失其權。則羿之簒夏。豈待相而後敢邪。羲氏和氏。夏合爲一官。曰胤后者。諸侯入爲王朝公卿。如禹稷伯夷謂之后也。**告于衆曰。嗟予有衆。聖有謨訓。明徵定保。先王克謹天戒。臣人克有常憲。百官修輔。厥后惟明明。**徵。音澄。○徵。驗。保。安也。聖人謨訓。明有徵驗。可以定安邦國也。下文即謨訓之語。天戒。日蝕之類。謹者。恐懼修省以消變異也。常憲者。奉法修職以供乃事也。君能謹天戒於上。臣能有常憲於下。百官之衆。各修其職以輔其君。故君內無失德。外無失政。此其所以爲明明后也。又按日蝕者。君弱臣强之象。后羿專政之戒也。羲和掌日月之官。黨羿而不言。是可赦乎。**每歲孟春。遒人以木鐸徇于路。官師相規。工執藝事以諫。其或不恭。邦有常刑。**遒。慈秋反。鐸。達各反。○遒人。宣令之官。木鐸。金口木舌。施政教時。振以警衆也。周禮小宰之職。正歲帥治官之屬。徇以木鐸曰。不用法者。國有常刑。亦此意也。官以職言。師以道言。規。正也。相規云者。胥教誨也。工。百工也。百工技藝之事。至理存焉。理無往而不在。故言無微而可略也。孟子曰。責難於君謂之恭。官師百工。不能規諫。是謂不恭。不恭之罪。猶有常刑。而況於畔官離次。俶擾天紀者乎。**惟時羲和。顛覆厥德。沈亂于酒。畔官離次。俶擾天紀。遐棄厥司。乃季秋月朔。辰弗集于房。瞽奏鼓。嗇夫馳。庶人走。羲和尸厥官。罔聞知。昏迷于天象。以干先王之誅。政典曰。先時者殺無赦。不及時者殺無赦。**次。位也。官以職言。次以位言。畔官則亂其所治之職。離次則舍其所居之位。俶。始。擾。亂也。天紀則洪範所謂歲月日星辰歷數是也。蓋自堯舜命羲和歷象日月星辰之後。爲羲和者。世守其職。未嘗紊亂。至是始亂其天紀焉。遐。遠也。遠棄其所司之事也。辰。日月會次之名。房。所次之宿也。集。漢書作輯。集輯通用。言日月會次。不相和輯。而掩蝕於房宿也。按唐志日蝕在仲康即位之五年。瞽。樂官。以其無目而審於音也。奏。進也。古者日蝕。則伐鼓用幣以救之。春秋傳曰。惟正陽之月則然。餘則否。今季秋而行此禮。夏禮與周異也。嗇夫。小臣也。漢有上林嗇夫。庶人。庶人之在官者。周禮庭氏救日之弓矢。嗇夫庶人。蓋供救日之百役者。曰馳曰走者。以見日蝕之變。天子恐懼于上。嗇夫庶人奔走於下。以助救日如此其急。羲和爲歷象之官。尸居其位。若無聞知。則其昏迷天象。以干先王之誅。豈特不恭之刑而已哉。政典。先王政治之典籍也。先時後時。皆違制失時。當誅而不赦者也。今日蝕之變如此。而羲和罔聞知。是固干先王後時之誅矣。**今予以爾有衆。奉將天罰。爾衆士同力王室。尚弼予欽承天子威命。**將。行也。我以爾衆士奉行天罰。爾其同力王室。庶幾輔我以敬承天子之威命也。蓋天子討而不伐諸侯伐而不討仲康之命胤侯得天子討罪之權胤侯之征羲和得諸侯敵愾之義其辭直其義明非若五霸摟諸侯以伐諸侯其辭曲其義迂也**火炎崑岡玉石俱焚天吏逸德烈于猛火殲厥渠魁脅從罔治舊染汙俗咸與惟新**殲將廉反崑出玉山名岡山脊也逸過渠大也言火炎崑岡不辨玉石之美惡而焚之苟爲天吏而有過逸之德不擇人之善惡而戮之其害有甚於猛火不辨玉石也今我但誅首惡之魁而已脅從之黨則罔治之舊染汙習之人亦皆赦而新之其誅惡宥善是猶王者之師也今按胤征始稱羲和之罪止以其畔官離次俶擾天紀至是有脅從舊染之語則知羲和之罪當不止於廢時亂日是必聚不逞之人崇飲私邑以爲亂黨助羿爲惡者也胤后徂征隱其叛逆而不言者蓋正名其罪則必鋤根除源而仲康之勢有未足以制后羿者故止責其曠職之罪而實誅其不臣之心也**嗚呼威克厥愛允濟愛克厥威允罔功其爾衆士懋戒哉**威者嚴明之謂愛者姑息之謂記曰軍旅主威蓋軍法不可以不嚴嚴明勝則信其事之必濟姑息勝則信其功之無成誓師之末而復嗟歎以是深警之欲其勉力戒懼而用命也

書經卷之三

商書

契始封商，湯因以爲有天下之號。書凡十七篇。

湯誓

湯號也。或曰諡。湯名履，姓子氏。夏桀暴虐，湯往征之。亳衆憚於征役，故湯諭以弔伐之意，蓋師興之時而誓于亳都者也。今文古文皆有。

王曰：格爾衆庶，悉聽朕言。非台小子敢行稱亂，有夏多罪，天命殛之。台音怡，後同。○王曰者，史臣追述之稱也。格，至；台，我；稱，舉也。以人事言之，則臣伐君，可謂亂矣；以天命言之，則所謂天吏，非稱亂也。

今爾有衆，汝曰：我后不恤我衆，舍我穡事而割正夏。予惟聞汝衆言，夏氏有罪，予畏上帝，不敢不正。穡，刈穫也。割，斷也。亳邑之民安於湯之德政，桀之虐焰所不及，故不知夏氏之罪，而憚伐桀之勞，反謂湯不恤亳邑之衆，舍我刈穫之事，而斷正有夏。湯言我亦聞汝衆論如此，然夏桀暴虐，天命殛之，我畏上帝，不敢不往正其罪也。

今汝其曰：夏罪其如台？夏王率遏衆力，率割夏邑，有衆率怠弗協，曰：時日曷喪？予及汝皆亡。夏德若茲，今朕必往。遏，絕也。割，剝割夏邑之制。時，是也。湯又舉商衆言：桀雖暴虐，其如我何？湯又應之曰：夏王率爲重役以窮民力，嚴刑以殘民生，民厭夏德，亦率皆怠於奉上，不和於國，疾視其君，指日而曰：是日何時而亡乎？若亡，則吾寧與之俱亡。蓋苦桀之虐，而欲其亡之甚也。桀之惡德如此，今我之所以必往也。桀嘗自言吾有天下，如天之有日，日亡吾乃亡耳。故民因以日目之。

爾尚輔予一人，致天之罰，予其大賚汝。爾無不信，朕不食言。爾不從誓言，予則孥戮汝，罔有攸赦。賚，與也。食言，言已出而反吞之也。禹之征苗，止曰爾尚一乃心力，其克有勳；至啓則曰用命賞于祖，不用命戮于社，予則孥戮汝；此又益以朕不食言，罔有攸赦，亦可以觀世變矣。

仲虺之誥

虺，許偉反。○仲虺，臣名，奚仲之後，爲湯左相。誥，告也。周禮士師以五戒先後刑罰，一曰誓，用之於軍旅；二曰誥，用之於會同，以喻衆也。此但告湯而亦謂之誥者，唐孔氏謂仲虺亦必對衆而言，蓋非特釋湯之慙，而且以曉其臣民衆庶也。古文有，今文無。

成湯放桀于南巢，惟有慙德，曰：予恐來世以台爲口實。武功成，故曰成湯。南巢，地名，廬江六縣有居巢城，桀奔于此，因以放之也。湯之伐桀，雖順天應人，然承堯舜禹授受之後，於心終有所不安，故愧其德之不古若，而又恐天下後世藉以爲口實也。○陳氏曰：堯舜以天下讓，後世好名之士，猶有不知而慕之者；湯武征伐而得天下，後世嗜利之人，安得不以爲口實哉？此湯之所以恐也歟。

仲虺乃作誥，曰：嗚呼！惟天生民有欲，無主乃亂，惟天生聰明時乂。有夏昏德，民墜塗炭，天乃錫王勇智，表正萬邦，纘禹舊服。茲率厥典，奉若天命。仲虺恐湯憂愧不已。

乃作誥以解釋其意歎息言民生有耳目口鼻愛惡之欲無主則爭且亂矣天生聰明所以爲之主而治其爭亂者也墜陷也塗泥炭火也桀爲民主而反行昏亂陷民於塗炭旣失其所以爲主矣然民不可以無主也故天錫湯以勇智之德勇足以有爲智足以有謀非勇智則不能成天下之大業也表正者表正於此而影直於彼也天錫湯以勇智者所以使其表正萬邦而繼禹舊所服行也此但率循其典常以奉順乎天而已天者典常之理所自出而典常者禹之所服行者也湯革夏而纘舊服武革商而政由舊孔子所謂百世可知者正以是也林氏曰齊宣王問孟子曰湯放桀武王伐紂有諸孟子曰賊仁者謂之賊賊義者謂之殘殘賊之人謂之一夫聞誅一夫紂矣未聞弒君也夫立之君者懼民之殘賊而無以主之爲之主而自殘賊焉則君之實喪矣非一夫而何孟子之言則仲虺之意也

夏王有罪矯誣上天以布命于下帝用不臧式商受命用爽厥師

矯與矯制之矯同誣罔臧善式用爽明師衆也天以形體言帝以主宰言桀知民心不從矯詐誣罔託天以惑其衆天用不善其所爲用使有商受命用使昭明其衆庶也○王氏曰夏有昏德則衆從而昏商有明德則衆從而明○吳氏曰用爽厥師續下文簡賢附勢意不相貫疑有脫誤

簡賢附勢寔繁有徒肇我邦于有夏若苗之有莠若粟之有秕小大戰戰罔不懼于非辜矧予之德言足聽聞

秕甲履反○簡略繁多肇始也戰戰恐懼貌言簡賢附勢之人同惡相濟寔多徒衆肇我邦於有夏爲桀所惡欲見翦除如苗之有莠如粟之有秕鋤治所簸揚有必不相容之勢商衆小大震恐無不懼陷于非罪況湯之德言則足人之聽聞尤桀所忌疾者乎以苗粟喻桀以莠秕喻湯特言其不容於桀而迹之危如此史記言桀囚湯於夏臺湯之危屢矣無道而惡有道勢之必至也

惟王不邇聲色不殖貨利德懋懋官功懋懋賞用人惟已改過不吝克寬克仁彰信兆民

懋與茂同○邇近殖聚也不近聲色不聚貨利若未足以盡湯之德然此本原之地非純乎天德而無一毫人欲之私者不能也本原澄澈然後用人處己而莫不各得其當懋茂也繁多之意與時乃功懋哉之義同言人之懋於德者則懋之以官人之懋於功者則懋之以賞用人惟己而人之有善者無不容改過不吝而己之不善者無不改不忌能於人不吝過於己合併爲公私意不立非聖人其孰能之湯之用人處己者如此而於臨民之際是以能寬能仁謂之能者寬而不失於縱仁而不失於柔易曰寬以居之仁以行之君德也君德昭著而孚信於天下矣湯之德足人聽聞者如此

乃葛伯仇餉初征自葛東征西夷怨南征北狄怨曰奚獨後予攸徂之民室家相慶曰徯予后后來其蘇民之戴商厥惟舊哉

葛國名伯爵也餉饋也仇餉與餉者爲仇也葛伯不祀湯使問之曰無以供粢盛湯使亳衆往耕老弱饋餉葛伯殺其童子湯遂征之湯征自葛始也奚何徯待也蘇復生也西夷北狄言遠者如此則近者可知也湯師之未加者則怨望其來曰何獨後予其所往伐者則妻孥相慶曰待我后久矣后來我其復生乎他國之民皆以湯爲我君而望其來者如此天下之愛戴歸往於商者非一日矣商業之興蓋不在於鳴條之役也○呂氏曰夏商之際君臣易位天下之大變然觀其征伐之時唐虞都俞揖遜氣象依然若存蓋堯舜禹

湯以道相傳。世雖降而道不降也。佑賢輔德。顯忠遂良。兼弱攻昧。取亂侮亡。推亡固存。邦乃其昌。前既釋湯之慙。此下因以勸勉之也。諸侯之賢德者。佑之輔之。忠良者。顯之遂之。所以善善也。侮。說文曰。傷也。諸侯之弱者兼之。昧者攻之。亂者取之。亡者傷之。所以惡惡也。言善則由大以及小。言惡則由小以及大。推亡者。兼攻取侮也。固存者。佑輔顯遂也。推彼之所以亡。固我之所以存。邦國乃其昌矣。德日新。萬邦惟懷。志自滿。九族乃離。王懋昭大德。建中于民。以義制事。以禮制心。垂裕後昆。予聞曰。能自得師者王。謂人莫己若者亡。好問則裕。自用則小。德日新者。日新其德而不自已也。志自滿者。反是。湯之盤銘曰。苟日新。日日新。又日新。其廣日新之義歟。德日新。則萬邦雖廣而無不懷。志自滿。則九族雖親而亦離。萬邦舉遠以見近也。九族舉親以見疏也。王其勉明大德。立中道於天下。中者。天下之所同有也。然非君建之。則民不能以自中。而禮義者。所以建中者也。義者。心之裁制。禮者。理之節文。以義制事。則事得其宜。以禮制心。則心得其正。內外合德。而中道立矣。如此。非特有以建中於民。而垂諸後世者。亦綽乎有餘裕矣。然是道也。必學焉而後至。故又舉古人之言。以為隆師好問。則德尊而業廣。自賢自用者。反是。謂之自得師者。眞知己之不足。人之有餘。委心聽順。而無拂逆之謂也。孟子曰。湯之於伊尹。學焉而後臣之。故不勞而王。其湯之所以自得者歟。仲虺言懷諸侯之道。推而至於修德檢身。又推而至於能自得師。夫自天子至於庶人。未有捨師而能成者。雖生知之聖。亦必有師焉。後世之不如古。非特世道之降。抑亦師道之不明也。仲虺之論。遡流而源。要其極而歸諸能自得師之一語。其可為帝王之大法也歟。嗚呼。愼厥終。惟其始。殖有禮。覆昏暴。欽崇天道。永保天命。上文既勸勉之。於是歎息言謹其終之道。惟於其始圖之。始之不謹。而能謹終者。未之有也。伊尹亦言謹終于始。事雖不同。而理則一也。欽崇者。敬畏尊奉之意。有禮者封殖之。昏暴者覆亡之。天之道也。欽崇乎天道。則永保其天命矣。按仲虺之誥。其大意有三。先言天立君之意。桀逆天命。而天之命湯者不可辭。次言湯德足以得民。而民之歸湯者非一日。末言為君艱難之道。人心離合之機。天道福善禍淫之可畏。以明今之受夏。非以利己。乃有無窮之恤。以深慰湯而釋其慙。仲虺之忠愛。可謂至矣。然湯之所慙。恐來世以為口實者。仲虺終不敢謂無也。君臣之分。其可畏如此哉。

湯誥

湯伐夏歸亳。諸侯率職來朝。湯作誥以與天下更始。今文無。古文有。

王歸自克夏。至于亳。誕告萬方。誕。大也。亳。湯所都。在宋州穀熟縣。王曰。嗟爾萬方有眾。明聽予一人誥。惟皇上帝。降衷于下民。若有恆性。克綏厥猷惟后。皇。大。衷。中。若。順也。天之降命。而具仁義禮智信之理。無所偏倚。所謂衷也。人之稟命。而得仁義禮智信之理。與心俱生。所謂性也。猷。道也。由其理之自然。而有仁義禮智信之行。所謂道也。以降衷而言。則無有偏倚。順其自然。固有常性矣。以稟受而言。則不無清濁純雜之異。故必待君師之職而後能使之安於其道也故曰克綏厥猷惟后夫天生民有欲以情言也上帝降衷于下民以性言也仲虺即情以言人之欲成湯原性以明人之善聖賢之論互相發明然其意則皆言君道之係於天下者如此之重也夏王滅德作威以敷虐于爾萬方百姓爾萬方百姓罹其凶害弗忍荼毒並告無辜于上下神祇天道福善禍淫降災于夏以彰厥罪罹鄰知反荼音徒○言桀無有仁愛但爲殺戮天下被其凶害如荼之苦如毒之螫不可堪忍稱冤於天地鬼神以冀其拯己屈原曰人窮則反本故勞苦倦極未嘗不呼天也天之道善者福之淫者禍之桀既淫虐故天降災以明其罪意當時必有災異之事如周語所謂伊洛竭而夏亡之類肆台小子將天命明威不敢赦敢用玄牡敢昭告于上天神后請罪有夏聿求元聖與之戮力以與爾有衆請命戮當作勠○肆故也故我小子奉將天命明威不敢赦桀之罪也玄牡夏尚黑未變其禮也神后后土也聿遂也元聖伊尹也上天孚佑下民罪人黜伏天命弗僭賁若草木兆民允殖孚允皆信也僭差也賁文之著也殖生也上天信佑下民故夏桀竄亡而屈服天命無所僭差燦然若草木之敷榮兆民信乎其生殖矣俾予一人輯寧爾邦家茲朕未知獲戾于上下慄慄危懼若將隕于深淵輯和戾罪隕墜也天使我輯寧爾邦家其付予之重恐不足以當之未知已得罪於天地與否驚恐憂畏若將墜於深淵蓋責愈重則憂愈大也凡我造邦無從匪彝無即慆淫各守爾典以承天休夏命已黜湯命維新侯邦雖舊悉與更始故曰造邦彝法即就慆慢也匪彝指法度言慆淫指逸樂言典常也各守其典常之道以承天之休命也爾有善朕弗敢蔽罪當朕躬弗敢自赦惟簡在上帝之心其爾萬方有罪在予一人予一人有罪無以爾萬方簡閱也人有善不敢以不達已有罪不敢以自恕簡閱一聽於天然天以天下付之我則民之有罪實君所爲君之有罪非民所致非特聖人厚於責已而薄於責人是乃理之所在君道當然也嗚呼尚克時忱乃亦有終忱時壬反○忱信也歎息言庶幾能於是而忱信焉乃亦有終也吳氏曰此兼人已而言

伊訓

訓導也太甲嗣位伊尹作書訓導之史錄爲篇今文無古文有

惟元祀十有二月乙丑伊尹祠于先王奉嗣王祗見厥祖侯甸羣后咸在百官總己以聽冢宰伊尹乃明言烈祖之成德以訓于王見形甸反○夏曰歲商曰祀周曰年一也元祀者太甲即位之元年十二月者商以建丑爲正故以十二月爲正也乙丑日也不繫以朔者非朔日也三代雖正朔不同然皆以寅月起數蓋朝覲會同頒歷授時則以正朔行事至於紀月之數則皆以寅爲首也伊姓尹字也伊尹名摯祠者告祭於廟也先

王湯也冢長也禮有冢子冢婦之名周人亦謂之冢宰古者王宅憂祠祭則冢宰攝而告廟又攝而臨羣臣太甲服仲壬之喪伊尹祠于先王奉太甲以卽位改元之事祇見厥祖則攝而告廟也侯服甸服之羣后咸在百官總己之職以聽冢宰則攝而臨羣臣也烈功也商頌曰衎我烈祖太甲卽位改元伊尹於祠告先王之際明言湯之成德以訓太甲此史官敘事之始辭也或曰孔氏言湯崩踰月太甲卽位則十二月者湯崩之年建子之月也豈改正朔而不改月數乎曰此孔氏惑於序書之文也太甲繼仲壬之後服仲壬之喪而孔氏曰湯崩奠殯而告固已誤矣至於改正朔而不改月數則於經史尤可考周建子矣而詩言四月維夏六月徂暑則寅月起數周未嘗改也秦建亥矣而史記始皇三十一年十二月更名臘曰嘉平夫臘必建丑月也秦以亥正則臘爲三月云十二月者則寅月起數秦未嘗改也至三十七年書十月癸丑始皇出遊十一月行至雲夢繼書七月丙寅始皇崩九月葬酈山先書十月十一月而繼書七月九月者知其以十月爲正朔而寅月起數未嘗改也且秦史制書謂改年始朝賀皆自十月朔夫秦繼周者也若改月數則周之十月爲建酉月矣安在其爲建亥乎漢初史氏所書舊例也漢仍秦正亦書曰元年冬十月則正朔改而月數不改亦已明矣且經曰元祀十有二月乙丑則以十二月爲正朔而改元何疑乎惟其以正朔行事也故後乎此者復正厥辟亦以十二月朔奉嗣王歸于亳蓋祠告復政皆重事也故皆以正朔行之孔氏不得其說而意湯崩踰月太甲卽位奠殯而告是以崩年改元矣蘇氏曰崩年改元亂世事也不容在伊尹而有之不可以不辯又按孔氏以爲湯崩吳氏曰殯有朝夕之奠何爲而致祠主喪者不離於側何待於祗見蓋太甲之爲嗣王嗣仲壬而王也太甲太丁之子仲壬其叔父也嗣叔父而王而爲之服三年之喪爲之後者爲之子也太甲旣卽位於仲壬之柩前方居憂於仲壬之殯側伊尹乃至商之祖廟徧祀商之先王而以立太甲告之不言太甲祠而言伊尹喪三年不祭也奉太甲徧見商之先王而獨言祇見厥祖者雖徧見先王而尤致意於湯也亦猶周公金縢之冊雖徧告三王而獨眷眷於文王也湯旣祔于廟則是此書初不廢外丙仲壬之事但此書本爲伊尹稱湯以訓太甲故不及外丙仲壬之事爾餘見書序

曰嗚呼古有夏先后方懋厥德罔有天災山川鬼神亦莫不寧暨鳥獸魚鼈咸若于其子孫弗率皇天降災假手于我有命造攻自鳴條朕哉自亳

詩曰殷監不遠在夏后之世商之所宜監者莫近於夏故首以夏事告之也率循也假借也有命有天命者謂湯也桀不率循先王之道故天降災借手于我成湯以誅之也夏之先后方其懋德則天之眷命如此及其子孫弗率而覆亡之禍又如此太甲不知率循成湯之德則夏桀覆亡之禍亦可監矣哉始也鳴條夏所宅也亳湯所宅也言造可攻之釁者由桀積惡於鳴條而湯德之修則始於亳都也

惟我商王布昭聖武代虐以寬兆民允懷

布昭敷著也聖武猶易所謂神武而不殺者湯之德威敷著于天下代桀之虐以吾之寬故天下之民信而懷之也

今王嗣厥德罔不在初立愛惟親立敬惟長始于家邦終于四海

初卽位之初言始不可以不謹也謹始之道孝弟而已孝弟者人心之所同非必人人教詔之立植也立愛敬於此而形愛敬於彼親吾親以及人之親長吾長以及人之長始于家達於國終而措之天下矣孔子曰立愛自親始教民睦也立

敬自長始敎民順也

嗚呼先王肇修人紀從諫弗咈先民時若居上克明爲下克忠與人不求備檢身若不及以至于有萬邦茲惟艱哉

人紀三綱五常孝敬之實也上文欲太甲立其愛敬故此言成湯之所修人紀者如下文所云也綱常之理未嘗泯沒桀廢棄之而湯始修復之也咈逆也先民猶前輩舊德也從諫不逆先民是順非誠於樂善者不能也居上克明言能盡臨下之道爲下克忠言能盡事上之心〇呂氏曰湯之克忠最爲難看湯放桀以臣易君豈可爲忠不知湯之心最忠者也天命未去人心未離事桀之心曷嘗斯須替哉與人之善不求其備檢身之誠有若不及其處上下人己之間又如此是以德日以盛業日以廣天命歸之人心戴之由七十里而至于有萬邦也積累之勤茲亦難矣伊尹前旣言夏失天下之易此又言湯得天下之難太甲可不思所以繼之哉

敷求哲人俾輔于爾後嗣

敷廣也廣求賢哲使輔爾後嗣也

制官刑儆于有位曰敢有恒舞于宮酣歌于室時謂巫風敢有殉于貨色恒于遊畋時謂淫風敢有侮聖言逆忠直遠耆德比頑童時謂亂風惟茲三風十愆卿士有一于身家必喪邦君有一于身國必亡臣下不匡其刑墨具訓于蒙士

〇殉松潤反遠于願反官刑官府之刑也巫風者常歌常舞若巫覡然也淫過也過而無度也比昵也倒置悖理曰亂好人之所惡惡人之所好也風風化也三風愆之綱也十愆風之目也卿士諸侯十有其一已喪其家亡其國矣墨墨刑也臣下而不能匡正其君則以墨刑加之具詳悉也童蒙始學之士則詳悉以是訓之欲其入官而知所以正諫也當時太甲欲敗度縱敗禮伊尹先見其微故拳拳及此劉侍講曰墨即叔向所謂夏書昏墨賊殺皐陶之刑貪以敗官爲墨

嗚呼嗣王祗厥身念哉聖謨洋洋嘉言孔彰惟上帝不常作善降之百祥作不善降之百殃爾惟德罔小萬邦惟慶爾惟不德罔大墜厥宗

歎息言太甲當以三風十愆之訓敬之於身念而勿忘也謨謂其謀言謂其訓洋大孔甚也言其謀訓大明不可忽也不常者去就無定也爲善則降之百祥爲惡則降之百殃各以類應也勿以小善而不爲萬邦之慶積於小勿以小惡而爲之厥宗之墜不在大蓋善必積而後成惡雖小而可懼此總結上文而又以天命人事禍福申戒之也

太甲上

商史錄伊尹告戒節次及太甲往復之辭故三篇相屬成文其間或附史臣之語以貫篇意若史家紀傳之所載也唐孔氏曰伊訓肆命徂后太甲咸有一德皆是告戒太甲不可皆名伊訓故隨事立稱也林氏曰此篇亦訓體今文無古文有

惟嗣王不惠于阿衡

惠順也阿倚衡平也阿衡商之官名言天下之所倚平也亦曰保衡或曰伊尹之號史氏錄伊尹之書先此以發之

伊尹作書曰先王顧諟天之明命以承上下神祇社稷宗廟罔不祗肅天監厥德用集大命撫綏萬方惟尹躬

克左右厥辟宅師。肆嗣王丕承基緒。監音鑑。左音佐。○顧常目在之也。諟古是字。明命者上天顯然之理而命之我者。在天爲明命。在人爲明德。伊尹言成湯常目在是天之明命。以奉天地神祇社稷宗廟。無不敬肅。故天視其德。用集大命以有天下。撫安萬邦。我又身能左右成湯以居民衆。故嗣王得以大承其基業也。惟尹躬先見于西邑夏。自周有終。相亦惟終。其後嗣王罔克有終。相亦罔終。嗣王戒哉。祗爾厥辟。辟不辟。忝厥祖。先見如字。相去聲。下同。○夏都安邑。在亳之西。故曰西邑夏。周。忠信也。國語曰。忠信爲周。○施氏曰。作僞心勞日拙。則缺露而不周。忠信則無僞。故能周而無缺。夏之先王以忠信有終。故其輔相者亦能有終。其後夏桀不能有終。故其輔相者亦不能有終。嗣王其以夏桀爲戒哉。當敬爾所以爲君之道。君而不君。則忝辱成湯矣。太甲之意。必謂伊尹足以任天下之重。我雖縱欲。未必遽至危亡。故伊尹以相亦罔終之言。深折其私。而破其所恃也。王惟庸罔念聞。庸。常也。太甲惟若尋常於伊尹之言。無所念聽。此史氏之言。伊尹乃言曰。先王昧爽丕顯。坐以待旦。旁求俊彥。啓迪後人。無越厥命以自覆。昧。晦。爽。明也。昧爽云者。欲明未明之時也。丕。大也。顯。亦明也。先王於昧爽之時。洗濯澡雪。大明其德。坐以待旦而行之也。旁求者。求之非一方也。彥。美士也。言湯孜孜爲善。不遑寧處如此。而又旁求俊彥之士。以開導子孫。太甲毋顚越其命以自取覆亡也。愼乃儉德。惟懷永圖。太甲欲敗度。縱敗禮。蓋奢侈失之。而無長遠之慮者。伊尹言當謹其儉約之德。惟懷永久之謀。以約失之者鮮矣。此太甲受病之處。故伊尹特言之。若虞機張。往省括于度則釋。欽厥止。率乃祖攸行。惟朕以懌。萬世有辭。虞。虞人也。機。弩牙也。括。矢括也。度。法度。射者之所準望者也。釋。發也。言若虞人之射。弩機既張。必往察其括之合於法度。然後發之。則發無不中矣。欽者。肅恭收斂。止見虞書。率。循也。欽厥止者。所以立本。率乃祖攸行者。所以致用。所謂省括于度則釋也。王能如是。則動無過擧。近可以慰悅尹心。遠可以有譽於後世矣。安汝止者。聖君之事。生而知者也。欽厥止者。賢君之事。學而知者也。王未克變。不能變其舊習也。此亦史氏之言。伊尹曰。茲乃不義。習與性成。予弗狎于弗順。營于桐宮。密邇先王其訓。無俾世迷。狎。習也。弗順者。不順義理之人也。桐。成湯墓陵之地。伊尹指太甲所爲。乃不義之事。習惡而性成者也。我不可使其狎習不順義理之人。於是營宮于桐。使親近成湯之墓。朝夕哀思。興起其善。以是訓之。無使終身迷惑而不悟也。王徂桐宮居憂。克終允德。徂。往也。允。信也。有諸己之謂信。實有其德於身也。凡人之不善。必有從臾以導其爲非者。太甲桐宮之居。伊尹既使其密邇先王陵墓。興發其善心。又絕其比昵之黨。而革其污染。此其所以克終允德也。上篇伊尹言嗣王克終厥德。又曰允德協于下。故史氏言克終允德。結此篇以發上篇之意。

太甲中

惟三祀。十有二月朔。伊尹以冕服。奉嗣王歸于亳。太甲終喪明年之正朔也。冕。冠也。唐孔氏曰。周禮天子六冕備物盡文。惟袞冕耳。此蓋袞冕之服。義或然也。奉。迎也。喪既除。以袞冕吉服。奉迎以歸也。作書曰。民非后。罔克胥匡以生。后非民。罔以辟四方。皇天眷佑有商。俾嗣王克終厥德。實萬世無疆之休。民非君。則不能相正以生。君非民。則誰與為君者。言民固不可無君。而君尤不可失民也。太甲改過之初。伊尹首發此義。其喜懼之意深矣。夫太甲不義。有若性成。一旦翻然改悟。是豈人力所至。蓋天命眷商。陰誘其衷。故嗣王能終其德也。向也湯緒幾墜。今其自是有永。豈不為萬世無疆之休乎。

王拜手稽首曰。予小子不明于德。自底不類。欲敗度。縱敗禮。以速戾于厥躬。天作孽。猶可違。自作孽。不可逭。既往背師保之訓。弗克于厥初。尚賴匡救之德。圖惟厥終。逭。胡玩反。○拜手。首至手也。稽首。首至地也。太甲致敬於師保。其禮如此。不類。猶不肖也。多欲。則興作而亂法度。縱肆。則放蕩而隳禮儀。度就事言之也。禮就身言之也。速。召之急也。戾。罪。孽。災。逭。逃也。既往。已往也。已往既不信伊尹之言。不能謹之於始。庶幾正救之力。以圖惟其終也。當太甲不惠阿衡之時。伊尹之言。惟恐太甲不聽。及太甲改過之後。太甲之心。惟恐伊尹不言。夫太甲固困而知之者。然昔之迷。今之復。昔之晦。今之明。如日月昏蝕。一復其舊。而光采炫燿。萬景俱新。湯武不可及已。豈居成王之下乎。

伊尹拜手稽首曰。修厥身。允德協于下。惟明后。伊尹致敬以復太甲也。修身則無敗度敗禮之事。允德則有誠身誠意之實。德誠于上。協和于下。惟明后然也。先王子惠困窮。民服厥命。罔有不悅。並其有邦厥鄰。乃曰。徯我后。后來無罰。此言湯德所以協下者。困窮之民。若己子而惠愛之。惠之若子。則心之愛者誠矣。未有誠而不動者也。故民服其命。無有不得其懽心。當時諸侯並湯而有國者。其鄰國之民。乃以湯為我君。曰。待我君。我君來。其無罰乎。言除其邪虐。湯之得民心也如此。即仲虺后來其蘇之事。王懋乃德。視乃烈祖。無時豫怠。湯之盤銘曰。苟日新。日日新。又日新。湯之所以懋其德者如此。太甲亦當勉於其德。視烈祖之所為。不可頃刻而逸豫怠惰也。奉先思孝。接下思恭。視遠惟明。聽德惟聰。朕承王之休無斁。思孝。則不敢違其祖。思恭。則不敢忽其臣。惟亦思也。思明。則所視者遠。而不蔽於淺近。思聰。則所聽者德。而不惑於憸邪。此懋德之所從事者。太甲能是。則我承王之美。而無所厭斁也。

太甲下

伊尹申誥于王曰。嗚呼。惟天無親。克敬惟親。民罔常懷。懷于有仁。鬼神無常享。享于克誠。天位艱哉。申。重誥也。天之所親。民之所懷。鬼神之所享。皆不常也。惟克敬有仁克誠。而後天親之。民懷之。鬼神享之也。曰敬。曰仁。曰誠者。各因所主而言。天謂之敬者。天者。理之所在。動靜諂瀆不可有一毫之僞。民謂之仁者。民非元后何戴。鰥寡孤獨。皆人君所當恤。鬼神謂之誠者。不誠無物。誠立於此。而後神格於彼。三者所當盡如此。人君居天之位。其可易而爲之哉。分而言之則三。合而言之。一德而已。太甲遷善未幾。而伊尹以是告之。其才固有大過人者歟。**德惟治。否德亂。與治同道。罔不興。與亂同事。罔不亡。終始愼厥與。惟明明后。**治去聲。否俯久反。○德者。合敬仁誠之稱也。有是德則治。無是德則亂。治固古人有行之者矣。亂亦古人有行之者也。與古之治者同道。則無不興。與古之亂者同事。則無不亡。治而謂之道者。蓋治因時制宜。或損或益。事未必同。而道則同也。亂而謂之事者。亡國喪家。不過貨色遊畋。作威殺戮等事。事同道無不同也。治亂之分。顧所與如何耳。始而與治。固可以興。終而與亂。則亡亦至矣。謹其所與。終始如一。惟明明之君爲然也。上篇言惟明后。此篇言惟明明后。蓋明其所已明。而進乎前者矣。**先王惟時懋敬厥德。克配上帝。今王嗣有令緒。尚監茲哉。**敬即克敬惟親之敬。舉其一以包其二也。成湯懋敬其德。德與天合。故克配上帝。今王嗣有令緒。庶幾其監視此也。**若升高。必自下。若陟遐。必自邇。**此告以進德之序也。中庸論君子之道。亦謂譬如行遠必自邇。譬如登高必自卑。進德修業之喩。未有如此之切者。呂氏曰。自此乃伊尹畫一以告太甲也。**無輕民事惟難。無安厥位惟危。**無。毋通。毋輕民事而思其難。毋安君位而思其危。**愼終于始。**人情孰不欲善終者。特安於縱欲。以爲今日姑若是。而他日固改之也。然始而不善。而能善其終者寡矣。桐宮之事往已。今其即政臨民。亦事之一初也。**有言逆于汝心。必求諸道。有言遜于汝志。必求諸非道。**鯁直之言。人所難受。巽順之言。人所易從。於其所難受者。必求諸道。不可遽以逆于心而拒之。於其所易從者。必求諸非道。不可遽以遜于志而聽之。以上五事。蓋欲太甲矯乎情之偏也。**嗚呼。弗慮胡獲。弗爲胡成。一人元良。萬邦以貞。**胡。何也。弗慮何得。欲其謹思之也。弗爲何成。欲其篤行之也。元。大。良。善。貞。正也。一人者。萬邦之儀表。一人元良。則萬邦以正矣。**君罔以辯言亂舊政。臣罔以寵利居成功。邦其永孚于休。**弗思弗爲。安於縱弛。先王之法廢矣。能思能爲。作其聰明。先王之法亂矣。亂之爲害。甚於廢也。成功非寵利之所可居者。至是太甲德已進。伊尹有退休之志矣。此咸有一德之所以繼作也。君臣各盡其道。邦家永信其休美也。○吳氏曰。上篇稱嗣王不惠于阿衡。必其言有與伊尹背違者。辯言亂政。或太甲所失在此。罔以寵利居成功。己之所自處者已素定矣。下語既非泛論。則上語必有爲而發也。

咸有一德

伊尹致仕而去。恐太甲德不純一。及任用非人。故作此篇。亦訓體也。史氏取其篇中咸有一德四字以爲篇目。今文無。古文有。

伊尹既復政厥辟。將告歸。乃陳戒于德。伊尹已還政太甲。將告老而歸私邑。以一德陳戒其君。此史氏本序。**曰。嗚呼。天難諶。命靡常。常厥德。保厥位。厥德匪常。九有以亡。**諶。信也。天之難信。以其命之不常也。然天命雖不常。而常於有德者。君德有常。則天命亦常。而保厥位矣。君德不常。則天命亦不常。而九有以亡矣。九有。九州也。**夏王弗克庸德。慢神虐民。皇天弗保。監于萬方。啓迪有命。眷求一德。俾作神**

主。惟尹躬暨湯。咸有一德。克享天心。受天明命。以有九有之師。爰革夏正。上文言天命無常。惟有德則可常。於是引桀之所以失天命。湯之所以得天命者證之。一德。純一之德。不雜不息之義。即上文所謂常德也。神主。百神之主。享。當也。湯之君臣。皆有一德。故能上當天心。受天明命。而有天下。於是改夏建寅之正。而爲建丑正也。非天私我有商。惟天佑于一德。非商求于下民。惟民歸于一德。上言一德。故得天得民。此言天佑民歸。皆以一德之故。蓋反復言之。德惟一。動罔不吉。德二三。動罔不凶。惟吉凶不僭在人。惟天降災祥在德。二三。則雜矣。德之純。則無往而不吉。德而雜。則無往而不凶。僭。差也。惟吉凶不差在人者。惟天之降災祥在德故也。今嗣王新服厥命。惟新厥德。終始惟一。時乃日新。太甲新服天子之命。德亦當新。然新德之要。在於有常而已。終始有常而無間斷。是乃所以日新也。任官惟賢才。左右惟其人。臣爲上爲德。爲下爲民。其難其愼。惟和惟一。賢者。有德之稱。才者。能也。左右者。輔弼大臣。非賢才之稱可盡。故曰惟其人。夫人臣之職。爲上爲德。左右厥辟也。爲下爲民。所以宅師也。不曰君而曰德者。兼君道而言也。臣職所係。其重如此。是必其難其愼。難者。難於任用。愼者。愼於聽察。所以防小人也。惟和惟一。和者。可否相濟。一者。終始如一。所以任君子也。德無常師。主善爲師。善無常主。協于克一。上文言用人。因推取人爲善之要。無常者。不可執一之謂。師。法。協。合也。德者。善之總稱。善者。德之實行。一者。其本原統會者也。德兼衆善。不主於善。則無以得一本萬殊之理。善原於一。不協於一。則無以達萬殊一本之妙。謂之克一者。能一之謂也。博而求之於不一之善。約而會之於至一之理。此聖學始終條理之序。與夫子所謂一貫者幾矣。太甲至是而得與聞焉。亦異乎常人之改過者歟。張氏曰。虞書精一數語之外。惟此爲精密。俾萬姓咸曰。大哉王言。又曰。一哉王心。克綏先王之祿。永底烝民之生。人君惟其心之一。故其發諸言也大。萬姓見其言之大。故能知其心之一。感應之理。自然而然。以見人心之不可欺。而誠之不可掩也。祿者。先王所守之天祿也。烝。衆也。天祿安。民生厚。一德之效驗也。嗚呼。七世之廟。可以觀德。萬夫之長。可以觀政。長。上聲。○天子七廟。三昭三穆。與太祖之廟七。七廟親盡則遷。必有德之主。則不祧毀。故曰。七世之廟。可以觀德。天子居萬民之上。必政教有以深服乎人。而後萬民悅服。故曰。萬夫之長。可以觀政。伊尹歎息言德政修否。見於後世。服乎當時。有不可掩者如此。后非民罔使。民非后罔事。無自廣以狹人。匹夫匹婦不獲自盡。民主罔與成厥功。盡。子忍在忍二反。○罔使。罔事。即上篇民非后罔克胥匡以生。后非民罔以辟四方之意。申言君民之相須者如此。欲太甲不敢忽也。無。毋同。伊尹又言君民之使事。雖有貴賤不同。至於取人爲善。則初無貴賤之間。蓋天以一理賦之於人。散爲萬善。人君合天下之萬善。而後理之一者可全也。苟自大而狹人。匹夫匹婦。有一不得自盡於上。則一善不備。而民主亦無與成厥功矣。伊尹於篇終。致其警戒之意。而言外之旨。則又推廣其所謂一者如此。蓋道體之純。全聖功之極致也。嘗因是言之。以爲精粹無雜者。一也。終始無間者。一也。該括萬善者。一也。一者。通古今。達上下。

萬化之原。萬事之榦。語其理則無二。語其運則無息。語其體則幷包而無所遺也。咸有一德之書。而三者之義悉備。前乎伏羲堯舜禹湯。後乎文武周公孔子。同一揆也。

盤庚上

盤庚。陽甲之弟。自祖乙都耿。圮於河水。盤庚欲遷于殷。而大家世族。安土重遷。胥動浮言。小民雖蕩析離居。亦惑於利害。不適有居。盤庚喩以遷都之利。不遷之害。上中二篇。未遷時言。下篇。既遷後言。王氏曰。上篇告羣臣。中篇告庶民。下篇告百官族姓。左傳謂盤庚之誥。實誥體。三篇今文古文皆有。但今文三篇合爲一。

盤庚遷于殷。民不適有居。率籲衆慼出矢言。籲音喩。○殷在河南偃師。適。往。籲。呼。矢。誓也。史臣言盤庚欲遷于殷。民不肯往適有居。盤庚率呼衆憂之人。出誓言以喩之。如下文所云也。○周氏曰。商人稱殷自盤庚始。自此以前惟稱商。自盤庚遷都之後。於是殷商兼稱。或只稱殷也。**曰我王來。既爰宅于茲。重我民。無盡劉。不能胥匡以生。卜稽曰其如台。**盡子忍反。○曰。盤庚之言也。劉。殺也。盤庚言我先王祖乙來都于耿。固重我民之生。非欲盡致之死也。民適不幸。蕩析離居。不能相救以生。稽之於卜。亦曰此地無若我何。言耿不可居。決當遷也。**先王有服。恪謹天命。茲猶不常寧。不常厥邑。于今五邦。今不承于古。罔知天之斷命。矧曰其克從先王之烈。**服。事也。先王有事。恪謹天命。不敢違越。先王猶不敢常安。不常其邑。于今五遷厥邦矣。今不承先王而遷。且不知上天之斷絕我命。況謂其能從先王之大烈乎。詳此言。則先王遷徙。亦必有稽卜之事。仲丁。河亶甲篇。逸不可考矣。五邦。漢孔氏謂湯遷亳。仲丁遷嚚。河亶甲居相。祖乙居耿。幷盤庚遷殷。爲五邦。然以下文今不承于古文勢考之。則盤庚之前。當自有五遷。史記言祖乙遷邢。或祖乙兩遷也。**若顛木之有由蘗。天其永我命于茲新邑。紹復先王之大業。厎綏四方。**蘗。牙葛反。又魚列反。○顛。仆也。由。古文作甹。木生條也。顛木譬耿。由蘗譬殷也。言今自耿遷殷。若已仆之木而復生也。天其將永我國家之命於殷。以繼復先王之大業而致安四方乎。**盤庚斅于民。由乃在位。以常舊服。正法度。曰。無或敢伏小人之攸箴。王命衆悉至于庭。**斅。胡教反。○斅。教。服。事。箴。規也。耿地潟鹵墊隘。而有沃饒之利。故小民苦於蕩析離居。而巨室則總于貨寶。惟不利於小民。而利於巨室。故巨室不悅。而胥動浮言。小民眩於利害。亦相與咨怨。間有能審利害之實而欲遷者。則又往往爲在位者之所排擊阻難。不能自達於上。盤庚知其然。故其敎民。必自在位始。而其所以敎在位者。亦非作爲一切之法以整齊之。惟舉先王舊常遷都之事。以正其法度而已。然所以正法度者。亦非有他焉。惟曰使在位之臣。無或敢伏小人之所箴規焉耳。蓋以民患潟鹵墊隘。有欲遷而以言箴規其上者。汝毋得遏絕。而使不得自達也。衆者。臣民咸在也。史氏將述下文盤庚之訓語。故先發此。**王若曰。格汝衆。予告汝訓。汝猷黜乃心。無傲從康。**若曰者。非盡當時之言。大意若此也。汝猷黜乃心者。謀去汝之私心也。無與毋同。毋得傲上之命。從己之安。蓋傲上則不肯遷。從康則不能遷。二者所當黜之私心也。此雖盤庚對衆之辭。實爲羣臣而發。以斅民由在位故也。**古我先王。亦惟圖任舊人共政。王播告之修。不**

匿厥指王用丕欽罔有逸言民用丕變今汝聒聒起信險膚予弗知乃所訟逸過也盤庚言先王亦惟謀任舊人共政王播告之修則奉承于內而能不隱匿其指意故王用大敬之宣化于外又無過言以惑衆聽故民用大變今爾在內則伏小人之攸箴在外則不和吉言于百姓譊譊多言凡起信於民者皆險陂膚淺之說我不曉汝所言果何謂也詳此所謂舊人者世臣舊家之人非謂老成人也蓋沮遷都者皆世臣舊家之人下文人惟求舊一章可見非予自荒茲德惟汝含德不惕予一人予若觀火予亦拙謀作乃逸荒廢也逸過失也盤庚言非我輕易遷徙自荒廢此德惟汝不宣布德意不畏懼於我我視汝情明若觀火我亦拙謀不能制命而成汝過失也若網在綱有條而不紊若農服田力穡乃亦有秋紊亂也綱擧則目張喩下從上小從大申前無傲之戒勤於田畝則有秋成之望喩今雖遷徙勞苦而有永建乃家之利申前從康之戒汝克黜乃心施實德于民至于婚友丕乃敢大言汝有積德蘇氏曰商之世家大族造言以害遷者欲以苟悅小民爲德也故告之曰是何德之有汝曷不去汝私心施實德于民與汝婚姻僚友乎勞而有功此實德也汝能勞而有功則汝乃敢大言曰我有積德曰積德云者亦指世家大族而言申前汝猷黜乃心之戒乃不畏戎毒于遠邇惰農自安不昬作勞不服田畝越其罔有黍稷戎大昬強也汝不畏沈溺大害於遠近而憚勞不遷如怠惰之農不強力爲勞苦之事不事田畝安有黍稷之可望乎此章再以農喩申言從康之害汝不和吉言于百姓惟汝自生毒乃敗禍姦宄以自災于厥身乃既先惡于民乃奉其恫汝悔身何及相時憸民猶胥顧于箴言其發有逸口矧予制乃短長之命汝曷弗告朕而胥動以浮言恐沈于衆若火之燎于原不可嚮邇其猶可撲滅則惟爾衆自作弗靖非予有咎恫音通燎盧皎反撲普卜反○吉好也先惡謂惡之先也奉承恫痛相視也憸民小民也逸口過言也逸口尚可畏況我制爾生殺之命可不畏乎恐謂恐動之以禍患沈謂沈陷之於罪惡不可嚮邇其猶可撲滅者言其勢焰雖盛而殄滅之不難也靖安咎過也則惟爾衆自爲不安非我有過也此章反復辯論申言傲上之害遲任有言曰人惟求舊器非求舊惟新任如林反○遲任古之賢人蘇氏曰人舊則習器舊則敝當常使舊人用新器也今按盤庚所引其意在人惟求舊一句而所謂求舊者非謂老人但謂求人於世臣舊家云耳詳下文意可見若以舊人爲老人又何侮老成人之有古我先王暨乃祖乃父胥及逸勤予敢動用非罰世選爾勞予不掩爾善茲予大享于先王爾祖其從與享之作福作災予亦不敢動用非德選須絹反與去聲○胥相也敢不敢也非罰非所當罰也世非一世也勞勞于王家也掩蔽也言先王及乃祖乃父相與同其勞逸我豈敢動用非罰以加汝乎世簡爾勞不蔽爾善茲我大享于先王爾祖

亦以功而配食於廟。先王與爾祖父臨之在上。質之在旁。作福作災。皆簡在先王與爾祖父之心。我亦豈敢動用非德以加汝乎。予告汝于難。若射之有志。汝無侮老成人。無弱孤有幼。各長于厥居。勉出乃力。聽予一人之作猷。難。言謀遷徙之難也。蓋遷都固非易事。而又當時臣民從上從康。不肯遷徙。然我志決遷。若射者之必於中。有不容但已者。弱。少之也。意當時老成孤幼皆有言當遷者。故戒其老成者不可侮。孤幼者不可少之也。爾臣各謀長遠其居。勉出汝力。以聽我一人遷徙之謀也。無有遠邇。用罪伐厥死。用德彰厥善。邦之臧。惟汝眾。邦之不臧。惟予一人有佚罰。用罪。猶言爲惡。用德。猶言爲善也。伐。猶誅也。言無有遠近親疏。凡伐死彰善。惟視汝爲惡爲善如何爾。邦之善。惟汝眾用德之故。邦之不善。惟我一人失罰其所當罰也。凡爾眾。其惟致告。自今至于後日。各恭爾事。齊乃位。度乃口。罰及爾身。弗可悔。致告者。使各相告戒也。自今以往。各敬汝事。整齊汝位。法度汝言。不然。罰及汝身。不可悔也。

盤庚中

盤庚作。惟涉河以民遷。乃話民之弗率。誕告用亶。其有眾咸造。勿褻在王庭。盤庚乃登進厥民。亶。當旱反。造。七到反。○作。起而將遷之辭。殷在河南。故涉河。誕。大。亶。誠也。咸。造。皆至也。勿褻。戒其毋得褻慢也。此史氏之言。蘇氏曰。民之弗率。不以政令齊之。而以話言曉之。盤庚之仁也。曰。明聽朕言。無荒失朕命。荒。廢也。嗚呼。古我前后。罔不惟民之承。保后胥慼。鮮以不浮于天時。承。敬也。蘇氏曰。古謂遷爲浮。浮之言勝也。后既無不惟民之敬。故民亦保后。相與憂其憂。雖有天時之災。鮮不以人力勝之也。林氏曰。憂民之憂者。民亦憂其憂。罔不惟民之承。憂民之憂也。保后胥慼。民亦憂其憂也。殷降大虐。先王不懷。厥攸作。視民利用遷。汝曷弗念我古后之聞。承汝俾汝。惟喜康共。非汝有咎。比于罰。比。毘至反。○先王以天降大虐。不敢安居。其所興作。視民利當遷而已。爾民何不念我以所聞先王之事。凡我所以敬汝使汝者。惟喜與汝同安爾。非爲汝有罪。比于罰而謫遷汝也。予若籲懷茲新邑。亦惟汝故。以丕從厥志。我所以招呼懷來于此新邑者。亦惟以爾民蕩析離居之故。欲承汝俾汝康共。以大從爾志也。或曰。盤庚遷都。民咨胥怨。而此以爲丕從厥志。何也。蘇氏曰。古之所謂從眾者。非從其口之所不樂。而從其心之所不言而同然者。夫趨利而避害。捨危而就安。民心同然也。殷亳之遷。實斯民所利。特其一時爲浮言搖動。怨咨不樂。使其卽安危利害之實。而反求其心。則固其所大欲者矣。今予將試以汝遷。安定厥邦。汝不憂朕心之攸困。乃咸大不宣乃心。欽念以忱動予一人。爾惟自鞠自苦。若乘舟。汝弗濟。臭厥載爾忱不屬，惟胥以沈，不其或稽，自怒曷瘳。忱時任反，乘平聲，瘳丑鳩反。○上文言先王惟民之承，而民亦保后胥感。今我亦惟汝故安定厥邦，而汝乃不憂我心之所困，乃皆不宣布腹心，欽念以誠感動於我。爾徒為此紛紛，自取窮苦。譬乘舟不以時濟，必敗壞其所資。今汝從上之誠，間斷不屬，安能有濟，惟相與以及沈溺而已。詩曰：其何能淑，載胥及溺。正此意也。利害若此，爾民而罔或稽察焉，是雖怨疾忿怒，何損於困苦乎。

汝不謀長以思乃災，汝誕勸憂。今其有今罔後，汝何生在上。汝不為長久之謀，以思其不遷之災，是汝大以憂而自勸也。孟子曰：安其危而利其災，樂其所以亡。勸憂之謂也。有今，猶言有今日也。罔後，猶言無後日也。上天也。今其有今罔後，是天斷棄汝命，汝有何生理於天乎。下文言迓續乃命于天，蓋相首尾之辭。

今予命汝一，無起穢以自臭，恐人倚乃身，迂乃心。迓雲居反。○爾民當一心以聽上，無起穢惡以自臭敗，恐浮言之人倚汝之身，迂汝之心，使汝邪僻而無中正之見也。

予迓續乃命于天，予豈汝威，用奉畜汝眾。畜許六反。○我之所以遷都者，正以迎續汝命于天，予豈以威脅汝哉，用以奉養汝眾而已。

予念我先神后之勞爾先，予丕克羞爾，用懷爾然。神后，先王也。羞，養也，即上文畜養之意。言我思念我先神后之勞爾先人，我大克羞養爾者，用懷念爾故也。

失于政，陳于茲，高后丕乃崇降罪疾，曰：曷虐朕民。陳，久。崇，大也。耿圮而不遷，以病我民，是失政而久于此也。高后，湯也。湯必大降罪疾於我，曰：何為而虐害我民。蓋人君不能為民圖安，是亦虐之也。

汝萬民乃不生生，暨予一人猷同心，先后丕降與汝罪疾，曰：曷不暨朕幼孫有比。故有爽德，自上其罰汝，汝罔能迪。比毗至反。○樂生興事，則其生也厚，是謂生生。先后，泛言商之先王也。幼孫，盤庚自稱之辭。比，同事也。爽，失也。言汝民不能樂生興事，與我同心以遷，我先后大降罪疾於汝，曰：汝何不與朕幼小之孫同遷乎。故汝有失德，自上其罰汝，汝無道以自免也。

古我先后既勞乃祖乃父，汝共作我畜民，汝有戕則在乃心，我先后綏乃祖乃父，乃祖乃父乃斷棄汝，不救乃死。戕慈良反，斷都管反。○既勞乃祖乃父者，申言勞爾先也。汝共作我畜民者，汝皆為我所畜之民也。戕，害也。綏，懷來之意。謂汝有戕害在汝之心，我先后固已知之，懷來汝祖汝父，汝祖汝父亦斷棄汝，不救汝死也。

茲予有亂政同位，具乃貝玉，乃祖乃父丕乃告我高后曰：作丕刑于朕孫。迪高后丕乃崇降弗祥。亂，治也。具，多取而兼有之謂。言若我治政之臣，所與共天位者，不以民生為念，而務富貝玉者，其祖父亦告我成湯，作丕刑于其子孫，啓成湯丕乃崇降弗祥而不赦也。此章先儒皆以為責臣之辭，然詳其文勢，曰茲予有亂政同位，則亦對民庶責臣之辭，非直為羣臣言也。按上四章，言君有罪，民有罪，臣有罪，我高后與爾民臣祖父，一以義斷之，無所赦也。王氏曰：先王設教，因俗之善而導之，反俗之惡而禁之。方盤庚時，商俗衰，士大夫棄義即利，故盤庚以具貝玉為戒，此反其俗之惡而禁之者也。自成周以上，莫不事死如事生，事亡如事存，故其俗皆嚴鬼神。以經考之，商俗為甚，故盤庚特稱先后與臣民之祖父崇降罪疾爲告此因其俗之善而導之者也。嗚呼今予告汝不易永敬大恤無胥絕遠汝分猷念以相從各設中于乃心。告汝不易即上篇告汝于難之意大恤大憂也今我告汝以遷都之難汝當永敬我之所大憂念者君民一心然後可以有濟苟相絕遠而誠不屬則殆矣分猷者分君之所圖而共圖之分念者分君之所念而共念之相從相與也中者極至之理各以極至之理存于心則知遷徙之議爲不可易而不爲浮言橫議之所動搖也。乃有不吉不迪顛越不恭暫遇姦宄我乃劓殄滅之無遺育無俾易種于茲新邑。易夷益反種之勇反○乃有不善不道之人顛隕踰越不恭上命者及暫時所遇爲姦爲宄劫掠行道者我小則加以劓大則殄滅之無有遺育毋使移其種于此新邑也遷徙道路艱關恐姦人乘隙生變故嚴明號令以告勑之。往哉生生今予將試以汝遷永建乃家。往哉往新邑也方遷徙之時人懷舊土之念而未見新居之樂故再以生生勉之振起其怠惰而作其趨事也試用也今我將用汝遷永立乃家爲子孫無窮之業也。

盤庚下

盤庚既遷奠厥攸居乃正厥位綏爰有眾。盤庚既遷新邑定其所居正君臣上下之位慰勞臣民遷徙之勞以安有眾之情也此史氏之言。曰無戲怠懋建大命。曰盤庚之言也大命非常之命也遷國之初臣民上下正當勤勞盡瘁趨事赴功以爲國家無窮之計故盤庚以無戲怠戒之以建大命勉之。今予其敷心腹腎腸歷告爾百姓于朕志罔罪爾眾爾無共怒協比讒言予一人。腎是忍反比毗至反○歷盡也百姓畿內民庶百官族姓亦在其中。古我先王將多于前功適于山用降我凶德嘉績于朕邦。古我先王湯也適于山往于亳也契始居亳其後屢遷成湯欲多于前人之功故復往居亳按立政三亳鄭氏曰東成皋南轘轅西降谷以亳依山故曰適于山也降下也依山地高水下而無河圮之患故曰用下我凶德嘉績美功也。今我民用蕩析離居罔有定極爾謂朕曷震動萬民以遷。今耿爲河水圮壞沈溺墊隘民用蕩析離居無有定止將陷於凶德而莫之救爾謂我何故震動萬民以遷也。肆上帝將復我高祖之德亂越我家朕及篤敬恭承民命用永地于新邑。乃上天將復我成湯之德而治及我國家我與一二篤敬之臣敬承民命用長居于此新邑也。肆予沖人非廢厥謀弔由靈各非敢違卜用宏茲賁。沖童弔至由用靈善也宏賁皆大也言我非廢爾眾謀乃至用爾眾謀之善者指當時臣民有審利害之實以爲當遷者言也爾眾亦非敢固違我卜亦惟欲宏大此大業爾言爾眾亦非有他意也蓋盤庚於既遷之後申彼此之情釋疑懼之意明吾前日之用謀略彼既往之傲情委曲忠厚之意藹然於言辭之表大事以定大業以興成湯之澤於是而益永盤庚其賢矣哉。嗚呼。邦伯師長百執事之人。尚皆隱哉。隱痛也。盤庚復歎息言爾諸侯公卿。百執事之人。庶幾皆有所隱痛於心哉。予其懋簡相爾。念敬我眾。相爾雅曰導也。我懋勉簡擇導汝。以念敬我之民眾也。朕不肩好貨。敢恭生生。鞠人謀人之保居。敍欽。肩。任。敢勇也。鞠人謀人未詳。或曰。鞠養也。我不任好賄之人。惟勇於敬民。以其生生為念。使鞠人謀人之保居者。吾則敍而用之。欽而禮之也。今我既羞告爾于朕志。若否。罔有弗欽。否俯九反。○羞進也。若者。如我之意。即敢恭生生之謂。否者非我之意。即不肩好貨之謂。二者爾當深念。無有不敬我所言也。無總于貨寶。生生自庸。無毋同。總聚也。庸民功也。此則直戒其所不可為。勉其所當為也。式敷民德。永肩一心。式敬也。敬布為民之德。永任一心。欲其久而不替也。盤庚篇終戒勉之意。一節嚴於一節。而終以無窮期之。盤庚其賢矣哉。蘇氏曰。民不悅而猶為之。先王未之有也。祖乙圮於耿。盤庚不得不遷。然使先王處之。則動民而民不懼。勞民而民不怨。盤庚德之衰也。其所以信於民者未至。故紛紛如此。然民怨誹逆命。而盤庚終不怒。引咎自責。益開眾言。反復告諭。以口舌代斧鉞。忠厚之至。此殷之所以不亡而復興也。後之君子。厲民以自用者。皆以盤庚藉口。予不可以不論。

說命上

說命記高宗命傅說之言。命之曰以下是也。猶蔡仲之命。微子之命。後世命官制詞。其原蓋出於此。上篇記得說命相之辭。中篇記說為相進戒之辭。下篇記說論學之辭。總謂之命者。高宗命說實三篇之綱領。故總稱之。今文無。古文有。

王宅憂。亮陰三祀。既免喪。其惟弗言。羣臣咸諫于王曰。嗚呼。知之曰明哲。明哲實作則。天子惟君萬邦。百官承式。王言惟作命。不言臣下罔攸稟令。亮龍張反。陰烏含反。○亮亦作諒。陰古作闇。按喪服四制。高宗諒陰三年。鄭氏註云。諒古作梁。楣謂之梁。闇讀如鶉鵪之鵪。闇謂廬也。即倚廬之廬。儀禮翦屏柱楣。鄭氏謂柱楣所謂梁闇是也。宅憂亮陰。言宅憂於梁闇也。先儒以亮陰為信默不言。則於諒陰三年不言為語複。而不可解矣。君薨。百官總己聽於冢宰。居憂亮陰不言。禮之常也。高宗喪父小乙。惟既免喪。而猶弗言。羣臣以其過於禮也。故咸諫之。歎息言有先知之德者。謂之明哲。明哲實為法於天下。今天子君臨萬邦。百官皆奉承法令。王言則為命。不言則臣下無所稟令矣。王庸作書以誥曰。以台正于四方。台恐德弗類。茲故弗言。恭默思道。夢帝賚予良弼。其代予言。庸用也。高宗用作書告喻羣臣以不言之意。言以我表正四方。任大責重。恐德不類于前人。故不敢輕易發言。惟恭敬淵默以思治道。夢帝與我賢輔。其將代我言矣。蓋高宗恭默思道之心。純不二。與天無間。故夢寐之間。帝賚良弼。其念慮所孚。精神所格。非偶然而得者也。乃審厥象。俾以形旁求于天下。說築傅巖之野。惟肖。審詳也。詳所夢之人。繪其形象。旁求于天下。旁求者。求之非一方也。築居也。今言所居。猶謂之卜築。傅巖。

在虞虢之間。肖似也。與所夢之形相似。**爰立作相。王置諸其左右。**於是立以爲相。按史記高宗得說。與之語。果聖人。乃舉以爲相。書不言。省文也。未接語而遽命相。亦無此理。置諸左右。蓋以冢宰兼師保也。荀卿曰。學莫便乎近其人。置諸左右者。近其人以學也。史臣將記高宗命說之辭。先敘事始如此。**命之曰。朝夕納誨。以輔台德。**此下命說之辭。朝夕納誨者。無時不進善言也。孟子曰。人不足與適也。政不足與間也。惟大人爲能格君心之非。高宗既相說。處之以師傅之職。而又命之朝夕納誨。以輔台德。可謂知所本矣。呂氏曰。高宗見道明。故知頃刻不可無賢人之言。**若金。用汝作礪。若濟巨川。用汝作舟楫。若歲大旱。用汝作霖雨。**三日雨爲霖。高宗託物以喻。望說納誨之切。三語雖若一意。然一節深一節也。**啓乃心。沃朕心。**啓。開也。沃。灌溉也。啓乃心者。開其心而無隱。沃朕心者。灌我心而厭飫也。**若藥弗瞑眩。厥疾弗瘳。若跣弗視地。厥足用傷。**瞑。眠見反。眩。熒絹反。跣。蘇典反。○方言曰。飲藥而毒。海岱之間。謂之瞑眩。瘳。愈也。弗瞑眩。喻臣之言不苦口也。弗視地。喻我之行無所見也。**惟暨乃僚。罔不同心。以匡乃辟。俾率先王。迪我高后。以康兆民。**辟。必益反。○匡。正。率。循也。先王。商先哲王也。說既作相。總百官。則卿士而下。皆其僚屬。高宗欲傅說暨其僚屬。同心正救。使循先王之道。蹈成湯之迹。以安天下之民也。**嗚呼。欽予時命。其惟有終。**敬我是命。其思有終也。是命。上文所命者。**說復于王曰。惟木從繩則正。后從諫則聖。后克聖。臣不命其承。疇敢不祗若王之休命。**答欽予時命之語。木從繩。喻后從諫。明諫之決不可不受也。然高宗當求受言於己。不必責進言於臣。君果從諫。臣雖不命。猶且承之。況命之如此。誰敢不敬順其美命乎。

說命中

惟說命總百官。說受命總百官。冢宰之職也。**乃進于王曰。嗚呼。明王奉若天道。建邦設都。樹后王君公。承以大夫師長。不惟逸豫。惟以亂民。**后王。天子也。君公。諸侯也。治亂曰亂。明王奉順天道。建邦設都。立天子諸侯。承以大夫師長。制爲君臣上下之禮。以尊臨卑。以下奉上。非爲一人逸豫之計而已也。惟欲以治民焉耳。**惟天聰明。惟聖時憲。惟臣欽若。惟民從乂。**天之聰明。無所不聞。無所不見。無他。公而已矣。人君法天之聰明。一出於公。則臣敬順而民亦從治矣。**惟口起羞。惟甲冑起戎。惟衣裳在笥。惟干戈省厥躬。王惟戒茲。允茲克明。乃罔不休。**冑。直又反。○言語所以文身也。輕出則有起羞之患。甲冑所以衛身也。輕動則有起戎之憂。二者所以爲己。當慮其患於人也。衣裳所以命有德。必謹於在笥者。戒其有所輕予。干戈所以討有罪。必嚴於省躬者。戒其有所輕動。二者所以加人。當審其用於己也。王惟戒此四者。信此而能明焉。則政治無不休美矣。**惟治亂在庶**

官。官不及私昵。惟其能。爵罔及惡德。惟其賢。昵尼亦反。○庶官治亂之原也。庶官得其人則治。不得其人則亂。王制曰。論定而後官之。任官而後爵之。六卿百執事。所謂官也。公卿大夫士。所謂爵也。官以任事。故曰能。爵以命德。故曰賢。惟賢惟能。所以治也。私昵惡德。所以亂也。○按古者公侯伯子男。爵之於侯國。公卿大夫士。爵之於朝廷。此言庶官。則爵爲公卿大夫士也。○吳氏曰。惡德猶凶德也。人君當用吉士。凶德之人。雖有過人之才。爵亦不可及。慮善以動。動惟厥時。善當乎理也。時。時措之宜。有其善。喪厥善。矜其能。喪厥功。自有其善。則已不加勉。而德虧矣。自矜其能。則人不效力。而功隳矣。惟事事。乃其有備。有備無患。惟事其事。乃其有備。有備故無患也。張氏曰。修車馬。備器械。事乎兵事。則兵有其備。故外侮不能爲之憂。簡稼器。修稼政。事乎農事。則農有其備。故水旱不能爲之害。所謂事事有備無患者如此。無啓寵納侮。無恥過作非。毋開寵幸而納人之侮。毋恥過誤而遂己之非。過誤出於偶然。作非出於有意。惟厥攸居。政事惟醇。居。止而安之義。安於義理之所止也。義理出於勉强。則猶二也。義理安於自然。則一矣。一故政事醇而不雜也。黷于祭祀。時謂弗欽。禮煩則亂。事神則難。黷。徒谷反。○祭不欲黷。黷則不敬。禮不欲煩。煩則擾亂。皆非所以交鬼神之道也。商俗尚鬼。高宗或未能脫於流俗。事神之禮。必有過焉。祖己戒其祀無豐昵。傅說蓋因其失而正之也。王曰。旨哉。說乃言惟服。乃不良于言。予罔聞于行。旨。美也。古人於飲食之美者。必以旨言之。蓋有味其言也。服。行也。高宗贊美說之所言。謂可服行。使汝不善於言。則我無所聞而行之也。蘇氏曰。說之言。譬如藥石。雖散而不一。然一言一藥。皆足以治天下之公患。所謂古之立言者。說拜稽首曰。非知之艱。行之惟艱。王忱不艱。允協于先王成德。惟說不言。有厥咎。高宗方味說之所言。而說以爲得於耳者非難。行於身者爲難。王忱信之。亦不爲難。信可合成湯之成德。說於是而猶有所不言。則有其罪矣。上篇言后克聖。臣不命其承。所以廣其從諫之量。而將告以爲治之要也。此篇言允協先王成德。惟說不言有厥咎。所以責其躬行之實。將進其爲學之說也。皆引而不發之義。

說命下

王曰。來汝說。台小子舊學于甘盤。既乃遯于荒野。入宅于河。自河徂亳。暨厥終罔顯。甘盤。臣名。君奭言在武丁。時則有若甘盤。遯。退也。高宗言我小子舊學于甘盤。已而退于荒野。後又入居于河。自河徂亳。終無所顯明也。無逸言高宗舊勞于外。爰暨小人。與此相應。國語亦謂武丁入于河。自河徂亳。唐孔氏曰。高宗爲王子時。其父小乙欲其知民之艱苦。故使居民間也。蘇氏謂甘盤遯于荒野。以台小子語脈推之。非是。爾惟訓于朕志。若作酒醴。爾惟麴糵。若作和羹。爾惟鹽梅。爾交修予。罔予棄。予惟克邁乃訓。心之所之謂之志。邁。行也。

范氏曰酒非麴糵不成羹非鹽梅不和人君雖有美質必得賢人輔導乃能成德作酒者麴多則太苦糵多則太甘麴糵得中然後成酒作羹者鹽過則鹹梅過則酸鹽梅得中然後成羹臣之於君當以柔濟剛可濟否左右規正以成其德故曰爾交修予爾無我棄我能行爾之言也孔氏曰交者非一之義

說曰王人求多聞時惟建事學于古訓乃有獲事不師古以克永世匪說攸聞求多聞者資之人學古訓者反之已古訓者古先聖王之訓載修身治天下之道二典三謨之類是也說稱王而告之曰人求多聞者是惟立事然必學古訓深識義理然後有得不師古訓而能長治久安者非說所聞甚言無此理也○林氏曰傅說稱王而告之與禹稱舜曰帝光天之下文勢正同

惟學遜志務時敏厥修乃來允懷于茲道積于厥躬遜謙抑也務專力也時敏者無時而不敏也遜其志如有所不能敏於學如有所不及虛以受人勤以勵已則其所脩如泉始達源源乎其來矣茲此也篤信而深念乎此則道積於身不可以一二計矣夫修之來來之積其學之得於已者如此

惟斆學半念終始典于學厥德脩罔覺斆胡教反○斆教也言教人居學之半蓋道積厥躬者體之立斆學于人者用之行兼體用合內外而後聖學可全也始之自學也終之教人亦學也一念終始常在於學無少間斷則德之所修有不知其然而然者矣或曰受教亦曰斆斆於爲學之道半之半須自得此說極爲新巧但古人論學語皆平正的實此章句數非一不應中間一語獨爾巧險此蓋後世釋教機權而誤以論聖賢之學也

監于先王成憲其永無愆憲法愆過也言德雖造於罔覺而法必監于先王先王成法者子孫之所當守者也孟子言遵先王之法而過者未之有也亦此意

惟說式克欽承旁招俊乂列于庶位式用也言高宗之德苟至於無愆則說用能敬承其意廣求俊乂列于衆職蓋進賢雖大臣之責然高宗之德未至則雖欲進賢有不可得者

王曰嗚呼說四海之內咸仰朕德時乃風風教也天下皆仰我德是汝之教也**股肱惟人良臣惟聖**手足備而成人良臣輔而君聖高宗初以舟楫霖雨爲喩繼以麴糵鹽梅爲喩至此又以股肱惟人爲喩其所造益深所望益切矣

昔先正保衡作我先王乃曰予弗克俾厥后惟堯舜其心愧恥若撻于市一夫不獲則曰時予之辜佑我烈祖格于皇天爾尚明保予罔俾阿衡專美有商先正先世長官之臣保安也保衡猶阿衡作興起也撻于市恥之甚也不獲不得其所也高宗舉伊尹之言謂其自任如此故能輔我成湯功格于皇天爾庶幾明以輔我無使伊尹專美于我商家也傳說以成湯望高宗故曰協于先王成德監于先王成憲高宗以伊尹望傳說故曰罔俾阿衡專美有商

惟后非賢不乂惟賢非后不食其爾克紹乃辟于先王永綏民

說拜稽首曰敢對揚天子之休命君非賢臣不與共治賢非其君不與共食言君臣相遇之難如此克者責望必能之辭敢者自信無慊之辭對者對以已揚者揚於衆休命上文高宗所命也至是高宗以成湯自期傳說以伊尹自任君臣相勉勵如此異時高宗爲商令王傳說爲商賢佐果無愧於成湯伊尹也宜哉

高宗肜日

高宗肜祭，有雊雉之異，祖己訓王，史氏以為篇，亦訓體也。不言訓者，以既有高宗之訓，故只以篇首四字為題。今文古文皆有。

高宗肜日，越有雊雉。肜，音融。雊，居候反。○肜，祭明日又祭之名。殷曰肜，周曰繹。雊，鳴也。於肜日有雊雉之異，蓋祭禰廟也。序言湯廟者，非是。**祖己曰：惟先格王，正厥事。**格，正也，猶格其非心之格。詳下文，高宗祀豐于昵，昵者，禰廟也。豐於昵，失禮之正，故有雊雉之異。祖己自言當先格王之非心，然後正其所失之事。惟天監民以下，格王之言。王司敬民以下，正事之言也。

乃訓于王，曰：惟天監下民，典厥義，降年有永有不永，非天夭民，民中絕命。監，音鑑。夭，於兆反。○典，主也。義者，理之當然，行而宜之之謂。言天監視下民，其禍福予奪，惟主義如何爾。降年有永有不永者，義則永，不義則不永，非天夭折其民，民自以非義而中絕其命也。意高宗之祀，必有祈年請命之事，如漢武帝五時祀之類。祖己言永年之道，不在禱祠，在於所行義與不義而已。禱祠非永年之道也。言民而不言君者，不敢斥也。

民有不若德，不聽罪，天既孚命正厥德，乃曰其如台。不若德，不順於德。不聽罪，不服其罪，謂不改過也。孚命者，以妖孽為符信而譴告之也。言民不順德，不服罪，天既以妖孽為符信而譴告之，欲其恐懼修省以正德，民乃曰：妖孽其如我何，則天必誅絕之矣。祖己意謂高宗當因雊雉以自省，不可謂適然而自恕。夫數祭豐昵，徼福於神，不若德也。黷於祭祀，傳說嘗以進戒，意或吝改，不聽罪也。雊雉之異，是天既孚命正厥德矣，其可謂妖孽其如我何邪。

嗚呼！王司敬民，罔非天胤，典祀無豐于昵。司，主。胤，嗣也。王之職，主於敬民而已，徼福於神，非王之事也。況祖宗莫非天之嗣，主祀其可獨豐於昵廟乎。

西伯戡黎

戡，音堪。○西伯，文王也。名昌，姓姬氏。戡，勝也。黎，國名，在上黨壺關之地。按史記，文王脫羑里之囚，獻洛西之地，紂賜弓矢鈇鉞，使得專征伐，為西伯。文王既受命，黎為不道，於是舉兵伐而勝之。祖伊知周德日盛，既已戡黎，紂惡不悛，勢必及殷，故恐懼奔告于王，庶幾王之改之也。史錄其言，以為此篇，誥體也。今文古文皆有。○或曰，西伯武王也。史記嘗載紂使膠鬲觀兵，膠鬲問之曰：西伯曷為而來。則武王亦繼文王為西伯矣。

西伯既戡黎，祖伊恐，奔告于王。下文無及戡黎之事，史氏特標此篇首，以見祖伊告王之因也。祖，姓；伊，名。祖己後也。奔告，自其邑奔走來告紂也。**曰：天子，天既訖我殷命，格人元龜，罔敢知吉，非先王不相我後人，惟王淫戲用自絕。**祖伊將言天訖殷命，故特呼天子以感動之。訖，絕也。格人，猶言至人也。格人元龜，皆能先知吉凶者。言天既已絕我殷命，格人元龜，皆無敢知其吉者，甚言凶禍之必至也。非先王在天之靈不佑我後人，我後人淫戲用自絕於天耳。**故天棄我，不有康食，不虞天性，不迪率典。**康，安；虞，度也；典，常法也。紂自絕於天，故天棄殷，不有康食，饑饉荐臻也；不虞天性，民失常心也；不迪率典，廢壞常法也。**今我民罔弗欲喪，曰：天曷不降威？大命不摯，今王其如台。**大命，非常之命。摯，至也。史記云：大命胡不至。民苦紂虐無不欲殷之亡曰天何不降威於殷而受大命者何不至乎今王其無如我何王曰嗚言紂不復能君長我也上章言天棄殷此章言民棄殷祖伊之言可謂痛切明著矣

呼我生不有命在天紂嘆息謂民雖欲亡我我之生獨不有命在天乎祖伊反曰嗚呼乃罪多參在上乃能責命于天參倉含反○紂既無改過之意祖伊退而言曰爾罪衆多參列在上乃能責其命於天邪呂氏曰責命於天惟與天同德者方可殷之即喪指乃功不無戮于爾邦功事也言殷即喪亡矣指汝所爲之事其能免戮於商邦乎蘇氏曰祖伊之諫盡言不諱漢唐中主所不能容者紂雖不改而終不怒祖伊得全則後世人主有不如紂者多矣愚讀是篇而知周德之至也祖伊以西伯戡黎不利於殷故奔告於紂意必及西伯戡黎不利於殷之語而入以告后出以語人未嘗有一毫及周者是知周家初無利天下之心其戡黎也義之所當伐也使紂遷善改過則周將終守臣節矣祖伊殷之賢臣也知周之興必不利於殷又知殷之亡初無與於周故因戡黎告紂反覆乎天命民情之可畏而略無及周者文武公天下之心於是可見

微子

微國名子爵也微子名啓帝乙長子紂之庶母兄也微子痛殷之將亡謀於箕子比干史錄其問答之語亦誥體也以篇首有微子二字因以名篇今文古文皆有

微子若曰父師少師殷其弗或亂正四方我祖底遂陳于上我用沈酗于酒用亂敗厥德于下酗呼句反○父師太師三公箕子也少師孤卿比干也弗或者不能或如此也亂治也言紂無道無望其能治正天下也底致陳列也我祖成湯致功陳列于上而子孫沈酗于酒敗亂其德于下沈酗言我而不言紂者過則歸己猶不忍斥言之也殷罔不小大好草竊姦宄卿士師師非度凡有辜罪乃罔恒獲小民方興相爲敵讎今殷其淪喪若涉大水其無津涯殷遂喪越至于今殷之人民無小無大皆好草竊姦宄上而卿士亦皆相師非法上下容隱凡有冒法之人無有得其罪者小民無所畏懼强凌弱衆暴寡方起讎怨爭鬬侵奪綱紀蕩然淪喪之形茫無畔岸若涉大水無有津涯殷之喪亡乃至於今日乎微子上陳祖烈下述喪亂哀怨痛切言有盡而意無窮數千載之下猶使人傷感悲憤後世人主觀此亦可深監矣曰父師少師我其發出狂吾家耄遜于荒今爾無指告予顚隮若之何其出尺類反隮牋西反○曰者微子更端之辭也何其語辭言紂發出顚狂暴虐無道我家老成之人皆逃遁于荒野危亡之勢如此今爾無所指示告我以顚隕隮墜之事將若之何哉蓋微子憂危之甚特更端以問救亂之策言我而不言紂者亦上章我用沈酗之義父師若曰王子天毒降災荒殷邦方興沈酗于酒此下箕子之答也王子微子也自紂言之則紂無道故天降災自天下言之則紂之無道亦天之數箕子歸之天者以見其忠厚敬君之意與小旻詩言旻天疾威敷于下土意同方興者言其方興而未艾也此答微子沈酗于酒之語而有甚之之意下同乃罔畏畏咈其耇長舊有位

人。乃罔畏畏者，不畏其所當畏也。孔子曰：君子有三畏：畏天命，畏大人，畏聖人之言。咈，逆也。耇長，老成之人也。紂惟不畏其所當畏，故老成舊有位者，紂皆咈逆而棄逐之，即武王所謂播棄黎老者。此答微子發狂耄遜之語。以上文特發問端，故此先答之。**今殷民乃攘竊神祇之犧牷牲，用以容將食無災。**攘，如羊反。牷，音全。○色純曰犧，體完曰牷，牛羊豕曰牲。犧牷牲，祭祀天地之物，禮之最重者。猶爲商民攘竊而去，有司用相容隱，將而食之，且無災禍，豈特草竊姦宄而已哉。此答微子草竊姦宄之語。**降監殷民，用乂讎斂，召敵讎不怠，罪合于一，多瘠罔詔。**讎斂，若仇敵掊斂之也。不怠，力行而不息也。詔，告也。下視殷民，凡上所用以治之者，無非讎斂之事。夫上以讎而斂下，則下必爲敵以讎上。下之敵讎，實上之讎斂以召之，而紂方且召敵讎不怠。君臣上下，同惡相濟，合而爲一。故民多餓殍而無所告也。此答微子小民相爲敵讎之語。**商今其有災，我興受其敗；商其淪喪，我罔爲臣僕。詔王子出迪，我舊云刻子。王子弗出，我乃顛隮。**商今其有災，我出當其禍敗；商若淪喪，我斷無臣僕他人之理。詔，告也。微子以去爲道，蓋商祀不可無人，微子去，則可以存商祀也。刻，害也。箕子舊以微子長且賢，勸帝乙立之。帝乙不從，卒立紂。紂必忌之，是我前日所言，適以害子。子若不去，則禍必不免，我商家宗祀，始隕墜而無所托矣。箕子自言其義決不可去，而微子之義決不可不去也。此答微子淪喪顛隮之語。**自靖，人自獻于先王，我不顧行遯。**上文既答微子所言，至此則告以彼此去就之義。靖，安也。各安其義之所當盡，以自達其志於先王，使無愧於神明也。而已。如我則不復顧行遯也。按此篇微子諫於箕子、比干，箕子答如上文，而比干獨無所言者，得非比干安於義之當死而無復言歟。孔子曰：殷有三仁焉。三仁之行雖不同，而皆出乎天理之正，各得其心之所安，故孔子皆許之以仁，而所謂自靖者，即此也。○又按左傳，楚克許，許男面縛銜璧，衰絰輿櫬，以見楚子。楚子問諸逢伯，逢伯曰：昔武王克商，微子啓如是。武王親釋其縛，受其璧而祓之，焚其櫬，禮而命之。然則微子適周，乃在克商之後，而此所謂去者，特去其位而逃遯於外耳。論微子之去者，當詳於是。

書經卷之四

周書

周文王國號。後武王因以爲有天下之號。書凡三十二篇。

泰誓上

泰。大同。國語作太。武王伐殷。史錄其誓師之言。以其大會孟津。編書者因以泰誓名之。上篇未渡河作。後二篇既渡河作。今文無。古文有。○按伏生二十八篇本無泰誓。武帝時僞泰誓出。與伏生今文書合爲二十九篇。孔壁書雖出而未傳於世。故漢儒所引。皆用僞泰誓。如曰白魚入于王舟。有火復于王屋。流爲烏。太史公記周本紀亦載其語。然僞泰誓雖知剽竊經傳所引。而古書亦不能盡見。故後漢馬融得疑其僞。謂泰誓按其文若淺露。吾又見書傳多矣。所引泰誓而不在泰誓者甚多。至晉孔壁古文書行。而僞泰誓始廢。○吳氏曰。湯武皆以兵受命。然湯之辭裕。武王之辭迫。湯之數桀也恭。武之數紂也傲。學者不能無憾。疑其書之晚出。或非盡當時之本文也。

惟十有三年春。大會于孟津。

十三年者。武王卽位之十三年也。春者。孟春建寅之月也。孟津見禹貢。○按漢孔氏言虞芮質成。爲文王受命改元之年。凡九年而文王崩。武王立。二年而觀兵。三年而伐紂。合爲十有三年。此皆惑於僞書泰誓之文。而誤解九年大統未集。與夫觀政于商之語也。古者人君卽位。則稱元年。以計其在位之久近。常事也。自秦惠文始改十四年爲後元年。漢文帝亦改十七年爲後元年。自後說春秋因以改元爲重。歐陽氏曰。果重事歟。西伯卽位。已改元年。中間不宜改元而又改元。至武王卽位。宜改元而反不改元。乃上冒先君之元年。幷其居喪稱十一年。及其滅商而得天下。其事大於聽訟遠矣。而又不改元。由是言之。謂文王受命改元。武王冒文王之元年者。皆妄也。歐陽氏之辨。極爲明著。但其曰十一年者。亦惑於書序十一年之誤也。詳見序篇。又按漢孔氏以春爲建子之月。蓋謂三代改正朔。必改月數。改月數。必以其正爲四時之首。序言一月戊午。既以一月爲建子之月。而經又係之以春。故遂以建子之月爲春。夫改正朔不改月數。於太甲辨之詳矣。而四時改易。尤爲無義。冬不可以爲春。寒不可以爲暖。固不待辨而明也。或曰。鄭氏箋詩維暮之春。亦言周之季春。於夏爲孟春。曰。此漢儒承襲之誤耳。且臣工詩言維暮之春。亦又何求。如何新畬。於皇來牟。將受厥明。蓋言暮春則當治其新畬矣。今如何哉。然牟麥將熟。可以受上帝之明賜。夫牟麥將熟。則建辰之月。夏正季春審矣。鄭氏於詩且不得其義。則其考之固不審也。不然。則商以季冬爲春。周以仲冬爲春。四時反逆。皆不得其正。豈三代聖人奉天之政乎。

王曰。嗟我友邦冢君。越我御事庶士。明聽誓。

友邦。親之也。冢君。尊之也。越。及也。御事。治事者。庶士。衆士也。告以伐商之意。且欲其聽之審也。

惟天地萬物父母。惟人萬物之靈。亶聰明作元后。元后作民父母。

亶。誠實無妄之謂。言聰明出於天性然也。大哉乾元。萬物資始。至哉坤元。萬物資生。天地者。萬物之父母也。萬物之生。惟人得其秀而靈。具四端。備萬善。知覺獨異於物。而聖人又得其最秀而最靈者。天性聰明。無待勉強。其知先知。其覺先覺。首出庶物。故能爲大君於天下。而天下之疲癃殘疾。得其生。鰥寡孤獨。得其養。擧萬民之衆。無一而不得其所焉。則元后者。又所以爲民之父母也。夫天地生物而厚於人。天地生人而厚於聖人。

其所以厚於聖人者。亦惟欲其君長乎民。而推天地父母斯民之心而已。天之爲民如此。則任元后之責者。可不知所以作民父母之義乎。商紂失君民之道。故武王發此。是雖一時誓師之言。而實萬世人君之所當體念也。

今商王受弗敬上天。降災下民。受。紂名也。言紂慢天虐民。不知所以作民父母也。慢天虐民之實。即下文所云也。**沈湎冒色。敢行暴虐。罪人以族。官人以世。惟宮室臺榭陂池侈服。以殘害于爾萬姓。焚炙忠良。刳剔孕婦。皇天震怒。命我文考。肅將天威。大勳未集。**湎。彌兗反。陂。班糜反。刳。空胡反。○沈湎。溺於酒也。冒色。冒亂女色也。族。親族也。一人有罪。刑及親族也。世。子弟也。官使不擇賢才。惟因父兄而寵任子弟也。土高曰臺。有木曰榭。澤障曰陂。停水曰池。侈。奢也。焚炙。炮烙刑之類。刳剔。割剔也。皇甫謐云。紂剖比干妻以視其胎。未知何據。紂虐害無道如此。故皇天震怒。命我文王。敬將天威。以除邪虐。大功未集。而文王崩。愚謂大勳在文王時。未嘗有意。至紂惡貫盈。武王伐之。敘文王之辭。不得不爾。學者當言外得之。**肆予小子發。以爾友邦冢君。觀政于商。惟受罔有悛心。乃夷居。弗事上帝神祇。遺厥先宗廟弗祀。犧牲粢盛。既于凶盜。乃曰。吾有民有命。罔懲其侮。**悛。且緣反。○肆。故也。觀政。猶伊尹所謂萬夫之長可以觀政。八百諸侯背商歸周。則商政可知。先儒以觀政爲觀兵誤矣。悛。改也。夷。蹲踞也。武王言故我小子。以爾諸侯之向背觀政之失得於商。今諸侯背叛。既已如此。而紂無有悔悟改過之心。夷踞而居。廢上帝百神宗廟之祀。犧牲粢盛以爲祭祀之備者。皆盡于凶惡盜賊之人。即箕子所謂攘竊神祇之犧牷牲者也。受之慢神如此。乃謂我有民社。我有天命。而無有懲戒其侮慢之意。**天佑下民。作之君。作之師。惟其克相上帝。寵綏四方。有罪無罪。予曷敢有越厥志。**佑。助。寵。愛也。天助下民。爲之君以長之。爲之師以教之。君師者。惟其能左右上帝。以寵安天下。則夫有罪之當討。無罪之當赦。我何敢有過用其心乎。言一聽於天而已。**同力度德。同德度義。受有臣億萬。惟億萬心。予有臣三千。惟一心。**度。量度也。德。得也。行道有得於心也。義。宜也。制事達時之宜也。同力度德。同德度義。意古者兵志之詞。武王舉以明伐商之必克也。林氏曰。左傳襄三十一年。魯穆叔曰。年鈞擇賢。義鈞以卜。昭二十六年。王子朝曰。年鈞以德。德鈞以卜。蓋亦舉古人之語。文勢正與此同。百萬曰億。紂雖有億萬臣。而有億萬心。衆叛親離。寡助之至。力且不同。況德與義乎。**商罪貫盈。天命誅之。予弗順天。厥罪惟鈞。**貫。通。盈。滿也。言紂積惡如此。天命誅之。今不誅紂。是長惡也。其罪豈不與紂鈞乎。如律故縱者與同罪也。**予小子夙夜祗懼。受命文考。類于上帝。宜于冢土。以爾有衆。底天之罰。**底。致也。冢土。大社也。祭社曰宜。上文言縱紂不誅。則罪與紂鈞。故此言予小子畏天之威。早夜敬懼。不敢自寧。受命于文王之廟。告于天神地祇。以爾有衆。致天之罰於商也。王制曰。天子將出。類乎上帝。宜乎社。造乎禰。受命文考。即造乎禰也。王制以神尊卑爲序。此先言受命文考者。以伐紂之舉。天本命之文王。武王特稟文王之命。以卒其伐功而已。**天矜于民。民之所欲。**

天必從之。爾尚弼予一人，永清四海，時哉弗可失。

天矜憐于民，民有所欲，天必從之。今民欲亡紂，如此，則天意可知。爾庶幾輔我一人，除其邪穢，永清四海，是乃天人合應之時，不可失也。

泰誓中

惟戊午，王次于河朔，羣后以師畢會。王乃徇師而誓。

戊音茂。○次，止。徇，循也。河朔，河北也。戊午，以武成考之，是一月二十八日。

曰：嗚呼，西土有衆，咸聽朕言。

周都豐鎬，其地在西。從武王渡河者，皆西方諸侯，故曰西土有衆。

我聞吉人為善，惟日不足；凶人為不善，亦惟日不足。今商王受力行無度，播棄犂老，昵比罪人，淫酗肆虐，臣下化之，朋家作仇，脅權相滅，無辜籲天，穢德彰聞。

惟日不足者，言終日為之而猶為不足也。將言紂力行無度，故以古人語發之。無度者，無法度之事。播，放也。犂，黧通，黑而黃也。微子所謂耄遜于荒是也。老成之臣，所當親近者，紂乃放棄之；罪惡之人，所當斥逐者，紂乃親比之。酗，醉怒也。肆，縱也。臣下亦化紂惡，各立朋黨，相為仇讎，脅上權命，以相誅滅，流毒天下，無辜之人呼天告冤，腥穢之德，顯聞于上。呂氏曰：為善至極，則至治馨香；為惡至極，則穢德彰聞。

惟天惠民，惟辟奉天。有夏桀弗克若天，流毒下國，天乃佑命成湯，降黜夏命。

言天惠愛斯民，君當奉承天意。昔桀不能順天，流毒下國，故天命成湯降黜夏命。

惟受罪浮于桀，剝喪元良，賊虐諫輔，謂己有天命，謂敬不足行，謂祭無益，謂暴無傷。厥鑒惟不遠，在彼夏王。天其以予乂民，朕夢協朕卜，襲于休祥，戎商必克。

浮，過。剝，落。喪，去也。古者去國為喪。元良，微子也。諫輔，比干也。謂己有天命，如咎祖伊我生不有命在天之類。下三句亦紂所嘗言者。鑒，視也。其所鑒視，初不在遠，有夏多罪，天既命湯黜其命矣；今紂多罪，天其以我乂民乎。襲，重也。言我之夢協我之卜，重有休祥之應，知伐商而必勝之也。此言天意有必克之理。

受有億兆夷人，離心離德；予有亂臣十人，同心同德。雖有周親，不如仁人。

夷，平也。夷人，言其智識不相上下也。治亂曰亂。十人，周公旦、召公奭、太公望、畢公、榮公、太顛、閎夭、散宜生、南宮括，其一文母。孔子曰：有婦人焉，九人而已。劉侍讀以為子無臣母之義，蓋邑姜也。九臣治外，邑姜治內。言紂雖有夷人之多，不如周治臣之少而盡忠也。周，至也。紂雖有至親之臣，不如周仁人之賢而可恃也。此言人事有必克之理。

天視自我民視，天聽自我民聽。百姓有過，在予一人。今朕必往。

過，廣韻：責也。武王言天之視聽，皆自乎民；今民皆有責於我，謂我不正商罪。以民心而察天意，則我之伐商，斷必往矣。蓋百姓畏紂之虐，望周之深，而責武王不即拯己於水火也。如湯東面而征西夷怨，南面而征北狄怨之意。

我武惟揚，侵于之疆，取彼凶殘，我伐用張，于湯有光。

揚。舉。侵。入也。凶殘。紂也。猶孟子謂之殘賊。武王弔民伐罪。於湯之心。爲益明白於天下也。自世俗觀之。武王伐湯之子孫。覆湯之宗祀。謂之湯讎可也。然湯放桀。武王伐紂。皆公天下爲心。非有私於己者。武之事。質之湯而無愧。湯之心。驗之武而益顯。是則伐商之舉。豈不於湯爲有光也哉。**勖哉夫子。罔或無畏。寧執非敵。百姓懍懍。若崩厥角。嗚呼。乃一德一心。立定厥功。惟克永世。**勖。勉也。夫子。將士也。勉哉將士。無或以紂爲不足畏。寧執心以爲非我所敵也。商民畏紂之虐。懍懍若崩摧其頭角然。言人心危懼如此。汝當一德一心。立定厥功。以克永世也。

泰誓下

時厥明。王乃大巡六師。明誓衆士。厥明。戊午之明日也。古者天子六軍。大國三軍。是時武王未備六軍。牧誓敘三卿可見。此曰六師者。史臣之詞也。**王曰。嗚呼。我西土君子。天有顯道。厥類惟彰。今商王受。狎侮五常。荒怠弗敬。自絕于天。結怨于民。**天有至顯之理。其義類甚明。至顯之理。卽典常之理也。紂於君臣父子兄弟夫婦典常之道。褻狎侮慢。荒棄怠惰。無所敬畏。上自絕于天。下結怨于民。結怨者。非一之謂。下文自絕結怨之實也。**斮朝涉之脛。剖賢人之心。作威殺戮。毒痡四海。崇信姦回。放黜師保。屛棄典刑。囚奴正士。郊社不修。宗廟不享。作奇技淫巧。以悅婦人。上帝弗順。祝降時喪。爾其孜孜。奉予一人。恭行天罰。**斮。側略反。痡。音鋪。○斮。斫也。孔氏曰。冬月見朝涉水者。謂其脛耐寒。斫而視之。史記云。比干强諫紂。怒曰。吾聞聖人心有七竅。遂剖比干。觀其心。痡。病也。作刑威以殺戮爲事。毒病四海之人。言其禍之所及者遠也。回。邪也。正士。箕子也。郊。所以祭天。社。所以祭地。奇技。謂奇異技能。淫巧。爲過度之巧。列女傳。紂膏銅柱。下加炭。令有罪者行。輒墮炭中。妲己乃笑。夫欲妲己之笑。至爲炮烙之刑。則其奇技淫巧以悅之者。宜無所不至矣。祝。斷也。言紂於姦邪則尊信之。師保則放逐之。屛棄先王之法。囚奴中正之士。輕廢奉祀之禮。專意汚褻之行。悖亂天常。故天弗順而斷然降是喪亡也。爾衆士其勉力不怠。奉我一人。而敬行天罰乎。**古人有言曰。撫我則后。虐我則讎。獨夫受洪惟作威。乃汝世讎。樹德務滋。除惡務本。肆予小子。誕以爾衆士。殄殲乃讎。爾衆士其尚迪果毅。以登乃辟。功多有厚賞。不迪有顯戮。**洪。大也。獨夫。言天命已絕。人心已去。但一獨夫耳。孟子曰。殘賊之人。謂之一夫。武王引古人之言。謂撫我則我之君也。虐我則我之讎也。今獨夫受大作威虐以殘害于爾百姓。是乃爾之世讎也。務。專力也。植德則務其滋長。去惡則務絕根本。兩句意亦古語。喩紂爲衆惡之本。在所當去。故我小子大以爾衆士。而殄絕殲滅汝之世讎也。迪。蹈。登。成也。殺敵爲果。致果爲毅。爾衆士其庶幾蹈行果毅。以成汝君。若功多則有厚賞。非特一爵一級而已。不迪果毅。則有顯戮。謂之顯戮。則必肆諸市朝。以示衆庶。**嗚呼。惟我文**

考。若日月之照臨。光于四方。顯于西土。惟我有周。誕受多方。若日月照臨。言其德之輝光也。光于四方。言其德之遠被也。顯于西土。言其德尤著于所發之地也。文王之地止於百里。文王之德達于天下。多方之受。非周其誰受之。文王之德。實天命人心之所歸。故武王於誓師之末。歎息而言之。予克受。非予武。惟朕文考無罪。受克予。非朕文考有罪。惟予小子無良。無罪。猶言無過也。無良。猶言無善也。商周之不敵久矣。武王猶有勝負之慮。恐為文王羞者。聖人臨事而懼也如此。

牧誓

牧。地名。在朝歌南。即今衛州治之南也。武王軍於牧野。臨戰誓眾。前既有泰誓三篇。因以地名別之。今文古文皆有。

時甲子昧爽。王朝至于商郊牧野。乃誓。王左杖黃鉞。右秉白旄以麾。曰。逖矣西土之人。甲子。二月四日也。昧。冥。爽。明也。昧爽。將明未明之時也。鉞。斧也。以黃金為飾。王無自用鉞之理。左杖以為儀耳。旄。軍中指麾。白則見遠。麾非右手不能。故右秉白旄也。按武成言癸亥陳于商郊。則癸亥之日。周師已陳牧野矣。甲子昧爽。武王始至而誓師焉。曰者。武王之言也。逖。遠也。以其行役之遠而慰勞之也。王曰。嗟我友邦冢君。御事司徒司馬司空。亞旅師氏。千夫長。百夫長。司徒。司馬。司空。三卿也。武王是時尚為諸侯。故未備六卿。唐孔氏曰。司徒主民。治徒庶之政令。司馬主兵。治軍旅之誓戒。司空主土。治壘壁以營軍。亞。次。旅。眾也。大國三卿。下大夫五人。士二十七人。亞者。卿之貳。大夫是也。旅者。卿之屬。士是也。師氏。以兵守門者。猶周禮師氏王舉則從者也。千夫長。統千人之帥。百夫長。統百人之師也。及庸蜀羌髳微盧彭濮人。羌。驅羊反。髳。莫侯反。○左傳庸與百濮伐楚。庸濮在江漢之南。羌在西蜀。髳微在巴蜀。盧彭在西北。武王伐紂。不期會者八百國。今誓師獨稱八國者。蓋八國近周西都。素所服役。乃受約束以戰者。若上文所言友邦冢君。則泛指諸侯而誓者也。稱爾戈。比爾干。立爾矛。予其誓。稱。舉。戈。戟。干。楯。矛亦戟之屬。長二丈。唐孔氏曰。戈短。人執以舉之。故言稱。楯則並以扞敵。故言比。矛長。立之於地。故言立。器械嚴整。則士氣精明。然後能聽誓命。王曰。古人有言曰。牝雞無晨。牝雞之晨。惟家之索。索。蕭索也。牝雞而晨。則陰陽反常。是為妖孽。而家道索矣。將言紂惟婦言是用。故先發此。今商王受。惟婦言是用。昏棄厥肆祀弗答。昏棄厥遺王父母弟不迪。乃惟四方之多罪逋逃。是崇是長。是信是使。是以為大夫卿士。俾暴虐于百姓。以姦宄于商邑。婦。房缶反。○肆。陳。答。報也。婦。妲己也。列女傳云。紂好酒淫樂。不離妲己。妲己所舉者貴之。所憎者誅之。惟妲己之言是用。故顛倒昏亂。祭所以報本也。紂以昏亂。棄其所當陳之祭祀而不報。昆弟。先王之胤也。紂以昏亂。棄其王父母弟而不以道遇之。廢宗廟之禮。無宗族之義。乃惟四方多罪逃亡之人。尊崇而信使之。以為大夫卿士。使暴虐于百姓。姦宄于商邑。蓋紂惑於妲己之嬖。背常亂理。遂至流毒如此也。今予發惟恭行天之罰。

今日之事。不愆于六步七步。乃止齊焉。夫子勖哉。愆。過。勖。勉也。步。進趨也。齊。齊整也。今日之戰不過六步七步。乃止而齊。此告之以坐作進退之法。所以戒其輕進也。不愆于四伐五伐六伐七伐。乃止齊焉。勖哉夫子。伐。擊刺也。少不下四五。多不過六七而齊。此告之以攻殺擊刺之法。所以戒其貪殺也。上言夫子勖哉。此言勖哉夫子者。反覆成文。以致丁寧勸勉之意。下倣此。尚桓桓。如虎如貔。如熊如羆。于商郊。弗迓克奔。以役西土。勖哉夫子。桓。胡官反。貔。頻脂反。○桓桓。威武貌。貔。執夷也。虎屬。欲將士如四獸之猛。而奮擊于商郊也。迓。迎也。能奔來降者。勿迎擊之。以勞役我西土之人。此勉其武勇。而戒其殺降也。爾所弗勖。其于爾躬有戮。弗勖。謂不勉於前三者。愚按此篇嚴肅而溫厚。與湯誓誥相表裏。眞聖人之言也。泰誓武成。一篇之中。似非盡出於一人之口。豈獨此爲全書乎。讀者其味之。

武成 史氏記武王往伐歸獸。祀羣神。告羣后。與其政事。共爲一書。篇中有武成二字。遂以名篇。今文無。古文有。

惟一月壬辰。旁死魄。越翼日癸巳。王朝步自周。于征伐商。一月。建寅之月。不曰正而曰一者。商建丑。以十二月爲正朔。故曰一月也。詳見太甲泰誓篇。壬辰。以泰誓戊午推之。當是一月二日。死魄。朔也。二日。故曰旁死魄。翼。明也。先記壬辰旁死魄。然後言癸巳伐商者。猶後世言某日。必先言某朔也。周。鎬京也。在京兆鄠縣上林。即今長安縣昆明池北鎬陂是也。厥四月哉生明。王來自商。至于豐。乃偃武修文。歸馬于華山之陽。放牛于桃林之野。示天下弗服。哉。始也。始生明。月三日也。豐。文王舊都也。在京兆鄠縣。即今長安縣西北靈臺豐水之上。周先王廟在焉。山南曰陽。桃林。今華陰縣潼關也。樂記曰。武王勝商。渡河而西。馬散之華山之陽。而弗復乘。牛放之桃林之野。而弗復服。車甲釁而藏之府庫。倒載干戈。包以虎皮。天下知武王之不復用兵也。○此當在萬姓悅服之下。丁未。祀于周廟。邦甸侯衛。駿奔走。執豆籩。越三日庚戌。柴望。大告武成。駿。爾雅曰。速也。周廟。周祖廟也。武王以克商之事。祭告祖廟。近而邦甸。遠而侯衛。皆駿奔走執事以助祭祀。豆。木豆。籩。竹豆。祭器也。既告祖廟。燔柴祭天。望祀山川。以告武功之成。由近而遠。由親而尊也。○此當在百工受命于周之下。既生魄。庶邦冢君。暨百工。受命于周。生魄。望後也。四方諸侯及百官。皆於周受命。蓋武王新即位。諸侯百官皆朝見新君。所以正始也。○此當在示天下弗服之下。王若曰。嗚呼羣后。惟先王建邦啓土。公劉克篤前烈。至于大王。肇基王迹。王季其勤王家。我文考文王。克成厥勳。誕膺天命。以撫方夏。大邦畏其力。小邦懷其德。惟九年。大統未集。予小子其承厥志。羣后。諸侯也。先王。后稷。武王追尊之也。后稷始封於邰。故曰建邦啓土。公劉。后稷之曾孫。史記云。能修后稷之業。大王。古公亶父也。避狄去邠。居岐。邠人仁之。從之者如歸市。詩曰。居岐之陽。實始翦商。大王雖未始有翦商之志。然大王始得民心。王業之成。實基於此。王季能勤以繼其業。至于文王。克成厥功。大受天命。以撫安方夏。大邦畏其威而不敢肆。小邦懷其德而得自立。自爲西伯專征。而威德益著於天下。凡九年崩。大統未集者。非文王之德不足以受天下。是時紂之惡未至於亡天下也。文王以安天下爲心。故予小子亦以安天下爲心。○此當在大告武成之下。

底商之罪。告于皇天后土。所過名山大川。曰惟有道曾孫周王發。將有大正于商。今商王受無道。暴殄天物。害虐烝民。爲天下逋逃主。萃淵藪。予小子既獲仁人。敢祗承上帝。以遏亂略。華夏蠻貊。罔不率俾。

底。至也。后土。社也。句龍爲后土。周禮大祝云。王過大山川。則用事焉。孔氏曰。名山。謂華。大川。謂河。蓋自豐鎬往朝歌。必道華涉河也。曰者。舉武王告神之語。有道。指其父祖而言。周王二字。史臣追增之也。正。卽湯誓不敢不正之正。萃。聚也。紂殄物害民。爲天下逋逃罪人之主。如魚之聚淵。如獸之聚藪也。仁人。孔氏曰。太公周召之徒。略。謀略也。俾。廣韻曰。從也。仁人既得。則可以敬承上帝。而遏絕亂謀。內而華夏。外而蠻貊。無不率從矣。或曰。太公歸周。在文王之世。周召。周之懿親。不可謂之獲。此蓋仁人自商而來者。愚謂獲者。得之云爾。卽泰誓之所謂仁人。非必自外來也。不然。經傳豈無傳乎。○此當在于征伐商之下。

恭天成命。肆予東征。綏厥士女。惟其士女。篚厥玄黃。昭我周王。天休震動。用附我大邑周。

成命。黜商之定命也。篚。竹器。玄黃。色幣也。敬奉天之定命。故我東征。安其士女。士女喜周之來。篚盛其玄黃之幣。明我周王之德者。是蓋天休之所震動。故民用歸附我大邑周也。或曰。玄黃。天地之色。篚厥玄黃者。明我周王有天地之德也。○此當在其承厥志之下。

惟爾有神。尚克相予。以濟兆民。無作神羞。既戊午。師逾孟津。癸亥。陳于商郊。俟天休命。甲子昧爽。受率其旅若林。會于牧野。罔有敵于我師。前徒倒戈。攻于後以北。血流漂杵。一戎衣天下大定。乃反商政。政由舊。釋箕子囚。封比干墓。式商容閭。散鹿臺之財。發鉅橋之粟。大賚于四海。而萬姓悅服。

散。先諫反。○休命。勝商之命也。武王頓兵商郊。雍容不迫。以待紂師之至而克之。史臣謂之俟天休命。可謂善形容者矣。若林。卽詩所謂其會如林者。紂衆雖有如林之盛。然皆無有肯敵我師之志。紂之前徒倒戈。反攻其在後之衆。以走。自相屠戮。遂至血流漂杵。史臣指其實而言之。蓋紂衆離心離德。特劫於勢而未敢動耳。一旦因武王弔伐之師。始乘機投隙。奮其怨怒。反戈相戮。其酷烈遂至如此。亦足以見紂積怨于民。若是其甚。而武王之兵。則蓋不待血刃也。此所以一被兵甲。而天下遂大定乎。乃者。繼事之辭。反紂之虐政。由商先王之舊政也。式。車前橫木。有所敬。則俯而憑之。商容。商之賢人。閭。族居里門也。賚。予也。武王除殘去暴。顯忠遂良。賑窮賙乏。澤及天下。天下之人。皆心悅而誠服之。帝王世紀云。殷民言王之於仁人也。死者猶封其墓。况生者乎。王之於賢人也。亡者猶表其閭。况存者乎。王之於財也。聚者猶散之。况其復籍之乎。唐孔氏曰。是爲悅服之事。○此當在罔不率俾之下。

列爵惟五。分

土惟三。建官惟賢。位事惟能。重民五教。惟食喪祭。惇信明義。崇德報功。垂拱而天下治。列爵惟五。公侯伯子男也。分土惟三。公侯百里。伯七十里。子男五十里之三等也。建官惟賢。不肖者不得進。位事惟能。不才者不得任。五教。君臣父子夫婦兄弟長幼五典之教也。食以養生。喪以送死。祭以追遠。五教三事。所以立人紀而厚風俗。聖人之所甚重焉者。惇厚也。厚其信。明其義。信義立而天下無不厲之俗。有德者尊之以官。有功者報之以賞。官賞行而天下無不勸之善。夫分封有法。官使有要。五教修而三事舉。信義立而官賞行。武王於此復何為哉。垂衣拱手而天下自治矣。史臣述武王政治之本末。言約而事博也如此哉。○此當在大邑周之下。而上猶有缺文。按此篇編簡錯亂。先後失序。今考正其文于後。

今考定武成

惟一月壬辰。旁死魄。越翼日癸巳。王朝步自周。于征伐商。一月。建寅之月。不日正而日一者。商建丑。以十二月為正朔。故日一月也。詳見太甲泰誓篇。壬辰以泰誓戊午推之。當是一月二日。死魄。朔也。二日。故日旁死魄。翼。明也。先記壬辰旁死魄。然後言癸巳伐商者。猶後世言某日必先言某朔也。周。鎬京也。在京兆鄠縣上林。即今長安縣昆明池北鎬陂是也。底商之罪。告于皇天后土。所過名山大川。曰。惟有道曾孫周王發。將有大正于商。今商王受無道。暴殄天物。害虐烝民。為天下逋逃主。萃淵藪。予小子既獲仁人。敢祗承上帝。以遏亂略。華夏蠻貊。罔不率俾。底。至也。后土。社也。句龍為后土。周禮大祝云。王過大山川。則用事焉。孔氏曰。名山謂華。大川謂河。蓋自豐鎬往朝歌。必道華涉河也。曰者。舉武王告神之語。有道。指其父祖而言。周王二字。史臣追增之也。正。即湯誓不敢不正之正。萃。聚也。紂殄物害民。為天下逋逃罪人之主。如魚之聚淵。如獸之聚藪也。仁人。孔氏曰。太公周召之徒。略。謀略也。俾。廣韻曰。從也。仁人既得。則可以敬承上帝。而遏絕亂謀。內而華夏。外而蠻貊。無不率從矣。或曰。太公歸周。在文王之世。周召。周之懿親。不可謂之獲。此蓋仁人自商而來者。愚謂獲者。得之云爾。即泰誓之所謂仁人。非必自外來也。不然。經傳豈無傳乎。○正當在于征伐商之下也。惟爾有神。尚克相予。以濟兆民。無作神羞。既戊午。師逾孟津。癸亥。陳于商郊。俟天休命。甲子昧爽。受率其旅若林。會于牧野。罔有敵于我師。前徒倒戈。攻于後以北。血流漂杵。一戎衣。天下大定。乃反商政。政由舊。釋箕子四。封比干墓。式商容閭。散鹿臺之財。發鉅橋之粟。大賚于四海。而萬姓悅服。散。先肝反。○休命。勝商之命也。武王頓兵商郊。雍容不迫。以待紂師之至而克之。史臣謂之俟天休命。可謂善形容者矣。若林。即詩所謂其會如林者。紂眾雖有如林之盛。然皆無有肯敵我師之志。紂之前徒倒戈。反攻其在後之眾以走。自相屠戮。遂至血流漂杵。史臣指其實而言之。蓋紂眾離心離德。特劫於勢而未敢動耳。一旦因武王弔伐之師。始乘機投隙。奮其怨怒。反戈相戮。其酷烈遂至如此。亦足以見紂積怨于民。若是其甚。而武王之兵。則蓋不待血刃也。此所以一破兵甲而天下遂大定乎。乃者。繼事之辭。反紂之虐政。由商先王之舊政也。式。車前橫木。有所敬。則俯而憑之。商容。商之賢人。閭。族居里門也。賚。予也。武王除殘去暴。顯忠遂良。賑窮賙乏。澤及天下。天下之人。皆心悅而誠服之。帝王世紀云。殷民言王之於仁人也。死者猶封其墓。況生者乎。王之於賢人也。亡者猶表其閭。況存者乎。王之於財也。聚者猶散之。況其復籍之乎。唐孔氏曰。是為悅服之事。○正當在罔不率俾之下。

厥四月。哉生明。王來自商。至于豐。乃偃武修文。歸馬于華山之陽。放牛于桃林之野。示天下弗服。

哉。始也。始生明。月三日也。豐。文王舊都也。在京兆鄠縣。今長安縣西北。靈臺豐水之上。周先王廟在焉。山南曰陽。桃林。今華陰縣潼關也。樂記曰。武王勝商。渡河而西。馬散之華山之陽。而弗復乘。牛放之桃林之野。而弗復服。車甲釁而藏之府庫。倒載干戈。包以虎皮。天下知武王之不復用兵也。○正當在萬姓悅服之下。

既生魄。庶邦冢君暨百工受命于周。

生魄。望後也。四方諸侯及百官。皆於周受命。蓋武王新即位。諸侯百官皆朝見新君。所以正始也。○正當在示天下弗服之下。

丁未。祀于周廟。邦甸侯衛。駿奔走。執豆籩。越三日庚戌。柴望。大告武成。

駿。爾雅曰。速也。周廟。周祖廟也。武王以克商之事。祭告祖廟。近而邦甸。遠而侯衛。皆駿奔走執事以助祭祀。豆。木豆。籩。竹豆。祭器也。既告祖廟。燔柴祭天。望祀山川。以告武功之成。由近而遠。由親而尊也。○正當在百工受命于周之下。

王若曰。嗚呼。羣后。惟先王建邦啓土。公劉克篤前烈。至于大王。肇基王迹。王季其勤王家。我文考文王。克成厥勳。誕膺天命。以撫方夏。大邦畏其力。小邦懷其德。惟九年。大統未集。予小子其承厥志。

羣后。諸侯也。先王。后稷。武王追尊之也。后稷始封於邰。故曰建邦啓土。公劉。后稷之曾孫。史記云。能修后稷之業。大王。古公亶父也。避狄去邠。居岐。邠人仁之。從之者如歸市。詩曰。居岐之陽。實始翦商。大王雖未始有翦商之志。然大王始得民心。王業之成。實基於此。王季能勤以繼其業。至於文王。克成厥功。大受天命。以撫安方夏。大邦畏其威而不敢肆。小邦懷其德而得自立。自為西伯專征。而威德益著於天下。凡九年崩。大統未集者。非文王之德不足以受天下。是時紂之惡未至於亡天下也。文王以安天下為心。故予小子亦以安天下為心。○正當在大告武成之下。

恭天成命。肆予東征。綏厥士女。惟其士女。篚厥玄黃。昭我周王。天休震動。用附我大邑周。

成命。黜商之定命也。篚。竹器。玄黃。色幣也。敬奉天之定命。故我東征。安其士女。士女喜周之來。篚篚盛其玄黃之幣。明我周王之德者。是蓋天休之所震動。故民用歸附我大邑周也。或曰。玄黃。天地之色。篚厥玄黃者。明我周王有天地之德也。○正當在其承厥志之下。

列爵惟五。分土惟三。建官惟賢。位事惟能。重民五教。惟食喪祭。惇信明義。崇德報功。垂拱而天下治。

列爵惟五

公侯伯子男也。分土惟三。公侯百里。伯七十里。子男五十里。之三等也。建官惟賢。不肖者不得進。位事惟能。不才者不得任。五教。君臣父子夫婦兄弟長幼五典之教也。食以養生。喪以送死。祭以追遠。五教三事。所以立人紀而厚風俗。聖人之所甚重焉者。惇厚也。厚其信。明其義。信義立而天下無不勸之俗。有德者尊之以官。有功者報之以賞。官賞行而天下無不勸之善。夫分封有法。官使有要。五教修而三事舉。信義立而官賞行。武王於此復何爲哉。垂衣拱手而天下自治矣。史臣述武王政治之本末。言約而事博也。如此哉。○正當在大邑周之下。而上猶有缺文。按此篇編簡錯亂。劉氏王氏程子皆有改正。次序。今參考定如右。獨既生魄丁未二節。以上文及漢志日辰推之。其序當如此耳。疑先儒以正若曰宜繫受命于周下。故以生魄在丁未之後。不知生魄之日。諸侯百工。雖來請命。武王以未祭祖宗。未告天地。未敢發命。乃以丁未庚戌祀于郊廟。大告武成之後。始告諸侯上下之交神人之序。固如此也。讀者詳之。

洪範

漢志曰。禹治洪水。錫洛書。法而陳之。洪範是也。史記武王克殷。訪問箕子以天道。箕子以洪範陳之。按篇內曰而曰汝者。箕子告武王之辭。意洪範發之於禹。箕子推衍增益以成篇歟。今文古文皆有。

惟十有三祀。王訪于箕子。商曰祀。周曰年。此曰祀者。因箕子之辭也。箕子嘗言商其淪喪。我罔爲臣僕。史記亦載箕子陳洪範之後。武王封于朝鮮而不臣也。蓋箕子不可臣。武王亦遂其志而不臣之也。訪。就而問之也。箕。國名。子。爵也。○蘇氏曰。箕子之不臣周也。而肯爲武王陳洪範也。天以是道畀之禹。傳至於我。不可使自我而絶。以武王而不傳。則天下無可傳者矣。故爲箕子之道者。傳道則可。仕則不可。

王乃言曰。嗚呼。箕子。惟天陰騭下民。相協厥居。我不知其彝倫攸敘。騭。職日反。相去聲。○乃言者。難辭。重其問也。箕子稱舊邑爵者。方歸自商。未新封爵也。騭。定。協。合。彝。常。倫。理也。所謂秉彝人倫也。武王之問。蓋曰天於冥冥之中。默有以安定其民。輔相保合其居。止而我不知其彝倫之所以敘者。如何也。

箕子乃言曰。我聞在昔。鯀陻洪水。汨陳其五行。帝乃震怒。不畀洪範九疇。彝倫攸斁。鯀則殛死。禹乃嗣興。天乃錫禹洪範九疇。彝倫攸敘。陻音殷。汨音骨。斁音妒。○乃言者。重其答也。陻。塞。汨。亂。陳。列。畀。與。洪。大。範。法。疇。類。斁。敗。錫。賜也。帝以主宰言。天以理言也。洪範九疇。治天下之大法。其類有九。卽下文初一至次九者。箕子之答。蓋曰。洪範九疇。原出於天。鯀逆水性。汨陳五行。故帝震怒。不以與之。此彝倫之所以斁也。禹順水之性。地平天成。故天出書于洛。禹別之以爲洪範九疇。此彝倫之所以敘也。彝倫之敘。卽九疇之所敘者也。○按孔氏曰。天與禹。神龜負文而出。列於背。有數至九。禹遂因而第之以成九類。易言河出圖。洛出書。聖人則之。蓋治水功成。洛龜呈瑞。如簫韶奏而鳳儀。春秋作而麟至。亦其理也。世傳戴九履一。左三右七。二四爲肩。六八爲足。卽洛書之數也。

初一曰五行。次二曰敬用五事。次三曰農用八政。次四曰協用五紀。次五曰建用皇極。次六曰乂用三德。次七曰明用稽疑。次八曰念用庶徵。次九曰嚮用五福。威用六極。此九疇之綱也。在天惟五行。在人惟五事。以五事參五行。天人合矣。

八政者。人之所以因乎天。五紀者。天之所以示乎人。皇極者。君之所以建極也。三德者。治之所以應變也。稽疑者。以人而聽於天也。庶徵者。推天而徵之人也。福極者。人感而天應也。五事曰敬。所以誠身也。八政曰農。所以厚生也。五紀曰協。所以合天也。皇極曰建。所以立極也。三德曰乂。所以治民也。稽疑曰明。所以辨惑也。庶徵曰念。所以省驗也。五福曰嚮。所以勸也。六極曰威。所以懲也。五行不言用。無適而非用也。皇極不言數。非可以數明也。本之以五行。敬之以五事。厚之以八政。協之以五紀。皇極之所以建也。乂之以三德。明之以稽疑。驗之以庶徵。勸懲之以福極。皇極之所以行也。人君治天下之法。是孰有加於此哉。

一五行。一曰水。二曰火。三曰木。四曰金。五曰土。水曰潤下。火曰炎上。木曰曲直。金曰從革。土爰稼穡。潤下作鹹。炎上作苦。曲直作酸。從革作辛。稼穡作甘。此下九疇之目也。水火木金土者。五行之生序也。天一生水。地二生火。天三生木。地四生金。天五生土。唐孔氏曰。萬物成形。以微著爲漸。五行先後。亦以微著爲次。五行之體。水最微爲一。火漸著爲二。木形實爲三。金體固爲四。土質大爲五。潤下。炎上。曲直。從革。以性言也。稼穡以德言也。潤下者。潤而又下也。炎上者。炎而又上也。曲直者。曲而又直也。從革者。從而又革也。稼穡者。稼而又穡也。稼穡獨以德言者。土兼五行。無正位。無成性。而其生之德。莫盛於稼穡。故以稼穡言也。稼穡不可以爲性也。故不曰曰而曰爰。爰。於也。於是稼穡而已。非所以名也。作。爲也。鹹苦酸辛甘者。五行之味也。五行有聲色氣味。而獨言味者。以其切於民用也。

二五事。一曰貌。二曰言。三曰視。四曰聽。五曰思。貌曰恭。言曰從。視曰明。聽曰聰。思曰睿。恭作肅。從作乂。明作哲。聰作謀。睿作聖。睿俞芮反。○貌言視聽思者。五事之敘也。貌澤水也。言揚火也。視散木也。聽收金也。思通土也。亦人事發見先後之敘。人始生。則形色具矣。既生。則聲音發矣。既又而後能視。而後能聽。而後能思也。恭從明聰睿者。五事之德也。恭者。敬也。從者。順也。明者。無不見也。聰者。無不聞也。睿者。通乎微也。肅乂哲謀聖者。五德之用也。肅者。嚴整也。乂者。條理也。哲者。智也。謀者。度也。聖者。無不通也。

三八政。一曰食。二曰貨。三曰祀。四曰司空。五曰司徒。六曰司寇。七曰賓。八曰師。食者。民之所急。貨者。民之所資。故食爲首而貨次之。食貨所以養生也。祭祀所以報本也。司空掌土。所以安其居也。司徒掌教。所以成其性也。司寇掌禁。所以治其姦也。賓者。禮諸侯遠人。所以往來交際也。師者。除殘禁暴也。兵非聖人之得已。故居末也。

四五紀。一曰歲。二曰月。三曰日。四曰星辰。五曰歷數。歲者。序四時也。月者。定晦朔也。日者。正躔度也。星。經星緯星也。辰。日月所會十二次也。歷數者。占步之法。所以紀歲月日星辰也。

五皇極。皇建其有極。斂時五福。用敷錫厥庶民。惟時厥庶民于汝極。錫汝保極。皇。君。建。立也。極。猶北極之極。至極之義。標準之名。中立而四方之所取正焉者也。言人君當盡人倫之至。語父子。則極其親。而天下之爲父子者。於此取則焉。語夫婦。則極其別。而天下之爲夫婦者。於此取則焉。語兄弟。則極其愛。而天下之爲兄弟者。於此取則焉。以至一事一物之接。一言一動之發。無不極其義理之當然。而無一毫過不及之差。則極建矣。極者。福之本。福者。極之效。

極之所建。福之所集也。人君集福於上。非厚其身而已。用敷其福以與庶民。使人人觀感而化。所謂敷錫也。當時之民。亦皆於君之極。與之保守。不敢失墜。所謂錫保也。言皇極君民所以相與者如此也。凡厥庶民。無有淫朋。人無有比德。惟皇作極。淫朋。邪黨也。人。有位之人。比德。私相比附也。言庶民與有位之人。而無淫朋比德者。惟君爲之極。而使之有所取正耳。重言君不可以不建極也。凡厥庶民。有猷有爲有守。汝則念之。不協于極。不罹于咎。皇則受之。而康而色。曰予攸好德。汝則錫之福。時人斯其惟皇之極。此言庶民也。有猷。有謀慮者。有爲。有施設者。有守。有操守者。是三者。君之所當念也。念之者。不忘之也。帝念哉之念。不協于極。未合於善也。不罹于咎。不陷於惡也。未合於善。不陷於惡。所謂中人也。進之則可與爲善。棄之則流於惡。君之所當受也。受之者。不拒之也。歸斯受之之受。念之受之。隨其才而輕重以成就之也。見於外而有安和之色。發於中而有好德之言。汝於是則錫之以福。而是人斯其惟皇之極矣。福者。爵祿之謂。或曰錫福卽上文斂福錫民之福。非自外來也。曰祿亦福也。上文指福之全體而言。此則爲福之一端而發。苟謂非祿之福。則於下文于其無好德。汝雖錫之福。其作汝用咎。爲不通矣。無虐煢獨。而畏高明。煢獨。庶民之至微者也。高明。有位之尊顯者也。各指其甚者而言。庶民之至微者。有善則當勸勉之。有位之尊顯者。有不善則當懲戒之。此結上章而起下章之義。人之有能有爲。使羞其行。而邦其昌。凡厥正人。既富方穀。汝弗能使有好于而家。時人斯其辜。于其無好德。汝雖錫之福。其作汝用咎。此言有位者也。有能。有才智者。羞。進也。使進其行。則官使者皆賢才。而邦國昌盛矣。正人者。在官之人。如康誥所謂惟厥正人者。富。祿之也。穀。善也。在官之人。有祿可仰。然後可責其爲善。廩祿不繼。衣食不給。不能使其和好于而家。則是人將陷於罪戾矣。于其不好德之人。而與之以祿。則爲汝用咎惡之人也。此言祿以與賢。不可及惡德也。必富之而後責其善者。聖人設教。欲中人以上。皆可能也。無偏無陂。遵王之義。無有作好。遵王之道。無有作惡。遵王之路。無偏無黨。王道蕩蕩。無黨無偏。王道平平。無反無側。王道正直。會其有極。歸其有極。偏。不中也。陂。不平也。作好作惡。好惡加之意也。黨。不公也。反。倍常也。側。不正也。偏陂好惡。已私之生於心也。偏黨反側。已私之見於事也。王之義。王之道。王之路。皇極之所由行也。蕩蕩。廣遠也。平平。平易也。正直。不偏邪也。皇極。正大之體也。遵義。遵道。遵路。會其極也。蕩蕩乎。平平乎。正直。歸其極也。會者。合而來也。歸者。來而至也。此章蓋詩之體。所以使人吟咏而得其情性者也。夫歌詠以協其音。反復以致其意。戒之以私。而懲創其邪思。訓之以極。而感發其善性。諷詠之間。恍然而悟。悠然而得。忘其傾斜狹小之念。達乎公平廣大之理。人欲消熄。天理流行。會極歸極。有不知其所以然而然者。其功用深切。與周禮大師教以六詩者同一機。而尤要者也。後世此意不傳。皇極之道。其不明於天下也宜哉。曰。皇極之敷言。是彝是訓。于帝其訓。曰。起語辭。敷言。上文敷衍之言也。言人君以極之理。而反復推衍爲言者。是天下之常理。是天下之大訓。非君之訓也。天之訓也。蓋理出乎天。言純乎天。

則天之言矣此贊敷言之妙如此凡厥庶民極之敷言是訓是行以近天子之光曰天子作民父母以爲天下王光者道德之光華也天子之於庶民性一而已庶民於極之敷言是訓是行則可以近天子道德之光華也曰者民之辭也謂之父母者指其恩育而言親之之意謂之王者指其君長而言尊之之意言天子恩育君長乎我者如此其至也言民而不言人者舉小以見大也六三德一曰正直二曰剛克三曰柔克平康正直克治友順燮和也正直剛柔三德也正者無邪直者無曲剛克柔克者威福予奪抑揚進退之用也彊弗友剛克燮友柔克沈潛剛克高明柔克彊弗友者彊梗弗順者也燮友者和柔委順者也沈潛者沈深潛退不及中者也高明者高亢明爽過乎中者也蓋習俗之偏氣稟之過者也故平康正直無所事乎矯拂無爲而治是也彊弗友剛克以剛克剛也燮友柔克以柔克柔也沈潛剛克以剛克柔也高明柔克以柔克剛也正直之用一而剛柔之用四也聖人撫世酬物因時制宜三德乂用陽以舒之陰以斂之執其兩端用其中于民所以納天下民俗於皇極者蓋如此惟辟作福惟辟作威惟辟玉食臣無有作福作威玉食福威者上之所以御下玉食者下之所以奉上也曰惟辟者戒其權不可下移曰無有者戒其臣不可上僭也臣之有作福作威玉食其害于而家凶于而國人用側頗僻民用僭忒忒惕德反○頗不平也僻不公也僭踰忒過也臣而僭上之權則大夫必害于而家諸侯必凶于而國有位者固側頗僻而不安其分小民者亦僭忒而踰越其常甚言人臣僭上之患如此七稽疑擇建立卜筮人乃命卜筮稽考也有所疑則卜筮以考之龜曰卜蓍曰筮蓍龜者至公無私故能絡天之明卜筮者亦必至公無私而後能傳蓍龜之意必擇是人而建立之然後使之卜筮也曰雨曰霽曰蒙曰驛曰克此卜兆也雨者如雨其兆爲水霽者開霽其兆爲火蒙者蒙昧其兆爲木驛者絡繹不屬其兆爲金克者交錯有相勝之意其兆爲土曰貞曰悔此占卦也內卦爲貞外卦爲悔左傳蠱之貞風其悔山是也又有以遇卦爲貞之卦爲悔國語貞屯悔豫皆八是也凡七卜五占用二衍忒凡七雨霽蒙驛克貞悔也卜五雨霽蒙驛克也占二貞悔也衍推忒過也所以推人事之過差也立時人作卜筮三人占則從二人之言凡卜筮必立三人以相參考舊說十有玉兆瓦兆原兆筮有連山歸藏周易者非是謂之三人非三卜筮也汝則有大疑謀及乃心謀及卿士謀及庶人謀及卜筮汝則從龜從筮從卿士從庶民從是之謂大同身其康彊子孫其逢吉汝則從龜從筮從卿士逆庶民逆吉卿士從龜從筮從汝則逆庶民逆吉庶民從龜從筮從汝則逆卿士逆吉汝則從龜從筮逆卿士逆庶民逆作內吉作外凶龜筮共違于人用靜吉用作凶稽疑以龜筮爲重人與龜筮皆從是之謂大同固吉也人一從而龜筮不違者亦吉龜從筮逆則可作內不可作外內謂祭祀

等事外謂征伐等事龜筮共違則可靜不可作靜謂守常作謂動作也然有龜從筮逆而無筮從龜逆者龜尤聖人所重也故禮記大事卜小事筮傳謂筮短龜長是也自夫子贊易極著蓍卦之德蓍重而龜書不傳云

八庶徵曰雨曰暘曰燠曰寒曰風曰時五者來備各以其敘庶草蕃廡

徵驗也廡豐茂也所驗者非一故謂之庶徵雨暘燠寒風各以時至故曰時也備者無缺少也敘者應節候也五者備而不失其敘庶草且蕃廡矣則其他可知也雨屬水暘屬火燠屬木寒屬金風屬土吳仁傑曰易以坎為水北方之卦也又曰雨以潤之則雨為水矣離為火南方之卦也又曰日以烜之則暘為火矣小明之詩首章云我征徂西二月初吉三章云昔我往矣日月方燠夫以二月為燠則燠之為春為木明矣漢志引狐突金寒之言顏師古謂金行在西故謂之寒則寒之為秋為金明矣又按稽疑以雨屬水以霽屬火霽暘也則庶徵雨之為水暘之為火類例抑又甚明蓋五行乃生數自然之敘五事則本於五行庶徵則本於五事其條理次第相為貫通有秩然而不可紊亂者也

一極備凶一極無凶

極備過多也極無過少也唐孔氏曰雨多則澇雨少則旱是極備亦凶極無亦凶餘準是

曰休徵曰肅時雨若曰乂時暘若曰晢時燠若曰謀時寒若曰聖時風若曰咎徵曰狂恒雨若曰僭恒暘若曰豫恒燠若曰急恒寒若曰蒙恒風若

狂妄僭差豫怠急迫蒙昧也在天為五行在人為五事五事修則休徵各以類應之五事失則咎徵各以類應之自然之理也然必曰某事得則某休徵應某事失則某咎徵應則亦膠固不通而不足與語造化之妙矣天人之際未易言也失得之幾應感之微非知道者孰能識之哉

曰王省惟歲卿士惟月師尹惟日

歲月日以尊卑為徵也王者之失得其徵以歲卿士之失得其徵以月師尹之失得其徵以日蓋雨暘燠寒風五者之休咎有係一歲之利害有係一月之利害有係一日之利害各以其大小言也

歲月日時無易百穀用成乂用明俊民用章家用平康

歲月日三者雨暘燠寒風不失其時則其效如此休徵所感也

日月歲時既易百穀用不成乂用昏不明俊民用微家用不寧

日月歲三者雨暘燠寒風既失其時則其害如此咎徵所致也休徵言歲月日者總於大也咎徵言日月歲者著其小也

庶民惟星星有好風星有好雨日月之行則有冬有夏月之從星則以風雨

民之麗乎土猶星之麗乎天也好風者箕星好雨者畢星漢志言軫星亦好雨意者星宿皆有所好也日有中道月有九行中道者黃道也北至東井去極近南至牽牛去極遠東至角西至婁去極中是也九行者黑道二出黃道北赤道二出黃道南白道二出黃道西青道二出黃道東并黃道為九行也日極南至于牽牛則為冬至極北至於東井則為夏至南北中東至角西至婁則為春秋分月立春春分從青道立秋秋分從白道立冬冬至從黑道立夏夏至從赤道所謂日月之行則有冬有夏也月行東北入于箕則多風月行西南入于畢則多雨所謂月之從星則以風雨也民不言省者庶民之休咎係乎上人之得失故但以月之從星以見所以從民之欲者如何爾夫民生之眾寒者欲衣食鰥寡孤獨者之欲得其所此王政之所先而卿士師尹近民者之責也然星雖

有好風好雨之異。而日月之行。則有冬有夏之常。以月之常。行而從星之異。好以卿士師尹之常職。而從民之異欲。則其從民者。非所以御民矣。言日月而不言歲者。有冬有夏。所以成歲功也。言月而不言日者。從星惟月爲可見耳。

九五福。一曰壽。二曰富。三曰康寧。四曰攸好德。五曰考終命。人有壽而後能享諸福。故壽先之。富者。有廩祿也。康寧者。無患難也。攸好德者。樂其道也。考終命者。順受其正也。以福之急緩爲先後。

六極。一曰凶短折。二曰疾。三曰憂。四曰貧。五曰惡。六曰弱。凶者。不得其死也。短折者。橫夭也。禍莫大於凶短折。故先言之。疾者。身不安也。憂者。心不寧也。貧者。用不足也。惡者。剛之過也。弱者。柔之過也。以極之重輕爲先後。五福六極。在君則係於極之建不建。在民人則由於訓之行不行。感應之理微矣。

旅獒

西旅貢獒。召公以爲非所當受。作書以戒武王。亦訓體也。因以旅獒名篇。今文無。古文有。

惟克商。遂通道于九夷八蠻。西旅厎貢厥獒。太保乃作旅獒。用訓于王。獒。牛刀反。○九夷八蠻。多之稱也。職方言四夷八蠻。爾雅言九夷八蠻。但言其非一而已。武王克商之後。威德廣被。九州之外。蠻夷戎狄。莫不梯山航海而至。曰通道云者。蓋蠻夷來王。則道路自通。非武王有意於開四夷。而斥大境土也。西旅。西方蠻夷國名。犬高四尺曰獒。按說文曰。犬知人心可使者。公羊傳曰。晉靈公欲殺趙盾。盾踏階而走。靈公呼獒而屬之。獒亦踏階而從之。則獒能曉解人意。猛而善搏人者。異於常犬。非特以其高大也。太保。召公奭也。史記云。奭與周同姓。姬氏。此旅獒之本序。

曰。嗚呼。明王愼德。四夷咸賓。無有遠邇。畢獻方物。惟服食器用。謹德。蓋一篇之綱領也。方物。方土所生之物。明王謹德。四夷咸賓。其所貢獻。惟服食器用而已。言無異物也。

王乃昭德之致于異姓之邦。無替厥服。分寶玉于伯叔之國。時庸展親。人不易物。惟德其物。昭。示也。德之致。謂上文所貢方物也。昭示方物于異姓之諸侯。使之無廢其職。分寶玉于同姓之諸侯。使之益厚其親。如分陳以肅愼氏之矢。分魯以夏后氏之璜之類。王者以其德所致方物。分賜諸侯。故諸侯亦不敢輕易其物。而以德視其物也。

德盛不狎侮。狎侮君子。罔以盡人心。狎侮小人。罔以盡其力。盡。子忍反。○德盛則動容周旋皆中禮。然後能無狎侮之心。言謹德不可不極其至也。德而未至。則未免有狎侮之心。狎侮君子。則色斯舉矣。彼必高蹈遠引。望望然而去。安能盡其心。狎侮小人。雖其微賤畏威易役。然至愚而神。亦安能盡其力哉。

不役耳目。百度惟貞。貞。正也。不役於耳目之所好。百爲之度。惟其正而已。

玩人喪德。玩物喪志。玩人。卽上文狎侮君子之事。玩物。卽上文不役耳目之事。德者。己之所得。志者。心之所之。

志以道寧。言以道接。道者。所當由之理也。己之志。以道而寧。則不至於妄發。人之言以道而接。則不至於妄受。存乎中者。所以應乎外。制乎外者。所以養其中。古昔聖賢相授心法也。

不作無益害有益。功乃成。不貴異物賤用物。民乃足。犬馬非其土性不畜。珍禽奇獸。不育于國。不寶遠物。則遠人格。所寶惟賢。則邇人安。孔氏曰。遊觀爲無益。奇巧爲異物。蘇氏曰。周穆王得白狐白鹿。而荒服因以不至。此章凡三節。至所寶惟賢。則益切至矣。嗚呼。夙夜罔或不勤。不矜細行。終累大德。爲山九仞。功虧一簣。或。猶言萬一也。呂氏曰。此卽謹德工夫。或之一字。最有意味。一暫止息。則非謹德矣。矜。矜持之矜。八尺曰仞。細行一簣。指受獒而言也。允迪茲。生民保厥居。惟乃世王。信能行此。則生民保其居。而王業可永也。蓋人主一身。實萬化之原。苟於理有毫髮之不盡。卽遺生民無窮之害。而非創業垂統可繼之道矣。以武王之聖。召公所以警戒之者如此。後之人君。可不深思而加念之哉。

金縢

縢徒登反。○武王有疾。周公以王室未安。殷民未服。根本易搖。故請命三王。欲以身代武王之死。史錄其冊祝之文。并敘其事之始末。合爲一篇。以其藏於金縢之匱。編書者因以金縢名篇。今文古文皆有。○唐孔氏曰。發首至王季文王。史敘將告神之事也。史乃冊祝至屛璧與珪。記告神之辭也。自乃卜至乃瘳。記卜吉及王病瘳之事也。自武王既喪已下。記周公流言居東及成王迎歸之事也。

既克商二年。王有疾。弗豫。記年。見其克商之未久也。弗豫。不悅豫也。二公曰。我其爲王穆卜。二公。太公召公也。李氏曰。穆者。敬而有和意。穆卜。猶言共卜也。愚謂古者國有大事卜。則公卿百執事皆在。誠一而和同。以聽卜筮。故名其卜曰穆卜。下文成王因風雷之變。王與大夫盡弁。啓金縢之書。以卜者。是也。先儒專以穆爲敬。而於所謂其勿穆卜。則義不通矣。周公曰。未可以戚我先王。戚。憂惱之意。未可以武王之疾而憂惱我先王也。蓋卻二公之卜。公乃自以爲功。爲三壇。同墠。爲壇於南方北面。周公立焉。植璧秉珪。乃告太王王季文王。墠。上演時戰二反。○功。事也。築土曰壇。除地曰墠。三壇。三王之位。皆南向。三壇之南。別爲一壇北向。周公所立之地也。植。置也。珪璧。所以禮神。詩言圭璧既卒。周禮裸圭以祀先王。周公卻二公之卜。而乃自以爲功者。蓋二公不過卜武王之安否。爾而周公愛兄之切。危國之至。忠誠懇懇。於祖父之前。如下文所云者。有不得盡焉。此其所以自以爲功也。又二公穆卜。則必禱於宗廟。用朝廷卜筮之禮。如此則上下喧騰。而人心搖動。故周公不於宗廟。而特爲壇墠以自禱也。史乃冊祝曰。惟爾元孫某。遘厲虐疾。若爾三王。是有丕子之責于天。以旦代某之身。遘居侯反。○史。太史也。冊祝。如今祝版之類。元孫某。武王也。遘。遇。厲。惡。虐。暴也。丕子。元子也。旦。周公名也。言武王遇惡暴之疾。若爾三王。是有元子之責于天。蓋武王爲天元子。三王當任其保護之責于天。不可令其死也。如欲其死。則請以旦代武王之身。于天之下。疑有缺文。舊說謂天責取武王者。非是。詳下文。予仁若考能事鬼神等語。皆主祖父人鬼爲言。至於乃命帝庭。無墜天之降寶命。則言天命武王如此之大。而三王不可墜天之寶命。文意可見。至又拔死生有命。周公乃欲以身代武王之死。或者疑之。蓋方是時。天下未安。王業未固使武王死則宗社傾危生民塗炭變故有不可勝言者周公忠誠切至欲代其死以輸危急其精神感動故卒得命於三王今世之匹夫匹婦一念誠孝猶足以感格鬼神顯有應驗而況於周公之元聖乎是固不可謂無此理也**予仁若考能多材多藝能事鬼神乃元孫不若旦多材多藝不能事鬼神**周公言我仁順祖考多材幹多藝能可任役使能事鬼神武王不如旦多材多藝不任役使不能事鬼神材藝但指服事役使而言**乃命于帝庭敷佑四方用能定爾子孫于下地四方之民罔不祇畏嗚呼無墜天之降寶命我先王亦永有依歸**言武王乃受命於上帝之庭布文德以佑助四方用能定爾子孫于下地使四方之民無不敬畏其任大其責重未可以死故又歎息申言三王不可墜失天降之寶命庶先王之祀亦永有所賴以存也寶命即帝庭之命也謂之寶者重其事也**今我即命于元龜爾之許我我其以璧與珪歸俟爾命爾不許我我乃屏璧與珪**即就也歸俟爾命俟武王之安也屏藏也屏璧與珪言不得事神也蓋武王喪則周之基業必墜雖欲事神不可得也其稱爾稱我無異人子之在膝下以語其親者此亦終身慕父母與不死其親之意以見公之達孝也**乃卜三龜一習吉啓籥見書乃并是吉**籥與鑰通○卜筮必立三人以相參考三龜者三人所卜之龜也習重也謂三龜之兆一同開籥見卜兆之書乃并是吉**公曰體王其罔害予小子新命于三王惟永終是圖茲攸俟能念予一人**體兆之體也言其卜兆之吉王疾其無所害我新受三王之命而永終是圖矣茲攸俟者即上文所謂歸俟也一人武王也言三王能念我武王使之安也詳此言新命于三王不言新命于天以見果非謂天責取武王也**公歸乃納冊于金縢之匱中王翼日乃瘳**冊祝冊也匱藏卜書之匱金縢以金緘之也翼日公歸之明日也瘳愈也按金縢之匱乃周家藏卜筮書之物每卜則以告神之辭書於冊既卜則納冊於匱而藏之前後卜皆如此故前周公乃卜三龜一習吉啓籥見書者啓此匱也後成王遇風雷之變欲卜啓金縢者亦啓此匱也蓋卜筮之物先王不敢褻故金縢其匱而藏之非周公始為此匱藏此冊祝為後來自解計也**武王既喪管叔及其羣弟乃流言於國曰公將不利於孺子**管叔名鮮武王弟周公兄也羣弟蔡叔度霍叔處也流言無根之言如水之流自彼而至此也孺子成王也商人兄死弟立者多武王崩成王幼周公攝政商人固已疑之又管叔於周公為兄尤所覬覦故武庚管蔡流言於國以危懼成王而動搖周公也史氏言管叔及其羣弟而不及武庚者所以深著三叔之罪也**周公乃告二公曰我之弗辟我無以告我先王**辟讀為避鄭氏詩傳言周公以管蔡流言辟居東都是也漢孔氏以為致辟於管叔之辟謂誅殺之也夫三叔流言以公將不利於成王周公豈容遽興兵以誅之邪且是時王方疑公公將請王而誅之邪將自誅之也請之固未必從不請自誅之亦非所以為周公矣我之弗辟我無以告我先王言我不辟則於義有所不盡無以告先王於地下也公豈自為身計哉亦盡其忠誠而已矣**周公居東二年則罪人斯得**居東居國之東也鄭氏謂避居東都未知何據孔氏以東為東征非也方流言之起成王未知罪人為誰二年之居

後。王始知流言之爲管蔡。斯得者。遲之之辭也。于後。公乃爲詩以貽王。名之曰鴟鴞。王亦未敢誚公。鴟鴞惡鳥也。以其破巢取卵。比武庚之敗管蔡及王室也。誚讓也。上文言罪人斯得。則是時成王之疑。十已去其四五矣。秋大熟。未穫。天大雷電以風。禾盡偃。大木斯拔。邦人大恐。王與大夫盡弁。以啓金縢之書。乃得周公所自以爲功代武王之說。穫胡郭反。弁皮變反。○王與大夫盡弁以發金縢之書。將卜天變。而偶得周公冊祝請命之說也。孔氏謂二公倡王啓之者。非是。按秋大熟。係于二年之後。則成王迎周公之歸。蓋二年秋也。東山之詩。言自我不見。于今三年。則居東之非東征明矣。蓋周公居東二年。成王因風雷之變。既親迎以歸。三叔懷流言之罪。遂脅武庚以叛。成王命周公征之。其東征往反首尾。又自三年也。二公及王乃問諸史與百執事。對曰。信。噫。公命。句我勿敢言。周公卜武王之疾。二公未必不知之。周公冊祝之文。二公蓋不知也。諸史百執事。蓋卜筮執事之人。成王使卜天變者。即前日周公使卜武王疾之人也。二公及成王得周公自以爲功之說。因以問之。故皆謂信有此事。已而歎息。言此實周公之命。而我勿敢言爾。孔氏謂周公使之勿道者。非是。王執書以泣曰。其勿穆卜。昔公勤勞王家。惟予沖人弗及知。今天動威以彰周公之德。惟朕小子其新迎。我國家禮亦宜之。新當作親。成王啓金縢之書。欲卜天變。既得公冊祝之文。遂感悟執書以泣。言不必更卜。昔周公勤勞王室。我幼不及知。今天動威以明周公之德。我小子其親迎公以歸。於國家禮亦宜也。按鄭氏詩傳。成王既得金縢之書。親迎周公。鄭氏學出於伏生。而此篇則伏生所傳。當以親爲正。親誤作新。正猶大學新誤作親也。王出郊。天乃雨。反風。禾則盡起。二公命邦人。凡大木所偃。盡起而築之。歲則大熟。國外曰郊。王出郊者。成王自往迎公。即上文所謂親迎者也。天乃反風。感應如此之速。洪範庶徵。孰謂其不可信哉。又按武王疾瘳。四年而崩。羣叔流言。周公居東二年。罪人既得。成王迎周公以歸。凡六年事也。編書者附于金縢之末。以見請命事之首末。金縢書之顚晦也。

大誥

武王克殷。以殷餘民封受子武庚。命三叔監殷。武王崩。成王立。周公相之。三叔流言。公將不利於孺子。周公避位居東。後成王悟。迎周公歸。三叔懼。遂與武庚叛。成王命周公東征以討之。大誥天下。書言武庚而不言管叔者。爲親者諱也。篇首有大誥二字。編書者因以名篇。今文古文皆有。○按此篇誥語多主卜言。如曰寧王遺我大寶龜。曰朕卜幷吉。曰予得吉卜。曰王害不違卜。曰寧王惟卜用。曰矧亦惟卜用。曰予曷其極卜。曰矧今卜幷吉。至於篇終。又曰卜陳惟若茲。意邦君御事。有曰艱大不可征。欲王違卜。故周公以討叛卜吉之義。與天命人事之不可違者。反復誥諭之也。

王若曰。猷。大誥爾多邦。越爾御事。弗弔。天降割于我家。不少延。洪惟我幼沖人。嗣無疆大歷服。

弗造哲迪民康矧曰其有能格知天命猷發語辭也猶虞書咨嗟之例按爾雅猷訓最多曰謀曰言曰巳曰圖未知此何訓也弔恤也猶詩言不弔昊天之弔言我命爲天所恤降害於我周家武王遂喪而不少待也沖人成王也歷歷數也服五服也哲明哲也格格物之格言大思我幼沖之君嗣守無疆之大業弗能造明哲以導民於安康是人事且有所未至而況言其能格知天命乎巳予惟小子若涉淵水予惟往求朕攸濟敷賁敷前人受命茲不忘大功予不敢閉于天降威用巳承上語辭巳而有不能巳之意若涉淵水者喻其心之憂懼求朕攸濟者冀其事之必成敷布賁飾也敷賁者修明其典章法度敷前人受命者增益開大前王之基業若此者所以不忘武王安天下之大功也今武庚不靖天固誅之予豈敢閉抑天之威用而不行討乎寧王遺我大寶龜紹天明卽命曰有大艱于西土西土人亦不靜越茲蠢寧王武王也下文又曰寧考蘇氏曰當時謂武王爲寧王以其克殷而安天下也蠢動而有無知之貌寧王遺我大寶龜者以其可以紹介天命以定吉凶曩嘗卽龜所命而其兆謂將有大艱難之事于西土西土之人亦不安靜是武庚未叛之時而龜之兆蓋已預告矣及此果蠢蠢然而動其卜可驗如此將言下文伐殷卜吉之事故先發此以見卜之不可違也殷小腆誕敢紀其敘天降威知我國有疵民不康曰予復反鄙我周邦腆他典反疵才支反○腆厚誕大敘緒疵病也言武庚以小厚之國乃敢大紀其既亡之緒是雖天降威于殷然亦武庚知我國有三叔疵隙民心不安故敢言我將復殷業而欲反鄙邑我周邦也今蠢今翼日民獻有十夫予翼以于敉寧武圖功我有大事休朕卜并吉敉音弭○于往敉撫武繼也謂今武庚蠢動今之明日民之賢者十夫輔我以往撫定商邦而繼嗣武王所圖之功也大事戎事左傳云國之大事在祀與戎休美也言知我有戎事休美者以朕上三龜而并吉也按上文卽命曰有大艱于西土蓋卜於武王方崩之時此云朕卜并吉乃卜於將伐武庚之日先儒合以爲一誤矣肆予告我友邦君越尹氏庶士御事曰予得吉卜予惟以爾庶邦于伐殷逋播臣此舉嘗以卜吉之故告邦君御事往伐武庚之辭也肆故也尹氏庶官之正也殷逋播臣者謂武庚及其羣臣本逋亡播遷之臣也爾庶邦君越庶士御事罔不反曰艱大民不靜亦惟在王宮邦君室越予小子考翼不可征王害不違卜此舉邦君御事不欲征欲王違卜之言也邦君御事無不反曰艱難重大不可輕舉且民不靜雖由武庚然亦在於王之宮邦君之室謂三叔不睦之故實兆釁端不可不自反害曷也越我小子與父老敬事者皆謂不可征王曷不違卜而勿征乎肆予沖人永思艱曰嗚呼允蠢鰥寡哀哉予造天役遺大投艱于朕身越予沖人不卬自恤義爾邦君越爾多士尹氏御事綏予曰無毖于恤不可不成乃寧考圖功卬五剛反毖音祕○造爲卬我也故我沖人亦永思其事之艱大歎息言信四國蠢動害及鰥

寡。深可哀也。然我之所爲。皆天之所役使。今日之事。天實以其甚大者。遺於我之身。以其甚艱者。投於我之身。於我沖人。固不暇自恤矣。然以義言之。於爾邦君。於爾多士。及官正治事之臣。當安我曰。無勞於憂。誠不可不成武王所圖之功。相與戮力致討可也。此章深責邦君御事之避事。已。予惟小子。不敢替上帝命。天休于寧王。興我小邦周。寧王惟卜用。克綏受茲命。今天其相民。矧亦惟卜用。嗚呼。天明畏。弼我丕丕基。卜伐武庚而吉。是上帝命伐之也。上帝之命。其敢廢乎。昔天眷武王。由百里而有天下。亦惟卜用。所謂朕夢協朕卜。襲于休祥。是也。今天相佑斯民。避凶趨吉。況亦惟卜是用。是上而先王。下而小民。莫不用卜。而我獨可廢卜乎。故又歎息言天之明命可畏如此。是蓋輔成我丕丕基業。其可違也。天明。卽上文所謂紹天明者。王曰。爾惟舊人。爾丕克遠省。爾知寧王若勤哉。天閟毖我成功所。予不敢不極卒寧王圖事。肆予大化誘我友邦君。天棐忱辭。其考我民。予曷其不于前寧人圖功攸終。天亦惟用勤毖我民。若有疾。予曷敢不于前寧人攸受休畢。閟音祕。○當時邦君御事。有武王之舊臣者。亦憚征役。上文考翼不可征。是也。故周公專呼舊臣而告之曰。爾惟武王之舊人。爾大能遠省前日之事。爾豈不知武王若此之勤勞哉。閟者否閉而不通。毖者艱難而不易。言天之所以否閉艱難國家多難者。乃我成功之所在。我不敢不極卒武王所圖之事也。化者化其固滯。誘者誘其順從。棐輔也。寧人武王之大臣。當時謂武王爲寧王。因謂武王之大臣爲寧人也。民獻十夫以爲可伐。是天輔以誠信之辭考之民而可見矣。我曷其不於前寧人而圖功所終乎。勤毖我民。若有疾者。四國勤毖我民。如人有疾。必速攻治之。我曷其不於前寧人所受休美而畢之乎。按此三節。謂不可不卒終畢寧王寧人事功休美之意。言寧人。則舊人之不欲征者。亦可愧矣。王曰。若昔朕其逝。朕言艱日思。若考作室。既底法。厥子乃弗肯堂。矧肯構。厥父菑。厥子乃弗肯播。矧肯穫。厥考翼其肯曰。予有後。弗棄基。肆予曷敢不越卬。敉寧王大命。昔。前日也。猶孟子昔者之昔。若昔我之欲往。我亦謂其事之難。而日思之矣。非輕舉也。以作室喻之。父既底定廣狹高下。其子不肯爲之堂基。況肯爲之造屋乎。以耕田喻之。父既反土而菑矣。其子乃不肯爲之播種。況肯俟其成而刈穫之乎。考翼父敬事者也。爲其子者如此。則考翼其肯曰。我有後嗣。弗棄我之基業乎。蓋武王定天下。立經陳紀。如作室之底法。如治田之既菑。今三監叛亂。不能討平。以終武王之業。則是不肯堂。不肯播。況望其肯構肯穫。而延綿國祚於無窮乎。武王在天之靈。亦必不肯自謂其有後嗣。而不棄墜其基業矣。故我何敢不及我身之存。以撫存武王之大命乎。按此三節。申喻不可不終武功之意。若兄考。乃有友伐厥子。民養其勸弗救。民養。未詳。蘇氏曰。養。廝養也。謂人之臣僕。大意言若父兄有友攻伐其子。爲之臣僕者。其可勸其攻伐而不救乎。父兄以喻武王。友以喻四國。子以喻百姓。民養以喻邦君御事。今王之四國。毒害百姓。而邦君臣僕。乃憚於征役。是長其患而不救。其可哉。此言民被四國之害。不可不救援之意。王曰。嗚呼。肆哉爾庶邦君越爾御事。爽邦由哲。亦惟十人。迪知上帝命。越天棐忱。爾時罔敢易法。矧今天降戾于周邦。惟大艱人。誕鄰胥伐于厥室。爾亦不知天命不易。肆。放也。欲其舒放而不畏縮也。爽。明也。爽厥師之爽。桀昏德湯伐之。故言爽師受昏德。武王伐之。故言爽邦。言昔武王之明大命於邦。皆由明智之士。亦惟亂臣十人。蹈知天命。及天輔武王之誠。以克商受。爾於是時。不敢違越武王法制。憚於征役。矧今武王死。天降禍於周。首大難之四國。大近相攻於其室。事危勢迫如此。爾乃以爲不可征。爾亦不知天命之不可違越矣。此以今昔互言。責邦君御事之不知天命。按先儒皆以十人爲十夫。然十夫民之賢者爾。恐未可以爲迪知帝命。未可以爲越天棐忱。所謂迪知者。蹈行眞知之詞也。越天棐忱。天命已歸之詞也。非亂臣昭武王以受天命者。不足以當之。況君奭之書。周公歷舉虢叔閎夭之徒。亦曰迪知天威。於受殷命。亦曰若天棐忱。詳周公前後所言。則十人之爲亂臣。又何疑哉。予永念曰。天惟喪殷。若穡夫。予曷敢不終朕畝。天亦惟休于前寧人。天之喪殷。若農夫之去草。必絕其根本。我何敢不終我之田畝乎。我之所以終畝者。是天亦惟欲休美於前寧人也。予曷其極卜。敢弗于從。率寧人有指疆土。矧今卜并吉。肆朕誕以爾東征。天命不僭。卜陳惟若茲。我何敢盡欲用卜。敢不從爾勿征。蓋率循寧人之功。當有指定先王疆土之理。卜而不吉。固將伐之。況今卜而并吉乎。故我人以爾東征。天命斷不僭差。卜之所陳。蓋如此。按此篇專主卜言。然其上原天命。下述得人。征推寧王寧人不可不成之功。近指成王邦君御事不可不終之責。諄諄乎民生之休戚。家國之興喪。懷惻切至。不能自已。而反復終始乎卜之一說。以通天下之志。以斷天下之疑。以定天下之業。非聰明睿知。神武而不殺者。孰能與於此哉。

微子之命

微。國名。子。爵也。成王既殺武庚。封微子於宋。以奉湯祀。史錄其誥命。以爲此篇。今文無古文有。

王若曰。猷殷王元子。惟稽古崇德象賢。統承先王。修其禮物。作賓于王家。與國咸休。永世無窮。元子。長子也。微子。帝乙之長子。紂之庶兄也。崇德。謂先聖王之有德者。則尊崇而奉祀之也。象賢。謂其後嗣子孫。有象先聖王之賢者。則命之以主祀也。言考古制。尊崇成湯之德。以微子象賢而奉其祀也。禮。典禮。物。文物也。修其典禮文物。不使廢壞。以備一王之法也。孔子曰。夏禮吾能言之。杞不足徵也。殷禮吾能言之。宋不足徵也。文獻不足故也。殷之典禮。微子修之。至孔子時。已不足徵矣。故夫子惜之。賓以客禮遇之也。振鷺言我客戾止。左傳謂宋先代之後。天子有事膰焉。有喪拜焉者也。呂氏曰。先王之心。公平廣大。非若後世滅人之國。惟恐苗裔之存。爲子孫害。成王命微子。方且撫助愛養。欲其與國咸休。永世無窮。公平廣大氣象。於此可見。嗚呼。乃祖成湯。克齊聖廣淵。皇天眷佑。誕受厥命。撫民以寬。除其邪虐。功加于時。德垂後裔。齊。肅也。齊則無不敬。聖則無不通。廣言其大。淵言其深也。誕。大也。皇天眷佑誕受厥命。卽伊尹所謂天監厥德用集大命者，撫民以寬除其邪虐，即伊尹所謂代虐以寬兆民允懷者。功加于時，言其所及者衆。德垂後裔，言其所傳者遠也。後裔即微子也。此崇德之意。**爾惟踐修厥猷，舊有令聞。恪慎克孝，肅恭神人。予嘉乃德，曰篤不忘。上帝時歆，下民祗協。庸建爾于上公，尹茲東夏。**猷，道。令，善。聞，譽也。微子踐履修舉成湯之道，舊有善譽，非一日也。恪，敬也。恪謹克孝，肅恭神人，指微子實德而言，抱祭器歸周亦其一也。篤，厚也。我善汝德，曰厚而不忘也。歆，饗。庸，用也。王者之後稱公，故曰上公。尹，治也。宋亳在東，故曰東夏。此象賢之意。**欽哉！往敷乃訓，慎乃服命，率由典常，以蕃王室。弘乃烈祖，律乃有民，永綏厥位，毗予一人。世世享德，萬邦作式，俾我有周無斁。**斁音亦。○此因戒勉之也。服命，上公服命也。宋，王者之後，成湯之廟，當有天子禮樂，慮有僭擬之失，故曰謹其服命，率由典常以戒之也。弘，大。律，範。毗，輔。式，法。斁，厭也，即詩言在此無斁之意。○林氏曰：偪生於僭，僭生於疑。非疑無僭，非僭無偪。謹其服命，遵守典常，安有偪僭之過哉。僭實侯爵，乃以天子禮樂祀周公，亦既不謹矣。其後遂用於羣公之廟，甚至季氏僭八佾，三家僭雍徹，其原一開，末流無所不至。成王於宋謹慎如此，必無賜周公以天子禮樂之事。豈周室既衰，僭竊僭用，託爲成王之賜、伯禽之受乎。**嗚呼！往哉惟休，無替朕命。**歎息言汝往之國，當休美其政，而無廢棄我所命汝之言也。

康誥　康叔，文王之子，武王之弟。武王誥命爲衛侯。今文古文皆有。○按書序以康誥爲成王之書，今詳本篇，康叔於成王爲叔父，成王不應以弟稱之。說者謂周公以成王命誥，故曰弟。然既謂之王若曰，則爲成王之言，周公何遽自以弟稱之也。且康誥、酒誥、梓材三篇，言文王者非一，而略無一語以及武王，何邪？說者又謂寡兄勗爲稱武王，尤爲非義。寡兄云者，自謙之辭，寡德之稱，苟語他人猶之可也。武王，康叔之兄，家人相語，周公安得以武王爲寡兄而告其弟乎？或又謂康叔在武王時尚幼，故不得封。然康叔，武王同母弟，武王分封之時，年已九十，安有九十之兄，同母弟尚幼不可封乎？且康叔，文王之子；叔虞，成王之弟。周公東征，叔虞已封於唐，豈有康叔得封反在叔虞之後？必無是理也。又按汲冢周書克殷篇言：王即位於社南，羣臣畢從，毛叔鄭奉明水，衛叔封傳禮，召公奭贊采，師尚父牽牲。史記亦言衛康叔封布茲，與汲書大同小異。康叔在武王時非幼亦明矣。特序書者不知康誥篇首四十八字爲洛誥脫簡，遂因誤爲成王之書。是知書序果非孔子所作也。康誥、酒誥、梓材篇次當在金縢之前。

惟三月哉生魄，周公初基作新大邑于東國洛，四方民大和會。侯、甸、男邦、采、衛，百工播民和，見士于周。周公咸勤，乃洪大誥治。三月，周公攝政七年之三月也。始生魄，十六日也。百工，百官也。士，說文曰：事也。詩曰：勿士行枚。呂氏曰：斧斤版築之事，亦甚勞矣，而民大和會，悉來赴役，即文王作靈臺，庶民子來之意。蘇氏曰：此洛誥之文，當在周公拜手稽首之上。**王若曰：孟侯，朕其弟，小子封。**王，武王也。孟，長也。言爲諸侯之長也。封，康叔名。舊說周公以成王命誥康叔者，非是。

惟乃丕顯考文王克明德慎罰。

左氏曰：明德謹罰，文王所以造周也。明德，務崇之之謂；謹罰，務去之之謂。明德謹罰，一篇之綱領。不敢侮鰥寡以下，文王明德謹罰也。汝念哉以下，欲康叔明德也。敬明乃罰以下，欲康叔謹罰也。爽惟民以下，欲其以德行罰也。封敬哉以下，欲其不用罰而用德也。終則以天命殷民結之。

不敢侮鰥寡，庸庸，祗祗，威威，顯民，用肇造我區夏，越我一二邦以修我西土。惟時怙冒聞于上帝，帝休，天乃大命文王，殪戎殷，誕受厥命，越厥邦厥民惟時敘，乃寡兄勖，肆汝小子封在茲東土。

殪，壹計反。○鰥寡，人所易忽也。於人易忽者而不忽焉，以見聖人無所不敬畏也。卽堯不虐無告之意。論文王之德，而首發此，非聖人不能也。庸，用也。用其所當用，敬敬其所當敬，威威其所當威。言文王用能敬賢討罪，一聽於理，而己無與焉。故德著於民，用始造我區夏，及我一二友邦，漸以修治，至暨西土之人，怙之如父，冒之如天，明德昭升，聞于上帝。帝用休美，乃大命文王殪滅大殷，大受其命，萬邦萬民，各得其理，莫不時敘。汝寡德之兄亦勉力不怠，故爾小子封得以在此東土也。吳氏曰：殪戎殷，武王之事也。此稱文王者，武王不敢以爲己之功也。○又按東土云者，武王克商，分紂城朝歌以北爲邶，南爲鄘，東爲衞。意邶鄘爲武庚之封，而衞卽康叔也。漢書言周公善康叔不從管蔡之亂，似地相比近之辭，然不可考矣。

王曰：嗚呼！封，汝念哉！今民將在祗遹乃文考，紹聞衣德言。往敷求于殷先哲王，用保乂民。汝丕遠惟商耇成人，宅心知訓。別求聞由古先哲王，用康保民。弘于天，若德裕乃身，不廢在王命。

遹音聿，音述。○此下明德也。遹，述。衣，服也。今治民將在敬述文考之事，繼其所聞而服行文王之德言也。往，之國也。宅心，處心也，安汝止之意。知訓，知所以訓民也。由，行也。曰保乂，曰知訓，曰康保，經緯以成文爾。武王既欲康叔祗遹文考，又欲敷求商先哲王，又丕遠惟商耇成人，又別聞由古先哲王。近述諸今，遠稽諸古，不一而足，以見義理之無盡。易曰：君子多識前言往行，以蓄其德。弘者，廓而大之也。天者，理之所從出也。康叔博學以聚之，集義以生之，眞積力久，衆理該通，此心之天理之所從出者，始恢廓而有餘用矣。若是則心廣體胖，動無違禮，斯能不廢在王之命也。○呂氏曰：康叔力求聖賢問學，至於弘于天，德裕身，可謂盛矣。止能不廢王命，可免過而已。此見人臣職分之難盡。若欲爲子，必須如舜與曾閔，方能不廢父命；若欲爲臣，必須如舜與周公，方能不廢君命。

王曰：嗚呼！小子封，恫瘝乃身，敬哉！天畏棐忱，民情大可見，小人難保。往盡乃心，無康好逸豫，乃其乂民。我聞曰：怨不在大，亦不在小。惠不惠，懋不懋。

恫音通，瘝姑還反。○恫，痛。瘝，病也。視民之不安，如疾痛之在乃身，不可不敬之也。天命不常，雖甚可畏，然誠則輔之。民情好惡，雖大可見，而小民至爲難保。汝往之國，所以治之者，非他，惟盡汝心，無自安而好逸豫，乃其所以治民也。古人言怨不在大，亦不在小，惟在順不順、勉不勉耳。順者，順於理；勉者，勉於行。卽上文所謂往盡乃心，無康好逸豫者也。

已！汝惟小子，乃服惟弘王，應保殷民。亦

惟助王宅天命作新民。服事。應和也。汝之事。惟在廣上德意。和保殷民。使之不失其所。以助王安定天命而作新斯民也。此言明德之終也。大學言明德。亦舉新民終之。

王曰。嗚呼。封。敬明乃罰。人有小罪。非眚。乃惟終。自作不典。式爾。有厥罪小。乃不可不殺。乃有大罪。非終。乃惟眚災。適爾。既道極厥辜。時乃不可殺。此下謹罰也。式。用。適。偶也。人有小罪。非過誤。乃其固爲亂常之事。用意如此。其罪雖小。乃不可不殺。卽舜典所謂刑故無小也。人有大罪。非是故犯。乃其過誤。出於不幸。偶爾如此。既自稱道盡輸其情。不敢隱匿。罪雖大。時乃不可殺。卽舜典所謂宥過無大也。諸葛孔明治蜀。服罪輸情者。雖重必釋。其既道極厥辜。時乃不可殺之意歟。

王曰。嗚呼。封。有敘。時乃大明服。惟民其勑懋和。若有疾。惟民其畢棄咎。若保赤子。惟民其康乂。有敘者。刑罰有次序也。明者。明其罰。服者。服其民也。左氏曰。乃大明服。已則不明。而殺人以逞。不亦難乎。勑。戒勑也。民其戒勑而勉於和順也。若有疾者。以去疾之心去惡也。故民皆棄咎。若保赤子者。以保子之心保善也。故民其安治。

非汝封刑人殺人。無或刑人殺人。非汝封又曰劓刵人。無或劓刵人。刑殺者。天之所以討有罪。非汝封得以刑之殺之也。汝無或以己而刑殺之。刵。截耳也。刑殺。刑之大者。劓刵。刑之小者。兼舉小大以申戒之也。又曰。當在無或刑人殺人之下。又按則。周官五刑所無。呂刑以爲苗民所制。

王曰。外事。汝陳時臬司。師茲殷罰有倫。外事。未詳。陳氏曰。外事。有司之事也。臬。法也。爲準限之義。言汝於外事。但陳列是法。使有司師此殷罰之有倫者用之爾。○呂氏曰。外事。衛國事也。史記言康叔爲周司寇。王朝之官。職任內事。故以衛國對言爲外事。今按篇中言往敷求。往盡乃心。篇終曰往哉封。皆令其之國之辭。而未見其留王朝之意。但詳此篇。康叔蓋深於法者。異時成王或舉以任司寇之職。而此則未必然也。

又曰。要囚。服念五六日。至于旬時。丕蔽要囚。要囚。獄詞之要者也。服。服膺而念之。旬。十日。時。三月。爲囚求生道也。蔽。斷也。

王曰。汝陳時臬事。罰蔽殷彝。用其義刑義殺。勿庸以次汝封。乃汝盡遜。曰時敘。惟曰未有遜事。義。宜也。次。次舍之次。遜。順也。申言敷陳是法與事。罰斷以殷之常法矣。又慮其泥古而不通。又謂其刑其殺。必察其宜於時者而後用之。既又慮其趨時而徇己。又謂刑殺不可以就汝封之意。既又慮其刑殺雖已當罪。而矜喜之心乘之。又謂使汝刑殺盡順於義。雖曰是有次敘。汝當惟謂未有順義之事。蓋矜喜之心生。乃怠惰之心起。刑殺之所由不中也。可不戒哉。

已。汝惟小子。未其有若汝封之心。朕心朕德。惟乃知。已者。語辭之不能已也。小子。幼小之稱。言年雖少而心獨善也。爾心之善。固朕知之。朕心朕德。亦惟爾知之。將言用罰之事。故先發其良心焉。

凡民自得罪。寇攘姦宄。殺越人于貨。暋不畏死。罔弗憝。暋。音敏。憝。徒對反。○越。顚越也。盤庚云。顚越不恭。暋。強。憝。惡也。自得罪。非爲人誘陷以得罪也。凡民自犯罪。爲盜賊姦宄。殺人顚越人以取財貨。強很亡命者。人無不憎惡之也。用罰而加是人。則人無不服。以其出乎人之同惡。而非卽乎吾之私心也。特辜此以明用罰之當罪王曰封元惡大憝矧惟不孝不友子弗祗服厥父事大傷厥考心于父不能字厥子乃疾厥子于弟弗念天顯乃弗克恭厥兄兄亦不念鞠子哀大不友于弟惟弔茲不于我政人得罪天惟與我民彝大泯亂曰乃其速由文王作罰刑茲無赦弔音的○大憝即上文之罔弗憝言寇攘姦宄固爲大惡而大可惡矣况不孝不友之人而尤爲可惡者當商之季禮義不明人紀廢壞子不敬事其父大傷父心父不能愛子乃疾惡其子是父子相夷也天顯猶孝經所謂天明尊卑顯然之序也弟不念尊卑之序而不能敬其兄兄亦不念父母鞠養之勞而大不友其弟是兄弟相賊也父子兄弟至於如此苟不於我爲政之人而得罪焉則天之與我民彝必大泯滅而紊亂矣曰者言如此則汝其速由文王作罰用此無赦而懲戒之不可緩也不率大戛矧惟外庶子訓人惟厥正人越小臣諸節乃別播敷造民大譽弗念弗庸瘝厥君時乃引惡惟朕憝已汝乃其速由茲義率殺戛訖黠反○戛法也言民之不率教者固可大寘之法矣况外庶子以訓人爲職與庶官之長及小臣之有符節者乃別布條教違道干譽弗念其君弗用其法以病君上是乃長惡於下我之所深惡也臣之不忠如此刑其可已乎汝其速由此義而率以誅戮之可也○按上言民不孝不友則速由文王作罰刑茲無赦此言外庶子正人小臣背上立私則速由茲義率殺其曰刑曰殺若用法峻急者蓋殷之臣民化紂之惡父子兄弟之無其親君臣上下之無其義非繩之以法示之以威殷民孰知不孝不義之不可干哉周禮所謂刑亂國用重典者是也然曰速由文王曰速由茲義則其刑其罰亦仁厚而已矣亦惟君惟長不能厥家人越厥小臣外正惟威惟虐大放王命乃非德用乂君長指康叔而言也康叔而不能齊其家不能訓其臣惟威惟虐大廢棄天子之命乃欲以非德用治是康叔且不能用上命矣亦何以責其臣之瘝厥君也哉汝亦罔不克敬典乃由裕民惟文王之敬忌乃裕民曰我惟有及則予一人以懌汝罔不能敬守國之常法由是而求裕民之道惟文王之敬忌敬則有所不忽忌則有所不敢期裕其民曰我惟有及於文王則予一人以悅懌矣此言謹罰之終也穆王訓刑亦曰敬忌云王曰封爽惟民迪吉康我時其惟殷先哲王德用康乂民作求矧今民罔迪不適不迪則罔政在厥邦此下欲其以德用罰也求等也詩曰世德作求言明思夫民當開導之以吉康我亦時其惟殷先哲王之德用以安治其民爲等匹於商先王也迪即迪吉康之迪况今民無導之而不從者苟不有以導之則惟無政於國矣迪言德而政言刑也前既嚴之民又嚴之臣又嚴之康叔此則武王之自嚴畏也王曰封予惟不可不監告汝德之說于罰之行今惟民不靜未戾厥心迪屢未同爽惟天其罰殛我我其不怨惟厥罪無在大亦無在多矧曰其尚顯聞于天戾止也又

言民不安靜。未能止其心之很疾。迪之者雖屢。而未能使之上同乎治。明思天其殛罰我。我何敢怨乎。惟民之罪不在大。亦不在多。苟爲有罪。卽在朕躬。況曰今庶羣腥穢之德。其尚顯聞于天乎。王曰。嗚呼。封。敬哉。無作怨。勿用非謀非彝。蔽時忱。丕則敏德。用康乃心。顧乃德。遠乃猷。裕乃以民寧。不汝瑕殄。此欲其不用罰而用德也。歎息言汝敬哉。毋作可怨之事。勿用非善之謀。非常之法。惟斷以是誠。大法古人之敏德。用以安汝之心。省汝之德。遠汝之謀。寬裕不迫。以待民之自安。若是則不汝瑕疵而棄絕矣。王曰。嗚呼。肆汝小子封。惟命不于常。汝念哉。無我殄享。明乃服命。高乃聽。用康乂民。肆。未詳。惟命不于常。善則得之。不善則失之。汝其念哉。毋我殄絕所享之國也。明汝侯國服命。高其聽。不可卑忽我言。用安治爾民也。王若曰。往哉。封。勿替敬典。聽朕告汝。乃以殷民世享。勿廢其所敬之常法。聽我所命而服行之。乃能以殷民而世享其國也。世享。對上文殄享而言。

酒誥

商受酗酒。天下化之。妹土商之都邑。其染惡尤甚。武王以其地封康叔。故作書誥敎之云。今文古文皆有。○按吳氏曰。酒誥一書。本是兩書。以其皆爲酒而誥。故誤合而爲一。自王若曰明大命于妹邦以下。武王告受故都之書也。自王曰封我西土棐徂邦君以下。武王告康叔之書也。書之體。爲一人而作。則首稱其人。爲衆人而作。則首稱其衆。爲一方而作。則首稱一方。爲天下而作。則首稱天下。君奭書首稱君奭。君陳書首稱君陳。爲一人而作也。甘誓首稱六事之人。湯誓首稱格汝衆。此爲衆人而作也。湯誥首稱萬方有衆。大誥首稱大誥多邦。此爲天下而作也。多方書爲四國而作。則首稱四國。多士書爲多士而作。則首稱多士。今酒誥爲妹邦而作。故首言明大命于妹邦。其自爲一書無疑。按吳氏分篇引證固爲明甚。但既謂專誥毖妹邦。不應有乃穆考文王之語。意酒誥專爲妹邦而作。而妹邦在康叔封圻之內。則明大命之責。康叔實任之。故篇首專以妹邦爲稱。至中篇始名康叔以致誥。其曰尚克用文王敎者。亦申言首章文王誥毖之意。其事則主於妹邦。其書則付之康叔。雖若二篇。而實爲一書。雖若二事。而實相首尾。反復參究。蓋自爲書之一體也。

王若曰。明大命于妹邦。妹邦。卽詩所謂沬鄉。篇首稱妹邦者。誥命專爲妹邦發也。乃穆考文王。肇國在西土。厥誥毖庶邦庶士。越少正御事。朝夕曰。祀茲酒。惟天降命。肇我民。惟元祀。穆。敬也。詩曰。穆穆文王。是也。上篇言文王明德。則曰顯考。此篇言文王誥毖。則曰穆考。言各有當也。或曰。文王世次爲穆。亦通。毖。戒謹也。少正。官之副貳也。文王朝夕勅戒之曰。惟祭祀則用此酒。天始令民作酒者。爲大祭祀而已。西土庶邦。遠去商邑。文王誥毖。亦諄諄以酒爲戒。則商邑可知矣。文王爲西伯。故得誥毖庶邦云。天降威。我民用大亂喪德。亦罔非酒惟行。越小大邦用喪。亦罔非酒惟辜。酒之禍人也。而以爲天降威者。禍亂之成。是亦天爾。箕子言受酗酒。亦曰天毒降災。正此意也。民之喪德。君之喪邦。皆由於酒。喪德故言行。喪邦故言辜。文王誥敎小子有正有事。無彝酒。越庶國飲惟祀。德將無醉。小子。少子之稱。以其血氣未定。尤易縱酒喪德。故文王專誥敎之。有正有官守者。有事。有職業者。無。毋同。彝。常也。毋常於酒。其飲惟於祭祀之時。然亦必以德將之。無至於醉也。惟曰。我民迪小子惟土物愛。厥心臧聰聽祖考之彝訓。越小大德。小子惟一。文王言我民亦常訓導其子孫。惟土物之愛。勤稼穡。服田畝。無外慕。則心之所守者正。而善日生。爲子孫者。亦當聰聽其祖父之常訓。不可以謹酒爲小德。小德大德。小子惟一視之可也。妹土。嗣爾股肱。純其藝黍稷。奔走事厥考厥長。肇牽車牛。遠服賈。用孝養厥父母。厥父母慶。自洗腆致用酒。此武王敎妹土之民也。嗣。續。純。大。肇。敏。服。事也。言妹土民。當嗣續汝四肢之力。無有怠惰。大修農功。服勞田畝。奔走以事其父兄。或敏於貿易。牽車牛。遠事賈。以孝養其父母。父母喜慶。然後可自洗腆致用酒。洗以致其潔。腆以致其厚也。薛氏曰。或大修農功。或遠服商賈。以養父母。父母慶。則汝可以用酒也。庶士有正。越庶伯君子。其爾典聽朕敎。爾大克羞耇惟君。爾乃飲食醉飽。丕惟曰。爾克永觀省。作稽中德。爾尚克羞饋祀。爾乃自介用逸。茲乃允惟王正事之臣。茲亦惟天若元德。永不忘在王家。此武王敎妹土之臣也。伯。長也。曰君子者。賢之也。典。常也。羞。養也。言其大能養老也。惟君未詳。丕惟曰者。大言也。介。助也。用逸者。用以宴樂也。言爾能常常反觀內省。使念慮之發。營爲之際。悉稽乎中正之德。而無過不及之差。則德全於身。而可以交於神明矣。如是。則庶幾能進饋祀。爾亦可自副而用宴樂也。如此則信爲王治事之臣。如此亦惟天順元德。而永不忘在王家矣。按上文父母慶則可飲酒。克羞耇則可飲酒。羞饋祀則可飲酒。本欲禁絕其飲。今乃反開其端者。不禁之禁也。聖人之敎。不迫而民從者。此也。孝養羞耇饋祀。皆因其良心之發而利導之。人果能盡此三者。且爲成德之士矣。而何憂其湎酒也哉。王曰。封。我西土棐徂邦君御事小子。尚克用文王敎。不腆于酒。故我至于今。克受殷之命。徂。往也。輔佐文王往日之邦君御事小子也。言文王毖酒之敎。其大如此。王曰。封。我聞惟曰。在昔殷先哲王。迪畏天顯小民。經德秉哲。自成湯咸至于帝乙。成王畏相。惟御事厥棐有恭。不敢自暇自逸。矧曰其敢崇飲。以商君臣之不暇逸者。告康叔也。殷先哲王。湯也。迪畏者。畏之而見於行也。畏天之明命。畏小民之難保。經其德而不變。所以處己也。秉其哲而不惑。所以用人也。湯之垂統如此。故自湯至于帝乙。賢聖之君六七作。雖世代不同。而皆能成就君德。敬畏輔相。故當時御事之臣。亦皆盡忠輔翼。而有責難之恭。自暇自逸。猶且不敢。況曰其敢尚飲乎。越在外服。侯甸男衞邦伯。越在內服。百僚庶尹惟亞惟服宗工。越百姓里居。罔敢湎于酒。不惟不敢。亦不暇。惟助成王德顯。越尹人祗辟。自御事而下。在外服。則有侯甸男衞諸侯與其長伯。在內服。則有百僚庶尹。推亞推服宗工。國中百姓。與夫里居者。亦皆不敢沈湎于酒。不惟不敢亦不暇。不敢者。有所畏。不暇者。有所勉。惟欲上以助成君德。而使之昭著。下以助尹人祗辟。而使之益不怠耳。成王。顧上文成王而言。祗辟。顧上文有恭而言。呂氏曰。尹人者。百官諸侯之長也。指上文御事而言。我聞亦惟曰。在今後嗣王酣身。厥命罔顯于民。祗保越怨不易。誕惟厥縱淫泆于非彝。用燕喪威儀。民罔不盡傷心。惟荒腆于酒。不惟自息乃逸。厥心疾很。不克畏死。辜在商邑。越殷國滅無罹。弗惟德馨香祀。登聞于天。誕惟民怨。庶羣自酒。腥聞在上。故天降喪于殷。罔愛于殷。惟逸。天非虐。惟民自速辜。盡乞力反很下墾反罹鄰知反○以商受荒腆于酒者。告康叔也。後嗣王受也。受沈酗其身。昏迷於政。命令不著於民。其所祗保者。惟在於作怨之事。不肯悛改。大惟縱淫泆于非彝。泰誓所謂奇技淫巧也。燕。安也。用安逸而喪其威儀。史記受為酒池肉林。使男女倮而相逐。其威儀之喪如此。此民所以無不痛傷其心。悼國之將亡也。而受方且荒怠。益厚于酒。不思自息其逸。力行無度。其心疾很。雖殺身而不畏也。辜在商邑。雖滅國而不憂也。弗事上帝。無馨香之德以格天。大惟民怨。惟羣酗腥穢之德以聞于上。故上天降喪于殷。無有眷愛之意者。亦惟受縱逸故也。天豈虐殷。惟殷人酗酒。自速其辜爾。曰民者。猶曰先民。君臣之通稱也。王曰。封。予不惟若茲多誥。古人有言曰。人無於水監。當於民監。今惟殷墜厥命。我其可不大監撫于時。我不惟如此多言。所以言湯言受如此其詳者。古人謂人無於水監。水能見人之妍醜而已。當於民監。則其得失可知。今殷民自速辜。既墜厥命矣。我其可不以殷民之失為大監戒。以撫安斯時乎。予惟曰。汝劼毖殷獻臣。侯。甸。男。衞。矧太史友。內史友。越獻臣百宗工。矧惟爾事。服休。服采。矧惟若疇。圻父薄違。農父若保。宏父定辟。矧汝剛制于酒。劼丘八反圻與畿同○劼。用力也。汝當用力戒謹殷之賢臣。與鄰國之侯甸男衞。使之不湎于酒也。毖殷獻臣。侯甸男衞。與文王毖庶邦庶士同義。殷之賢臣諸侯。固欲知所謹矣。況太史掌六典八法八則。內史掌八柄之法。汝之所友者。及其賢臣百僚大臣。可不謹於酒乎。太史內史獻臣百宗工。固欲知所謹矣。況爾之所事。服休坐而論道之臣。服采起而作事之臣。可不謹於酒乎。曰友曰事者。國君有所友。有所事也。然盛德有不可友者。故孟子曰。古之人曰事之云乎。豈曰友之云乎。服休服采。固欲知所謹矣。況爾之疇匹而位三卿者。若圻父迫逐違命者乎。若農父之順保萬民者乎。若宏父之制其經界以定法者乎。皆不可不謹于酒也。圻父。政官。司馬也。主封圻。農父。教官。司徒也。主農。宏父。事官。司空也。主廓地居民。謂之父者。尊之也。先言圻父者。制殷人湎酒。以政為急也。圻父農父宏父。固欲知所謹矣。況汝之身。所以為一國之視效者。可不謹於酒乎。故曰矧汝剛制于酒。剛制亦劼毖之意。剛果用力以制之也。此章自遠而近。自卑而尊。等而上之。則欲其自康叔之身始。以是為治孰能禦之。而況毖於酒德也哉。厥或誥曰。羣飲。汝勿佚。盡執拘以歸于周。予其殺。羣飲者。商民羣聚而飲。為姦惡者也。佚。失也。其者。未定辭也。蘇氏曰：予其殺者，未必殺也。猶今法曰當斬者，皆具獄以待命，不必死也。然必立法者，欲人畏而不敢犯也。羣飲，蓋亦當時之法，有羣聚飲酒，謀爲大姦者，其詳不可得而聞矣。如今之法，有日夜聚曉散者，皆死罪，蓋聚而爲妖逆者也。使後世不知其詳，而徒聞其名，凡民夜相過者，輒殺之可乎。**又惟殷之迪諸臣百工，乃湎于酒，勿庸殺之，姑惟教之。**殷受導迪爲惡之諸臣百工，雖湎于酒，未能遽革，而非羣聚爲姦惡者，無庸殺之，且惟教之。**有斯明享，乃不用我教辭，惟我一人弗恤，弗蠲乃事，時同于殺。**有者不忘之也。斯，此也。指教辭而言。享，上享下之享。言殷諸臣百工不忘教辭，不湎于酒，我則明享之。其不用我教辭，惟我一人不恤於汝，弗潔汝事，時則同汝于羣飲誅殺之罪矣。**王曰：封，汝典聽朕毖，勿辯乃司民湎于酒。**辯，治也。乃司，有司也。即上文諸臣百工之類。言康叔不治其諸臣百工之湎酒，則民之湎酒者，不可禁矣。

梓材二字，亦武王誥康叔之書。諭以治國之理，欲其通上下之情，寬刑辟之用。而篇中有梓材二字，比稽田作室爲雅，故以爲簡編之別，非有他義也。今文古文皆有。○按此篇文多不類。自今王惟曰以下，若人臣進戒之辭，以書例推之，曰今王惟曰者，猶洛誥之今王即命曰也。肆王惟德用者，猶召誥之肆惟王其疾敬德。王其德之用也。已若茲監者，猶無逸嗣王其監于茲也。惟王子子孫孫永保民者，猶召誥惟王受命無疆惟休也。反覆參考，與周公召公進戒之言，若出一口。意者此篇得於簡編斷爛之中，文既不全，而進戒爛簡，有用明德之語，編書者以與罔厲殺人等意合，又武王之誥，有曰王曰監云者，而進戒之書亦有曰王曰監云者，遂以爲文意相屬，編次其後，而不知前之所謂王者，指先王而言，非若今王之爲自稱也。後之所謂監者，乃監視之監，而非啓監之監也。其非命康叔之書，亦明矣。讀書者優游涵泳，沈潛反覆，繹其文義，審其語脈，一篇之中，前則尊諭卑之辭，後則臣告君之語，蓋有不可得而強合者矣。

王曰：封，以厥庶民暨厥臣達大家，以厥臣達王，惟邦君。大家，巨室也。孟子曰：爲政不難，不得罪於巨室。孔氏曰：卿大夫及都家也。以厥庶民暨厥臣達大家，則下之情無不通矣。以厥臣達王，則上之情無不通矣。王言臣而不言民者，率土之濱，莫非王臣也。邦君上有天子，下有大家，能通上下之情，而使之無間者，惟邦君也。**汝若恒越曰：我有師師，司徒、司馬、司空、尹、旅，曰：予罔厲殺人。亦厥君先敬勞，肆徂厥敬勞。肆往姦宄殺人歷人宥，肆亦見厥君事，戕敗人宥。**恒，常也。師師，以官師爲師也。尹，正官之長。旅，衆大夫也。敬勞，恭敬勞來也。徂，往也。歷人者，罪人所過律。所謂知情藏匿資給也。戕敗者，毀傷四肢面目，漢律所謂疻也。此章文多未詳。**王啓監，厥亂爲民。曰：無胥戕，無胥虐，至于敬寡，至于屬婦，合由以容。王其效邦君越御事，厥命曷以。引養引恬。自古王若茲，監罔攸辟。**監，三監之監。康叔所封，亦受畿內之民。當時亦謂之監。故武王以先王啓監意而告之也。言王者所以開置監國者。其治本爲民而已。其命監之辭蓋曰。無相與戕殺其民。無相與虐害其民。人之寡弱者則哀敬之。使不失其所。婦之窮獨者則聯屬之。使有所歸。保合其民。率由是而容蓄之也。且王所以責效邦君御事者。其命何以哉。亦惟欲其引掖斯民於生養安全之地而已。自古王者之命監若此。汝今爲監。其無所用乎戕虐人可也。**惟曰。若稽田。既勤敷菑。惟其陳修。爲厥疆畎。若作室家。既勤垣墉。惟其塗塈茨。若作梓材。既勤樸斲。惟其塗丹雘。**塈奇寄反。雘屋郭反。○稽治也。敷菑廣去草棘也。疆畔也。畎通水渠也。塗塈泥飾也。茨蓋也。梓良材可爲器者。雘采色之名。敷菑以喻除惡。垣墉以喻立國。樸斲以喻制度。武王之所已爲也。疆畎塈茨丹雘則望康叔以成終云爾。**今王惟曰。先王既勤用明德。懷爲夾。庶邦享作。兄弟方來。亦既用明德。后式典集。庶邦丕享。**夾音協。○先王文王武王也。夾近也。懷遠爲近也。兄弟言友愛也。泰誓曰。友邦冢君。方來者。方方而來也。既盡也。先王盡勤用明德。而懷來于上。諸侯亦盡用明德而覲效於下也。后後王也。式用也。典舊典也。集和輯也。此章以後若臣下進戒之辭。疑簡脫誤於此。**皇天既付中國民越厥疆土于先王。**越及也。皇天既付中國民及其疆土于先王也。**肆王惟德用。和懌先後迷民。用懌先王受命。**肆今也。德用用明德也。和懌和悅之也。先後勞來之也。迷民迷惑染惡之民也。命天命也。用慰悅先王之克受天命者也。**已若茲監。惟曰欲至于萬年。惟王子子孫孫永保民。**已語辭。監視也。此人臣祈君永命之辭也。按梓材有自古王若茲監罔攸辟之言。而編書者誤以監爲句讀。而爛簡適有已若茲監之語。以爲語意相類。合爲一篇。而不知其句讀之本不同。文義之本不類也。孔氏依阿其說。於篇意無所發明。王氏謂成王自言必稱王者。以覲禮考之。天子以正遏諸例則稱王。亦強釋難通。獨吳氏以爲誤簡者爲得之。但謂王啓監以下。卽非武王之誥。則未必然也。

書經卷之五

召誥

左傳曰武王克商遷九鼎于洛邑史記載武王言我南望三途北望嶽鄙顧瞻有河粵瞻洛伊毋遠天室營周居于洛邑而後去則宅洛者武王之志周公成王成之召公實先經理之洛邑既成成王始政召公因周公之歸作書致告達之於王其書拳拳於歷年之久近反覆乎夏商之廢興究其歸則以誠小民爲祈天命之本以疾敬德爲誠小民之本一篇之中屢致意焉古之大臣其爲國家長遠慮蓋如此以召公之書因以召誥名篇今文古文皆有

惟二月既望越六日乙未王朝步自周則至于豐。日月相望謂之望既望十六日也乙未二十一日也周鎬京也去豐二十五里文王廟在焉成王至豐以宅洛之事告廟也

惟太保先周公相宅越若來三月惟丙午朏越三日戊申太保朝至于洛卜宅厥既得卜則經營。朏數尾反戊音茂○成王在豐使召公先周公行相視洛邑越若來古語辭言召公於豐迤邐而來也朏孟康曰月出也三日明生之名戊申三月五日也卜宅者用龜卜宅都之地既得吉卜則經營規度其城郭宗廟郊社朝市之位

越三日庚戌太保乃以庶殷攻位于洛汭越五日甲寅位成。庶殷殷之衆庶也用庶殷者意是時殷民已遷于洛故就役之也位成者左祖右社前朝後市之位成也

若翼日乙卯周公朝至于洛則達觀于新邑營。周公至則徧觀新邑所經營之位

越三日丁巳用牲于郊牛二越翼日戊午乃社于新邑牛一羊一豕一。郊祭天地也故用二牛社祭用太牢禮也皆告以營洛之事

越七日甲子周公乃朝用書命庶殷侯甸男邦伯。書役書也春秋傳曰士彌牟營成周計丈數揣高低度厚薄仞溝洫物土方議遠邇量事期計徒庸慮材用書餱糧以令役於諸侯亦此意王氏曰邦伯者侯甸男服之邦伯也庶邦冢君咸在而獨命邦伯者公以書命邦伯而邦伯以公命命諸侯也

厥既命殷庶庶殷丕作。丕作者言皆趨事赴功也殷之頑民若未易役使者然召公率以攻位而位成周公用以書命而丕作殷民之難化者猶且如此則其悅以使民可知也

太保乃以庶邦冢君出取幣乃復入錫周公曰拜手稽首旅王若公誥告庶殷越自乃御事。呂氏曰洛邑事畢周公將歸宗周召公因陳戒成王乃取諸侯贄見幣物以與周公且言其拜手稽首所以陳王及公之意蓋召公雖與周公言乃欲周公聯諸侯之幣與召公之誥併達之王謂洛邑已定欲誥告殷民其根本乃自爾御事不敢指言成王謂之御事猶今稱人爲執事也

嗚呼皇天上帝改厥元子茲大國殷之命惟王受命無疆惟休亦無疆惟恤嗚呼曷其奈何弗敬。此下皆告成王之辭託周公達之王也曷何也其語辭商受嗣天位爲元子矣元子不可改而天改之大國未易亡而天亡之皇天上帝其命之不可恃如此今王受命固有無窮之美然亦有無窮之憂於是歎

息言王曷其柰何弗敬乎。蓋深言不可以弗敬也。又按此篇專主敬言。敬則誠實無妄。視聽言動一循乎理。好惡用捨不違乎天。與天同德。固能受天明命也。人君保有天命。其有要於此哉。

伊尹亦言皇天無親。克敬惟親。敬則天與我一矣。尚何疎之有。**天既遐終大邦殷之命。茲殷多先哲王在天。越厥後王後民。茲服厥命。厥終智藏瘝在。夫知保抱攜持厥婦子。以哀籲天。徂厥亡。出執。嗚呼。天亦哀于四方民。其眷命用懋。王其疾敬德。**後王後民。指受也。此章語多難解。大意謂天既欲遠絕大邦殷之命矣。而此殷先哲王。其精爽在天。宜若可恃者。而商紂受命。卒致賢智者退藏。瘝民者在位。民困虐政。保抱攜持其妻子。哀號呼天。往而逃亡。出見拘執。無地自容。故天亦哀民。而眷命用歸於勉德者。天命不常如此。今王其可不疾敬德乎。

相古先民有夏。天迪從子保。面稽天若。今時既墜厥命。今相有殷。天迪格保。面稽天若。今時既墜厥命。從子保者。從其子而保之。謂禹傳之子也。面。鄉也。視古先民有夏。天固啓迪之。又從其子而保佑之。禹亦面考天心。敬順無違。宜若可爲後世憑藉者。今時已墜厥命矣。今視有殷。天固啓迪之。又使其格正夏命而保佑之。湯亦面考天心。敬順無違。宜亦可爲後世憑藉者。今時已墜厥命矣。以此知天命誠不可恃以爲安也。

今沖子嗣。則無遺壽耇。曰其稽我古人之德。矧曰其有能稽謀自天。稽。考。矧。況也。幼沖之主。於老成之臣。尤易疎遠。故召公言今王以童子嗣位。不可遺棄老成。言其能稽古人之德。是固不可遺也。況言其能稽謀自天。是尤不可遺也。稽古人之德。則於事有所證。稽謀自天。則於理無所遺。無遺壽耇。蓋君天下者之要務。故召公特首言之。

嗚呼。有王雖小。元子哉。其丕能誠于小民。今休。王不敢後。用顧畏于民碞。召公歎息言王雖幼沖。乃天之元子哉。謂其年雖小。其任則大也。其者。期之辭也。誠。和。碞。險也。王其大能誠和小民。爲今之休美乎。小民雖至微。而至爲可畏。王當不敢緩於敬德。用顧畏于民之碞險可也。

王來紹上帝。自服于土中。旦曰。其作大邑。其自時配皇天。毖祀于上下。其自時中乂。王厥有成命。治民今休。洛邑天地之中。故謂之土中。王來洛邑。繼天出治。當自服行于土中。是時洛邑告成。成王始政。故召公以自服土中爲言。又舉周公嘗言作此大邑。自是可以對越上天。可以饗答神祇。自是可以宅中圖治。成命者。天之成命也。成王而能紹上帝。服土中。則庶幾天有成命。治民今即休美矣。○王氏曰。成王欲宅洛邑者。以天事言。則日東景夕多風。日西景朝多陰。日南景短多暑。日北景長多寒。洛。天地之中。風雨之所會。陰陽之所和也。以人事言。則四方朝聘貢賦。道里均焉。故謂之土中。

王先服殷御事。比介于我有周御事。節性。惟日其邁。言治人當先服乎臣也。王先服殷之御事。以親近副貳我周之御事。使其漸染陶成。相觀爲善。以節其驕淫之性。則日進於善而不已矣。

王敬作所。不可不敬德。言化臣必謹乎身也。所。處所也。猶所其無逸之所。王能以敬爲所。則動靜語默。出入起居。無往而不居敬矣。不可不敬德者。甚言德之不可不敬也。

我不可不監于有夏。亦

不可不監于有殷。我不敢知曰有夏服天命，惟有歷年。我不敢知曰不其延。惟不敬厥德，乃早墜厥命。我不敢知曰有殷受天命，惟有歷年。我不敢知曰不其延。惟不敬厥德，乃早墜厥命。夏商歷年長短，所不敢知。我所知者，惟不敬厥德，卽墜其命也。與上章相古先民之意相爲出入。但上章主言天眷之不足恃，此則直言不敬德則墜厥命爾。今王嗣受厥命。我亦惟茲二國命，嗣若功。王乃初服。今王繼受天命，我謂亦惟此夏商之命，當嗣其有功者，謂繼其能敬德而歷年者也。況王乃新邑初政，服行教化之始乎。

嗚呼。若生子，罔不在厥初生，自貽哲命。今天其命哲，命吉凶，命歷年。知今我初服。歎息言王之初服，若生子無不在於初生。習爲善則善矣，自貽其哲命。爲政之道，亦猶是也。今天其命王以哲乎，命以吉凶乎，命以歷年乎，皆不可知。所可知者，今我初服如何爾。初服而敬德，則亦自貽哲命，而吉與歷年矣。宅新邑，肆惟王其疾敬德。王其德之用，祈天永命。宅新邑，所謂初服也。王其疾敬德，容可緩乎。王其德之用，而祈天以歷年也。其惟王勿以小民淫用非彝，亦敢殄戮用乂民，若有功。刑者德之反。疾於敬德，則當緩於用刑。勿以小民過用非法之故，亦敢於殄戮用治之也。惟順導民，則可有功。民猶水也。水泛濫橫流，失其性矣。然壅而遏之，則害愈甚。惟順而導之，則可以成功。其惟王位在德元，小民乃惟刑用于天下，越王顯。元，首也。居天下之上，必有首天下之德。王位在德元，則小民皆儀刑用德于下，於王之德益以顯矣。上下勤恤，其曰我受天命，丕若有夏歷年，式勿替有殷歷年。欲王以小民受天永命。其亦期之辭也。君臣勤勞，期曰我受天命，大如有夏歷年，用勿替有殷歷年，欲兼夏殷歷年之永也。名公又繼以欲王以小民受天永命。蓋以小民者，勤恤之實；受天永命者，歷年之實也。蘇氏曰：君臣一心以勤恤民，庶幾王受命歷年如夏商，且以民心爲天命也。拜手稽首曰：予小臣敢以王之讎民百君子，越友民，保受王威命明德。王末有成命，王亦顯。我非敢勤，惟恭奉幣，用供王能祈天永命。讎民，殷之頑民與三監叛者。百君子，殷之御事庶士也。友民，周之友順民也。保者，保而不失。受者，受而無拒。威命明德者，德威德明也。末，終也。名公於篇終致敬言：予小臣敢以殷周臣民保受王威命明德，王當終有天之成命以顯于後世。我非敢以此爲勤，惟恭奉幣帛，用供王能祈天永命而已。蓋奉幣之禮，臣職之所當恭，而祈天之實，則在王之所自盡也。又按恭奉幣意，卽上文取幣以錫周公而旅王者。蓋當時成王將舉新邑之祀，故名公奉以助祭云。

洛誥

洛邑既定，周公遣使告卜，史氏錄之以爲洛誥，又并記其君臣答問及成王命周公留治洛之事。今文古文皆有。○按周公拜手稽首以下，周公授使者告卜之辭也。王拜手稽首以下，成王授使者復公之辭也。王肇稱殷禮以下，周公教成王宅洛之事也。公明保予沖子以下，成王命公留後治洛之事也。王命予來以下，周公許成王留洛，君臣各盡其責難之辭也。伻來以下。成王錫命毖殷命寧之事也。戊辰以下。史又記其祭祀冊誥等事。及周公居洛歲月久近以附之。以見周公作洛之始終。而成王舉祀發政之後。卽歸于周。而未嘗都洛也。

周公拜手稽首曰。朕復子明辟。此下周公授使者告卜之辭也。拜手稽首者。史記周公遣使之禮也。復。如逆復之復。成王命周公往營成周。周公得卜。復命于王也。謂成王爲子者。親之也。謂成王爲明辟者。尊之也。周公相成王。尊則君。親則兄之子也。明辟者。明君之謂。先儒謂成王幼。周公代王爲辟。至是反政成王。故曰復子明辟。夫有失。然後有復。武王崩。成王立。未嘗一日不居君位。何復之有哉。蔡仲之命。言周公位冢宰。正百工。則周公不以冢宰總百工而已。豈不彰彰明甚矣乎。王莽居攝。幾傾漢鼎。皆儒者有以啓之。是不可以不辨。蘇氏曰。此上有脫簡。在康誥。自惟三月哉生魄。至洪大誥治。四十八字。**王如弗敢及天基命定命。予乃胤保。大相東土。其基作民明辟。**凡有造基之而後成。成之而後定。基命。所以成始也。定命。所以成終也。言成王幼沖退託。如不敢及知天之基命定命。予乃繼太保而往。大相洛邑。其庶幾爲王始作民明辟之地也。洛邑在鎬京東。故曰東土。**予惟乙卯。朝至于洛師。我卜河朔黎水。我乃卜澗水東。瀍水西。惟洛食。我又卜瀍水東。亦惟洛食。伻來以圖及獻卜。**瀍音廛。伻補耕反。○乙卯。卽名誥之乙卯也。洛師。猶言京師也。河朔黎水。河北黎水交流之內也。澗水東瀍水西。王城也。朝會之地。瀍水東。下都也。處商民之地。王城在澗瀍之間。下都在瀍水之外。其地皆近洛水。故兩云惟洛食也。食者。史先定墨。而灼龜之兆。正食其墨也。伻。使也。圖。洛之地圖也。獻卜。獻其卜之兆辭也。**王拜手稽首曰。公不敢不敬天之休。來相宅。其作周匹休。公既定宅。伻來。來視予卜休恒吉。我二人共貞。公其以予萬億年敬天之休。拜手稽首誨言。**此王授使者復公之辭也。王拜手稽首者。成王尊異周公而重其禮也。匹。配也。公不敢不敬天之休命。來相宅。爲周匹休之地。言卜洛以配周命於無窮也。視。示也。示我以卜之休美而常吉者也。二人。成王周公也。貞。猶當也。十萬曰億。言周公宅洛。規模宏遠。以我萬億年敬天休命。故又拜手稽首。以謝周公告卜之誨言。**周公曰。王肇稱殷禮。祀于新邑。咸秩無文。**此下周公告成王宅洛之事也。殷。盛也。與五年再殷祭之殷同。秩。序也。無文。祀典不載也。言王始舉盛禮。祀于洛邑。皆序其所當祭者。雖祀典不載。而義當祀者。亦序而祭之也。呂氏曰。定都之初。肇舉盛禮。大饗羣祀。雖祀典不載者。咸秩序而祭之。有告焉。有報焉。有祈焉。始建新都。昭假上下。告成事也。雨暘時若。大役以成。報神賜也。自今以始。永奠中土。祈鴻休也。後世不知祭祀之義。鬼神之德。觀周公首以祀于新邑爲言。若闊於事情者。抑不知人主臨鎭新都之始。齊祓一心。對越天地。達此精明之德。放諸四海。無所不準。而助祭諸侯。下逮胞翟之賤。亦皆有孚顒若。收其放而合其離。蓋格君心萃天下之道。莫要於此。宜周公以爲首務也。**予齊百工。伻從王于周。予惟曰庶有事。**周公言予整齊百官。使從成王于周。謂將適洛時也。予推謂之曰。庶幾其有所事乎。公但微示其意。以待成王自教詔之也。今王卽命曰。記功宗。以功作元祀。惟命曰。汝受命篤弼。功宗。功之尊顯者。祭法曰。聖王之制祭祀也。法施於民則祀之。以死勤事則祀之。以勞定國則祀之。能禦大災則祀之。能捍大患則祀之。蓋功臣皆祭於大烝。而勳勞之最尊顯者。則爲之冠。故謂之元祀。周公告成王卽命曰。記功之尊顯者。以功作元祀矣。又惟命之曰。汝功臣受此褒賞之命。當益厚輔王室。蓋作元祀。既以慰答功臣。而又勉其左右王室。益圖久大之業也。丕視功載。乃汝其悉自教工。丕。大。視。示也。功載者。記功之載籍也。大視功載而無不公。則百工效之亦皆公也。大視功載而或出於私。則百工效之。亦皆私也。其公其私。悉自汝教之。所謂乃汝其悉自教工也。上章告以褒賞功臣。故戒其大視功載者如此。孺子其朋。孺子其朋。其往。無若火始燄燄。厥攸灼敘。弗其絕。孺子。稚子也。朋。比也。上文百工之視效如此。則論功行賞。孺子其可少徇比黨之私乎。孺子其少徇比黨之私。則自是而往。有若火然。始雖燄燄尚微。而其灼爍將次第延爇。不可得而撲滅矣。言論功行賞。徇私之害。其初甚微。其終至於不可遏絕。所以嚴其辭而禁之於未然也。厥若彝及撫事如予。惟以在周工。往新邑。伻嚮卽有僚。明作有功。惇大成裕。汝永有辭。其順常道。及撫國事。常如我爲政之時。惟用見在周官。勿參以私人。往新邑。使百工知上意嚮。各就有僚。明白奮揚而赴功。惇厚博大以裕俗。則王之休聞。亦永有辭于後世矣。公曰。已。汝惟沖子。惟終。周之王業。文武始之。成王當終之也。此上詳於記功教工。內治之事。此下則統御諸侯。教養萬民之道也。汝其敬識百辟享。亦識其有不享。享多儀。儀不及物。惟曰不享。惟不役志于享。凡民惟曰不享。惟事其爽侮。此御諸侯之道也。百辟。諸侯也。享。朝享也。儀。禮。物。幣也。諸侯享上。有誠有僞。惟人君克敬者能識之。識其誠於享者。亦識其不誠於享者。享不在幣而在於禮。幣有餘而禮不足。亦所謂不享也。諸侯惟不用志于享。則國人化之。亦皆謂上不必享矣。舉國無享上之誠。則政事安得不至於差爽僭侮。隳王度而爲叛亂哉。人君可不以敬存心。辨之於早。察之於微乎。乃惟孺子頒朕不暇。聽朕教汝于棐民彝。汝乃是不蘉。乃時惟不永哉。篤敘乃正父。罔不若予。不敢廢乃命。汝往敬哉。茲予其明農哉。彼裕我民。無遠用戾。蘉。莫郎反。○此教養萬民之道也。頒朕不暇。未詳。或曰。成王當頒布我汲汲不暇者。聽我教汝所以輔民常性之道。汝於是而不勉焉。則民彝泯亂。而非所以長久之道矣。正父。武王也。猶今稱先正云者。篤者。篤厚而不忘。敘者。先後之不紊。言篤敘武王之道。無不如我。則人不敢廢汝之命矣。呂氏曰。武王沒。周公如武王。故天下不廢周公之命。周公去。成王如周公。則天下不廢成王之命。戾。至也。王往洛邑。其敬之哉。我其退休田野。惟明農事。蓋公有歸老之志矣。彼。謂洛邑也。王於洛邑和裕其民。則民將無遠而至焉。王若曰。公明保予沖子。公稱丕顯德。以予小子揚文武烈。奉答天命。和恒四方民。居師。此下成王答周公及留公也。大抵與上章參錯相應。明。顯明之也。保。保佑之也。稱。舉也。和者。使不乖也。恒者。使可久也。居師者。宅其衆也。言周公明保成王。舉大明德。使其上之不忝於文武。仰不愧天。俯不怍人也。**惇宗將禮。稱秩元祀。咸秩無文。**宗。功宗之宗也。下文宗禮同。將。大也。**惟公德明光于上下。勤施于四方。旁作穆穆迓衡。不迷文武勤教。予沖子夙夜毖祀。**旁。無方所也。因上下四方爲言。穆穆。和敬也。迓。迎也。言周公之德。昭著於上下。勤施於四方。旁作穆穆。以迓治平。不迷失文武所勤之教於天下。公之德教加於時者如此。予沖子夙夜何爲哉。惟早夜以謹祭祀而已。蓋成王知周公有退休之志。故示其所以留之之意也。**王曰。公功棐迪篤。罔不若時。**言周公之功。所以輔我啓我者厚矣。當常如是。未可以言去也。**王曰。公。予小子其退。即辟于周。命公後。**此下成王留周公治洛也。成王言我退即居于周。命公留後治洛。蓋洛邑之作。周公本欲成王遷都以宅天下之中。而成王之意。則未欲捨鎬京而廢祖宗之舊。故於洛邑舉祀發政之後。即欲歸居于周。而留周公治洛。謂之後者。先成王之辭。猶後世留守留後之義。先儒謂封伯禽以爲魯後者。非是。考之費誓。東郊不開。乃在周公東征之時。則伯禽就國。蓋已久矣。下文惟告周公其後。其字之義。益可見其爲周公。不爲伯禽也。**四方迪亂未定。于宗禮亦未克敉公功。**宗禮。即功宗之禮也。亂。治也。四方開治。公之功也。未定功宗之禮。故未能敉公功也。敉功者。安定其功之謂。即下文命寧者也。**迪將其後。監我士師工。誕保文武受民。亂爲四輔。**將。大也。周公居洛。啓大其後。使我士師工有所監視。大保文武所受於天之民。而治爲宗周之四輔也。漢三輔蓋本諸此。今按先言啓大其後。而繼以亂爲四輔。則命周公留後於洛明矣。**王曰。公定。予往已。公功肅將祗歡。公無困哉。我惟無斁其康事。公勿替刑。四方其世享。**斁音亦。○定。爾雅曰。止也。成王欲周公止洛。而自歸往宗周。言周公之功。人皆肅而將之。欽而悅之。宜鎮撫洛邑。以慰懌人心。毋求去以困我也。我惟無厭其安民之事。公勿替所以監我士師工者。四方得以世世享公之德也。吳氏曰。前漢書兩引公無困哉。皆以哉作我。當以我爲正。**周公拜手稽首曰。王命予來。承保乃文祖受命民。越乃光烈考武王。弘朕恭。**此下周公許成王留等事也。來者。來洛邑也。承保乃文祖受命民及光烈考武王者。答誕保文武受民之言也。責難於君謂之恭。弘朕恭者。大其責難之義也。**孺子來相宅。其大惇典殷獻民。亂爲四方新辟。作周恭先。曰。其自時中乂。萬邦咸休。惟王有成績。**典。典章也。殷獻民。殷之賢者也。言當大厚其典章及殷之獻民。蓋文獻者爲治之大要也。亂。治也。言成王於新邑致治。爲四方新主也。作周恭先者。人君恭以接下。以恭而倡後王也。公又言其自是宅中圖治。萬邦咸底休美。則王其有成績矣。此周公以治洛之效望之成王也。**予旦以多子越御事。篤前人成烈。答其師。作周孚先。考朕昭子刑。乃單文祖德。**多子者。衆卿大夫也。唐孔氏曰。子者有德之稱。大夫皆稱子。師。衆也。周公言我以衆卿大夫及治事之臣。篤厚文武成功。以答天下之衆也。孚。信也。作周孚先者。人臣信以事上。以信而倡後人也。考。成也。昭子。猶所謂明辟也。親之故曰予。刑儀刑也。單殫也。言成我明子儀刑。而殫盡文王之德。蓋周公與羣臣篤前人成烈者。所以成成王之刑。乃殫文祖德也。此周公以治洛之事自效也。**伻來毖殷。乃**
命寧予。句絕**以秬鬯二卣。曰明禋。拜手稽首休享。**秬曰許反。鬯丑亮反。卣音由。禋音因。○此謹毖殷民。而命寧周公也。秬黑黍也。一稃二米。和氣
所生。鬯鬱金香草也。卣中尊也。明潔。禋敬也。以事神之禮事公也。蘇氏曰。以黑黍爲酒。合以鬱鬯。所以祼也。宗廟之禮。莫盛於祼。王使人來戒敕庶殷。且以秬鬯二卣綏寧周公。曰明禋。曰休
享者何也。事周公如事神明也。古者有大賓客。以享禮禮之。酒清人渴而不飲。肉乾人饑而不食也。故享有體薦。豈非敬之至者。則其禮如祭也歟。**予不敢宿。則禋于文**
王武王。宿與顧命三宿之宿同。禋祭名。周公不敢受此禮。而祭於文武也。**惠篤敘。無有遘自疾。萬年厭于乃德。殷乃引考。**遘居候反。
厭於艷反。○此祭之祝辭。周公爲成王禱也。惠順也。篤敘與篤敘乃正父同。順篤敘文武之道。身其康强。無有遘自罹疾害者。子孫萬年厭飽乃德。殷人亦永壽考也。**王伻殷乃**
承敘萬年。其永觀朕子懷德。承聽受也。敘敘條次第也。王使殷人承敘萬年。其永觀法我孺子而懷其德也。蓋周公雖許成王留洛。然且謂王伻殷者。若曰遷洛
之民。我固任之。至於使其承敘萬年。則實繫于王也。亦責難之意。與名誥末用供王能祈天永命語脈相類。**戊辰。王在新邑。烝祭歲。文王騂牛一。武**
王騂牛一。王命作冊逸祝冊。惟告周公其後。王賓殺禋咸格。王入太室祼。戊音茂。祼古玩反。○此下史官記祭祀冊
誥等事。以附篇末也。戊辰十二月之戊辰日也。是日成王在洛。舉烝祭之禮。曰歲云者。歲舉之祭也。周尚赤。故用騂。宗廟禮太牢。此用特牛者。命周公留後於洛。故舉盛禮也。逸史佚也。作冊
者冊書也。逸祝冊者。史逸爲祝冊以告神也。惟告周公其後者。祝冊所載。更不他及。惟告周公留守其後之意。重其事也。王賓猶虞賓。祀宋之屬。助祭諸侯也。諸侯以王殺牲禋祭祖廟。故咸
至也。太室。清廟中央室也。祼灌也。以圭瓚酌秬鬯。灌地以降神也。**王命周公後。作冊逸誥。在十有二月。**逸誥者。史逸誥周公治洛留後也。在十有二月
者。明戊辰爲十二月日也。**惟周公誕保文武受命。惟七年。**吳氏曰。周公自留洛之後。凡七年而薨也。成王之留公也。言誕保文武受民。公之復成王也。亦言承
保乃文祖受命民。越乃光烈考武王。故史臣於其終。計其年曰。惟周公誕保文武受命。惟七年。蓋始終公之辭云。

多士商民遷洛者。亦有有位之士。故周公洛邑初政。以王命總呼多士而告之。編書者因以名篇。亦誥體也。今文古文皆有。○吳氏曰。方遷商民于洛之時。成周未作。其後王
與周公患四方之遠。鑒三監之叛。於是始作洛邑。欲徙周而居之。其曰昔朕來自奄。大降
爾四國民命。我乃明致天罰。移爾遐逖。比事臣我宗多遜者。遷民之初也。曰今朕作大
邑于茲洛。予惟四方罔攸賓。亦惟爾多士攸服奔走臣我多遜者。言遷民而後作洛也。故
洛誥一篇。終始皆無欲遷商民之意。惟周公既誥成王留治于洛之後。乃曰伻來毖殷。
曰王伻殷乃承敘。當時商民已遷于洛。故其言如此。愚謂武王已有都洛之志。故周公黜
殷之後。以殷民反覆難制。卽遷于洛。至是建成周。造廬舍。定疆場。乃告命與之更始焉爾。

此多士之所以作也。由是而推。則名誥攻位之應殷。其已遷洛之民歟。不然。則受都今衞州也。洛邑。今西京也。相去四百餘里。召公安得舍近之友民。而役遠之讎民哉。書序以爲成周既成。遷殷頑民者謬矣。吾固以爲非孔子所作也。

惟三月。周公初于新邑洛。用告商王士。此多士之本序也。三月。成王祀洛次年之三月也。周公至洛久矣。此言初者。成王既不果遷。留公治洛。至是公始行治洛之事。故謂之初也。曰商王士者。貴之也。王若曰。爾殷遺多士。弗弔。旻天大降喪于殷。我有周佑命。將天明威。致王罰。勑殷命。終于帝。弗弔。未詳。意其爲歎憫之辭。當時方言爾也。旻天。秋天也。主肅殺而言。歎憫言旻天大降災害而喪殷。我周受眷佑之命。奉將天之明威。致王罰之公。勑正殷命而革之。以終上帝之事。蓋推革命之公以開諭之也。肆爾多士。非我小國敢弋殷命。惟天不畀。允罔固亂。弼我。我其敢求位。肆與康誥肆汝小子封同。弋。取也。弋鳥之弋。言有心於取之也。呼多士誥之。謂以勢而言。我小國亦豈敢弋取殷命。蓋栽者培之。傾者覆之。固其治而不固其亂者。天之道也。惟天不與殷。信其不固殷之亂矣。惟天不固殷之亂。故輔我周之治。而天位自有所不容辭者。我其敢有求位之心哉。惟帝不畀。惟我下民秉爲。惟天明畏。秉。持也。言天命之所不與。即民心之所秉爲。民心之所秉爲。即天威之所明畏者也。反覆天民相因之理。以見天之果不外乎民。民之果不外乎天也。詩言秉彜。此言秉爲者。彜以理言。爲以用言也。

我聞曰。上帝引逸。有夏不適逸。則惟帝降格。嚮于時夏。弗克庸帝。大淫泆有辭。惟時天罔念聞。厥惟廢元命。降致罰。引。導。逸。安也。降格。與呂刑降格同。呂氏曰。上帝引逸者。非有形聲之接也。人心得其安。則亹亹而不能已。斯則上帝引之也。是理坦然。亦何間于桀。第桀喪其良心。自不適於安耳。帝實引之。桀實避之。帝猶未遠絕也。乃降格災異。以示意嚮於桀。桀猶不知警懼。不能敬用帝命。乃大肆淫逸。雖有矯誣之辭。而天罔念聞之。仲虺所謂帝用不臧。是也。喪其大命。降致其罰。而夏祚終矣。乃命爾先祖成湯革夏。俊民甸四方。甸。治也。伊尹稱湯旁求俊彥。孟子稱湯立賢無方。蓋明揚俊民。分布遠邇。甸治區畫。成湯立政之大經也。周公反復以夏商爲言者。蓋夏之亡。即殷之亡。湯之興。即武王之興也。商民觀是。亦可以自反矣。

自成湯至于帝乙。罔不明德恤祀。明德者。所以修其身。恤祀者。所以敬乎神也。亦惟天丕建。保乂有殷。殷王亦罔敢失帝。罔不配天其澤。亦惟天大建立。保治有殷。殷之先王。亦皆操存此心。無敢失帝之則。無不配天以澤民也。在今後嗣王。誕罔顯于天。矧曰其有聽念于先王勤家。誕淫厥泆。罔顧于天顯民祇。後嗣王。紂也。紂大不明於天道。況曰能聽念商先王之勤勞於邦家者乎。大肆淫泆。無復顧念天之顯道。民之祇畏者也。惟時上帝不保。降若茲大喪。大喪者。國亡而身戮也。惟天不畀。不明厥德。商先王以明德而天丕建。則商後王不明德而天不畀矣。凡四方小大邦喪。罔非有辭于罰。凡四方小大邦國喪亡。其致罰皆有可言者。況商罪貫盈。而周奉辭以伐之者乎。王若曰。爾殷多士。今惟我周王丕靈承帝事。靈。善也。大善承天之所爲也。武成言祇承上帝。以遏亂略。是也。有命曰割殷告勑于帝。帝有命曰割殷。則不得不戩定翦除。告其勑正之事于帝也。武成言告于皇天后土。將有大正于商者。是也。惟我事不貳適。惟爾王家我適。上帝臨汝。毋貳爾心。惟我事不貳適之謂。上帝既命。侯于周服。惟爾王家我適之謂。告割殷之事。非有私心。一於從帝而無貳適。則爾殷王家。自不容不我適矣。周不貳於帝。殷其能貳於周乎。蓋示以確然不可動搖之意。而潛消頑民反側之情爾。然聖賢事不貳適。日用飲食。莫不皆然。蓋所以事天也。豈特割殷之事而已哉。予其曰。惟爾洪無度。我不爾動。自乃邑。三監倡亂。予其曰。乃汝大爲非法。非我爾動。變自爾邑。猶伊訓所謂造攻自鳴條也。予亦念天即于殷大戾。肆不正。予亦念天就殷邦屢降大戾。紂既死。武庚又死。故邪慝不正。言當遷徙也。王曰。猷告爾多士。予惟時其遷居西爾。非我一人奉德不康寧。時惟天命。無違。朕不敢有後。無我怨。時。是也。指上文殷大戾而言。謂惟是之故。所以遷居西爾。非我一人樂如是之遷徙震動也。是惟天命如此。汝毋違越。我不敢有後命。謂有他罰。爾無我怨也。惟爾知惟殷先人有冊有典。殷革夏命。即其舊聞以開諭之也。殷之先世。有冊書典籍。載殷改夏命之事。正如是耳。爾何獨疑於今乎。今爾又曰。夏迪簡在王庭。有服在百僚。予一人惟聽用德。肆予敢求爾于天邑商。予惟率肆矜爾。非予罪。時惟天命。周公既舉商革夏事。以諭頑民。頑民復以商革夏事責周。謂商革夏命之初。凡夏之士。皆啓迪簡拔在商王之庭。有服列于百僚之間。今周於商士。未聞有所簡拔也。周公舉其言以大義折之。言爾頑民雖有是言。然予一人所聽用者。惟以德而已。故予敢求爾於天邑商。而遷之於洛者。以冀率德改行焉。予惟循商故事。矜恤於爾而已。其不爾用者。非我之罪也。是惟天命如此。蓋章德者天之命。今頑民誠德而欲求用得乎。王曰。多士。昔朕來自奄。予大降爾四國民命。我乃明致天罰。移爾遐逖。比事臣我宗多遜。降。猶今法降等云者。言昔我來自商奄之時。汝四國之民。罪皆應死。我大降爾命。不忍誅戮。乃止明致天罰。移爾遠居于洛。以親比臣我宗周。有多遜之美。其罰蓋亦甚輕。其恩固已甚厚。今乃猶有所怨望乎。詳此章。則商民之遷。固已久矣。王曰。告爾殷多士。今予惟不爾殺。予惟時命有申。今朕作大邑于茲洛。予惟四方罔攸賓。亦惟爾多士攸服奔走臣我多遜。以自奄之命爲初命。則此命爲申命也。言我惟不忍爾殺。故申明此命。且我所以營洛者。以四方諸侯無所賓禮之地。亦惟爾等服事奔走臣我多遜。而無所處故也。詳此章。則遷民在營洛之先矣。吳氏曰。來自奄。稱昔者。遠日之辭也。作大邑。稱今者。近日之辭也。移爾遐逖。比臣事我宗多遜者。朝之之辭也。攸服奔走臣我多遜者。果能之之辭也。以此又知遷民在前。而作洛在後也。爾乃尚有爾土，爾乃尚寧幹止。幹，事。止，居也。爾乃庶幾有爾田業，庶幾安爾所事，安爾所居也。詳此章所言，皆仍舊有土田居止之辭，信商民之遷舊矣。孔氏不得其說，而以得反所生釋之，於文義似矣，而事則非也。爾克敬，天惟畀矜爾。爾不克敬，爾不啻不有爾土，予亦致天之罰于爾躬。敬則言動無不循理，天之所福，吉祥所集也。不敬則言動莫不違悖，天之所禍，刑戮所加也。豈特竄徙不有爾土而已哉，身亦有所不能保矣。今爾惟時宅爾邑，繼爾居。爾厥有幹有年于茲洛。爾小子乃興從爾遷。邑，四井為邑之邑。繼者，承續安居之謂。有幹，有營為。有年，有壽考。皆于茲洛焉。爾之子孫乃興自爾遷始也。夫自亡國之末裔，為起家之始祖，頑民雖愚，亦知所擇矣。王曰又曰：時予乃或言爾攸居。王曰之下，當有闕文。以多方篇末王曰又曰推之可見。時，我或有所言，皆以爾之所居止為念也。申結上文爾居之意。

無逸

逸者，人君之大戒。自古有國家者，未有不以勤而興，以逸而廢也。益戒舜曰：罔遊于逸，罔淫于樂。舜大聖也，益猶以是戒之，則時君世主其可忽哉。成王初政，周公懼其知逸而不知無逸也，故作是書以訓之。言則古昔，必稱商王者，時之近也。必稱先王者，王之親也。舉三宗者，繼世之君也。詳文祖者，耳目之所逮也。上自天命精微，下至畎畝艱難，閭里怨詛，無不具載。豈獨成王之所當知哉，實天下萬世人主之龜鑑也。是篇凡七更端，周公皆以嗚呼發之，深嗟永歎，其意深遠矣。亦訓體也。今文古文皆有。

周公曰：嗚呼！君子所其無逸。所，猶處所也。君子以無逸為所，動靜食息，無不在是焉。作輟，則非所謂所矣。先知稼穡之艱難，乃逸，則知小人之依。先知稼穡之艱難乃逸者，以勤居逸也。依者，指稼穡而言。小民所恃以為生者也。農之依田，猶魚之依水，木之依土。魚無水則死，木無土則枯，民非稼穡則無以生也。故舜自耕稼以至為帝，禹稷躬稼以有天下，文武之基起於后稷。四民之事，莫勞於稼穡；生民之功，莫盛於稼穡。周公發無逸之訓，而首及乎此，有以哉。相小人，厥父母勤勞稼穡，厥子乃不知稼穡之艱難，乃逸，乃諺。既誕，否則侮厥父母曰：昔之人無聞知。諺，疑戰反。○不知稼穡之艱難乃逸者，以逸為逸也。俚語曰諺。言視小民，其父母勤勞稼穡，其子乃生於豢養，不知稼穡之艱難，乃縱逸自恣，乃習俚巷鄙語。既又誕妄，無所不至。不然，則又訕侮其父母曰：古老之人，無聞無知，徒自勞苦，而不知所以自逸也。昔劉裕奮農畝而取江左，一再傳，後子孫見其服用，反笑曰：田舍翁得此，亦過矣。此正所謂昔之人無聞知也。使成王非周公之訓，安知其不以公劉后稷為田舍翁也。周公曰：嗚呼！我聞曰：昔在殷王中宗，嚴恭寅畏，天命自度，治民祗懼，不敢荒寧。肆中宗之享國，七十有五年。中宗，太戊也。嚴則莊重，恭則謙抑，寅則欽肅，畏則戒懼。天命，即天理也。中宗嚴恭寅畏，以天理而自檢律其身，至於治民之際，亦祗敬恐懼，而不敢怠荒安寧。中宗無逸之實如此，故能有享國永年之效也。按書序，太戊有原命、咸乂等篇，意述其當時敬天治民之事，今無所考矣。其在高宗時，舊勞于外。爰暨小人。作其卽位。乃或亮陰。三年不言。其惟不言。言乃雍。不敢荒寧。嘉靖殷邦。至于小大。無時或怨。肆高宗之享國。五十有九年。亮音梁。陰音菴。○高宗。武丁也。未卽位之時。其父小乙。使久居民閒。與小民出入同事。故於小民稼穡艱難。備嘗知之也。雍。和也。發言和順。當於理也。嘉。美。靖。安也。嘉靖者。禮樂敎化。蔚然於安居樂業之中也。漢文帝與民休息。謂之靖則可。謂之嘉則不可。小大無時或怨者。萬民咸和也。乃雍者。和之發於身。嘉靖者。和之達於政。無怨者。和之著於民也。餘見說命。高宗無逸之實如此。故亦有享國永年之效也。

其在祖甲。不義惟王。舊爲小人。作其卽位。爰知小人之依。能保惠于庶民。不敢侮鰥寡。肆祖甲之享國。三十有三年。史記。高宗崩。子祖庚立。祖庚崩。弟祖甲立。則祖甲。高宗之子。祖庚之弟也。鄭玄曰。高宗欲廢祖庚。立祖甲。祖甲以爲不義。逃於民閒。故云不義惟王。○按漢孔氏以祖甲爲太甲。蓋以國語稱帝甲亂之。七世而殞。孔氏見此等記載。意爲帝甲必非周公所稱者。又以不義惟王。與太甲此乃不義。文似。遂以此稱祖甲者。爲太甲。然詳此章舊爲小人。作其卽位。與上章爰暨小人。作其卽位。文勢正類。所謂小人者。皆指微賤而言。非謂憸小之人也。作其卽位。亦不見太甲復政思庸之意。又按邵子經世書。高宗五十九年。祖庚七年。祖甲三十三年。世次歷年。皆與書合。亦不以太甲爲祖甲。況殷世二十有九。以甲名者五。帝以太以小以沃以陽以祖別之。不應二人俱稱祖甲。國語傳訛承謬。旁記曲說。不足盡信。要以周公之言爲正。又下文周公言自殷王中宗。及高宗。及祖甲。及我周文王。及云者。因其先後次第而枚舉之辭也。則祖甲之爲祖甲。而非太甲。明矣。

自時厥後立王。生則逸。生則逸。不知稼穡之艱難。不聞小人之勞。惟耽樂之從。自時厥後。亦罔或克壽。或十年。或七八年。或五六年。或四三年。過樂謂之耽。泛言自三宗之後。卽君位者。生則逸豫。不知稼穡之艱難。不聞小人之勞。惟耽樂之從。伐性喪生。故自三宗之後。亦無能壽考。遠者不過十年七八年。近者五六年三四年爾。耽樂愈甚。則享年愈促也。凡人莫不欲壽而惡夭。此篇專以享年永不永爲言。所以開其所欲。而禁其所當戒也。

周公曰。嗚呼。厥亦惟我周太王王季。克自抑畏。商猶異世也。故又卽我周先王告之。言太王王季。能自謙抑謹畏者。蓋將論文王之無逸。故先述其源流之深長也。大抵抑畏者。無逸之本。縱肆怠荒。皆矜誇無忌憚者之爲。故下文言文王曰柔曰恭曰不敢。皆原太王王季抑畏之心發之耳。

文王卑服。卽康功田功。卑服猶禹所謂惡衣服也。康功。安民之功。田功。養民之功。言文王於衣服之奉。所性不存。而專意於安養斯民也。卑服。蓋舉一端而言。宮室飲食自奉之薄。皆可類推。

徽柔懿恭。懷保小民。惠鮮鰥寡。自朝至于日中昃。不遑暇食。用咸和萬民。徽。懿。皆美也。昃。日昳也。柔謂之徽。則非柔懦之柔。恭謂之懿。則非足恭之恭。文王有柔恭之德。而極其徽懿之盛。和易近民。於小民則懷保之。於鰥寡則惠鮮之。惠鮮云者。鰥寡之人。垂首喪氣。賚予賙給之。使之有生意也。自朝至于日之中。自中至于日之昃。一食之頃。有不遑暇。欲咸和萬民。使無一不得其所也。文王心在乎民。自不知其勤勞如此。豈秦始皇衡石程書。隋文帝衛士傳餐。代有司之任者之爲哉。立政言罔攸兼于庶言庶獄庶愼。則文王又若無所事事者。不讀無逸。則無以知文王之勤。不讀立政。則無以知文王之逸。合二書觀之。則文王之所從事可知矣。**文王不敢盤于遊田。以庶邦惟正之供。文王受命惟中身。厥享國五十年。**遊田。國有常制。文王不敢盤遊無度。上不濫費。故下無過取。而能以庶邦惟正之供。於常貢正數之外。無橫斂也。言庶邦則民可知。文王爲西伯。所統庶邦。皆有常供。春秋貢於霸主者。班班可見。至唐猶有送使之制。則諸侯之供方伯舊矣。受命言爲諸侯也。中身者。漢孔氏曰。文王九十七而終。即位時年四十七。言中身。舉全數也。上文崇素儉。恤孤獨。勤政事。戒遊佚。皆文王無逸之實。故其享國有歷年之永。**周公曰。嗚呼。繼自今嗣王。則其無淫于觀。于逸。于遊。于田。以萬民惟正之供。**則。法也。其。指文王而言。淫。過也。言自今日以往。嗣王其法文王。無過于觀逸遊田。以萬民惟正之供。上文言遊田而不言觀逸。以大而包小也。言庶邦而不言萬民。以遠而見近也。**無皇曰。今日耽樂。乃非民攸訓。非天攸若。時人丕則有愆。無若殷王受之迷亂。酗于酒德哉。**無與毋通。皇與遑通。訓。法。若。順。則。法也。毋自寬假曰。今日姑爲是耽樂也。一日耽樂。固若未害。然下非民之所法。上非天之所順。時人大法其過逸之行。猶商人化受而崇飲之類。故繼之曰。毋若商王受之沈迷酗于酒德哉。酗酒謂之德者。德有凶有吉。韓子所謂道與德爲虛位是也。**周公曰。嗚呼。我聞曰。古之人猶胥訓告。胥保惠。胥教誨。民無或胥譸張爲幻。**譸。張流反。幻。音患。○胥。相。訓。誡。惠。順。譸。誑。張。誕也。變名易實以眩觀者曰幻。歎息言古人德業已盛。其臣猶且相與誠告之。相與保惠之。相與教誨之。保惠者。保養而將順之。非特誠告而已也。敎誨。則有規正成就之意。又非特保惠而已也。惟其若是。是以視聽思慮。無所蔽塞。好惡取予。明而不悖。故當時之民。無或敢誑誕爲幻也。**此厥不聽。人乃訓之。乃變亂先王之正刑。至于小大。民否則厥心違怨。否則厥口詛祝。**否。俯久反。詛。莊助反。祝。音呪。○正刑。正法也。言成王於上文古人胥訓告保惠敎誨之事。而不聽信。則人乃法則之。君臣上下。師師非度。必變亂先王之正法。無小無大。莫不盡取而紛更之。蓋先王之法。甚便於民。甚不便於縱侈之君。如省刑罰以重民命。民之所便也。而君之殘酷者。則必變亂之。如薄賦斂以厚民生。民之所便也。而君之貪侈者。則必變亂之。厥心違怨者。怨之蓄于中也。厥口詛祝者。怨之形于外也。爲人上而使民心口交怨。其國不危者。未之有也。此蓋治亂存亡之機。故周公懇懇言之。**周公曰。嗚呼。自殷王中宗。及高宗。及祖甲。及我周文王。茲四人迪哲。**迪。蹈。哲。智也。孟子以知而弗去爲智之實。迪云者。所謂弗去是也。人主知小人之依。而或忿戾之者。是不能蹈其知者也。惟中宗高宗祖甲文王。允蹈其知。故周公以迪哲稱之。**厥或告之曰。小人怨汝詈汝。則皇自敬德。厥愆曰。朕之愆。允若時。不啻不敢含怒。**詈。力智反。○詈。罵言也。其或有告之曰。小人怨汝詈汝。汝則皇自敬德。反諸其身。不尤其人。其所誣毀之愆。安而受之。曰是我之愆。允若時者。誠實若是。非止隱忍不敢藏怒也。蓋三宗文王於小民之依。心誠知之。故不暇責小人之過言。且因以察吾身之未至。怨詈之語。乃所樂聞。是豈特止於隱忍含怒不發而已哉。

此厥不聽。人乃或譸張為幻。曰。小人怨汝詈汝。則信之。則若時。不永念厥辟。不寬綽厥心。亂罰無罪。殺無辜。怨有同。是叢于厥身。

綽、尺約反。○綽。大。叢。聚也。言成王於上文三宗文王迪哲之事。不肯聽信。則小人乃或誑誕變置虛實。曰。小民怨汝詈汝。汝則聽信之。則如是不能永念其為君之道。不能寬大其心。以誑誕無實之言。羅織疑似。亂罰無罪。殺戮無辜。天下之人。受禍不同而同於怨。皆叢於人君之一身。亦何便於此哉。大抵無逸之書。以知小人之依為一篇綱領。而此章則申言既知小人之依。則當蹈其知也。三宗文王能蹈其知。故其胸次寬平。人之怨詈不足以芥蔕其心。如天地之於萬物。一於長育而已。其悍疾憤戾。天豈私怒於其閒哉。天地以萬物為心。人君以萬民為心。故君人者。要當以民之怨詈為己責。不當以民之怨詈為己怒。以為己責。則民安而君亦安。以為己怒。則民危而君亦危矣。吁。可不戒哉。

周公曰。嗚呼。嗣王其監于茲。

茲者。指上文而言也。無逸一篇七章。章首皆先致其咨嗟詠歎之意。然後及其所言之事。至此章。則於嗟歎之外。更無他語。惟以嗣王其監於茲結之。所謂言有盡而意則無窮。成王得無深警於此哉。

君奭

奭。召公告老而去。周公留之。史氏錄其告語為篇。亦誥體也。以周公首呼君奭。因以君奭名篇。篇中語多未詳。今文古文皆有。○按此篇之作。史記謂召公疑周公當國踐祚。唐孔氏謂召公以周公嘗攝王政。今復在臣位。葛氏謂召公未免常人之情。以爵位先後介意。故周公作是篇以諭之。陋哉斯言。要皆為序文所誤。獨蘇氏謂召公之意。欲周公告老而歸為近之。然詳本篇旨意。迺召公自以盛滿難居。欲避權位。退老厥邑。周公反覆告諭以留之爾。熟復而詳味之。其義固可見也。

周公若曰。君奭。

君者。尊之之稱。奭。召公名也。古人尚質。相與語多名之。

弗弔。天降喪于殷。殷既墜厥命。我有周既受。我不敢知曰。厥基永孚于休。若天棐忱。我亦不敢知曰。其終出于不祥。

不祥者。休之反也。天既下喪亡于殷。殷既失天命。我有周既受之矣。我不敢知曰。其基業長信於休美乎。如天果輔我之誠耶。我亦不敢知曰。其終果出於不祥乎。○按此篇周公留召公而作。此其言天命吉凶。雖曰我不敢知。然其懷惻危懼之意。天命吉凶之決。實主於召公留不留如何也。

嗚呼。君已曰時我。我亦不敢寧于上帝命。弗永遠念天威。越我民罔尤違。惟人。在我後嗣子孫。大弗克恭上下。遏佚前人光。在家不知。

尤。怨。違。背也。周公歎息言召公已嘗曰是在我而已。周公謂我亦不敢苟安天命。而不永遠念天之威。於我民無尤怨背違之時也。天命民心。去就無常。實惟在人而已。今召公乃忘前日之言。翻然求去。使在我後嗣子孫。大不能敬天敬民。驕慢肆侈。遏絕佚墜。文武光顯。可得謂在家而不知乎。

天命不易。天難諶。乃其墜命。弗克經歷嗣前人恭明德。

諶。時壬反。○天命不易。猶詩曰命不

易哉。命不易保。天難諶信。乃其墜失天命者。以不能經歷繼嗣前人之恭明德。也。吳氏曰。弗克恭。故不能嗣前人之恭德。遏佚前人光。故不能嗣前人之明德。**在今予小子旦。非克有正。迪惟前人光。施于我沖子。**吳氏曰。小子。自謙之辭也。非克有正。亦自謙之辭也。言在今我小子旦。非能有所正也。凡所開導。惟以前人光大之德。使益焜燿。而付于沖子而已。以前言後嗣子孫遏佚前人光而言也。**又曰。天不可信。我道惟寧王德延。天不庸釋于文王受命。**又曰者。以上文言天命不易。天難諶。此又申言天不可信。故曰又曰。天固不可信。然在我之道。惟以延長武王之德。使天不容捨文王所受之命也。**公曰。君奭。我聞在昔。成湯既受命。時則有若伊尹。格于皇天。在太甲。時則有若保衡。在太戊。時則有若伊陟臣扈。格于上帝。巫咸乂王家。在祖乙。時則有若巫賢。在武丁。時則有若甘盤。**時則有若者。言當其時有如此人也。保衡。即伊尹也。見說命。太戊。太甲之孫。伊陟。伊尹之子。臣扈。與湯時臣扈。二人而同名者也。巫。氏。咸。名。祖乙。太戊之孫。巫賢。巫咸之子也。武丁。高宗也。甘盤。見說命。呂氏曰。此章序商六臣之烈。蓋勉召公匹休於前人也。伊尹佐湯。以聖輔聖。其治化與天無間。伊陟臣扈之佐太戊。以賢輔賢。其治化克厭天心。自其偏覆言之謂之天。自其主宰言之謂之帝。書或稱天。或稱帝。各隨所指。非有重輕。至此章對言之。則聖賢之分。而深淺見矣。巫賢止言其乂王家者。咸之爲治。功在王室。精微之蘊。猶有愧於二臣也。亡書有咸乂四篇。其乂王家之實與巫賢甘盤而無指言者。意必又次於巫咸也。○蘇氏曰。殷有聖賢之君七。此獨言五。下文云殷禮陟配天。豈配祀于天者止此五王。而其臣皆配食于廟乎。在武丁時不言傅說。豈傅說不配食于配天之王乎。其詳不得而聞矣。**率惟茲有陳。保乂有殷。故殷禮陟配天。多歷年所。**陟。升遐也。言六臣循惟此道。有陳列之功。以保乂有殷。故殷先王終以德配天。而享國長久也。**天惟純佑命。則商實百姓王人。罔不秉德明恤。小臣屏侯甸。矧咸奔走。惟茲惟德稱。用乂厥辟。故一人有事于四方。若卜筮。罔不是孚。**佑。助也。實。虛實之實。國有人則實。孟子言不信仁賢。則國空虛是也。稱。舉也。亦秉持之義。事。征伐會同之類。承上章六臣輔君格天致治。遂言天佑命有商。純一而不雜。故商國有人而實。內之百官著姓。與夫王臣之微者。無不秉持其德。明致其憂。外之小臣。與夫藩屏侯甸。皆奔走服役。惟此之故。惟德是舉。用乂其君。故君有事于四方。如龜之卜。如蓍之筮。天下無不敬信之也。**公曰。君奭。天壽平格。保乂有殷。有殷嗣天滅威。今汝永念。則有固命。厥亂明我新造邦。**呂氏曰。坦然無私之謂平。格者。通徹三極而無間者也。天無私壽。惟至平通格于天者則壽之。伊尹而下六臣。能盡平格之實。故能保乂有殷。多歷年所。至于殷紂。亦嗣天位。乃驟罹滅亡之威。天豈不私壽之也。固命者。不墜之天命也。今召公勉爲周家久永之念。則有天之固命。其治效亦赫然明著於我新造之邦。而身與國俱顯矣。**公曰。君奭。在昔上帝割申勸寧王之德。其集大命于厥躬。**申。重。勸。勉也。在昔上帝降割于殷。申勸武

王之德而集大命于其身。使有天下也。惟文王尚克修和我有夏。亦惟有若虢叔。有若閎夭。有若散宜生。有若泰
顛。有若南宮括。虢叔。文王弟。閎。散。泰。南宮。皆氏。夭。宜生。顛。括。皆名。言文王庶幾能修治變和。我所有諸夏者。亦惟有虢叔等五臣爲之輔也。康誥言一二邦以修。無逸言用咸
和萬民。卽文王修和之實也。又曰。無能往來茲迪彝教。文王蔑德降于國人。蔑。莫結反。○蔑。無也。夏氏曰。周公前既言文王之興。本此五臣。
故又反前意而言曰。若此五臣者。不能爲文王往來奔走。於此導迪其常教。則文王亦無德降及於國人矣。周公反覆以明其意。故以又曰更端發之。亦惟純佑秉德迪
知天威。乃惟時昭文王。迪見冒聞于上帝。惟時受有殷命哉。言文王有此五臣者。故亦如殷爲天純佑命。百姓王人。罔不秉德也。
上既反言文王若無此五臣爲迪彝教。則亦無德下及國人。故此又正言亦惟天乃純佑文王。蓋以如是秉德之臣。蹈履至到實知天威。以是昭明文王。啓迪其德。使著見於上。覆冒於下。而
升聞于上帝。惟是之故。遂能受有殷之天命也。武王惟茲四人。尚迪有祿。後暨武王誕將天威。咸劉厥敵。惟茲四人昭
武王惟冒。丕單稱德。單與殫通。稱平聲。○虢叔先死。故曰四人。劉。殺也。單。盡也。武王惟此四人。庶幾迪有天祿。其後暨武王盡殺其敵。惟此四人能昭武王。遂覆冒
天下大盡稱武王之德。謂其達聲教於四海也。文王冒西土而已。丕單稱德。惟武王爲然。於文王言命。於武王言祿者。文王但受天命。至武王方富有天下也。呂氏曰。師尚父之事文武。烈莫
盛焉。不與五臣之列。蓋一時議論。或詳或略。隨意而言。主於留名公。而非欲爲人物評也。今在予小子旦。若游大川。予往暨汝奭其濟。小子
同未在位。誕無我責。收罔勖不及。耇造德不降。我則鳴鳥不聞。矧曰其有能格。小子旦。自謙之稱也。浮水曰游。
周公言承文武之業。懼不克濟。若浮大川。罔知津涯。豈能獨濟哉。予往與汝名公其共濟可也。小子。成王也。成王幼沖。雖已卽位。與未卽位同。誕。大也。大無我責上。疑有缺文。收罔勖不及。未
詳。耇。造德不降。言名公去。則耇老成人之德。不下於民。在郊之鳳。將不復得聞其鳴矣。況敢言進此而有感格乎。是時周方隆盛。鳴鳳在郊。卷阿鳴于高岡者。乃詠其實。故周公云爾也。公
曰。嗚呼。君肆其監于茲。我受命無疆惟休。亦大惟艱。告君乃猷裕。我不以後人迷。肆。大。猷。謀也。茲指上文所
言。周公歎息欲名公大監視上文所陳也。我文武受命。固有無疆之美矣。然迹其積累締造。蓋亦艱難之大者。不可不相與竭力保守之也。告君謀所以寬裕之道。勿狹隘求去。我不欲後人
迷惑而失道也。○呂氏曰。大臣甘燥濕。欲其調齊。盤錯棼結。欲其解紓。黯闇之位。百責所萃。震撼擊撞。欲其鎭定。辛苦汚濁。欲其茹納。自非曠度洪量。與夫患失乾沒者。未嘗無翩然捨去之意。
況名公親遭大變。破斧缺斨之時。屈折調護。心勞力瘁。又非平時大臣之比。顧以成王未親政。不敢乞身爾。一旦政柄有歸。浩然去志。固人情之所必至。然思文武王業之艱難。念成王守成
之無助。則名公義未可去也。今乃汲汲然求去之不暇。其迫切已甚矣。蓋謀所以寬裕之道。圖功攸終。展布四體。爲久大規模。使君德開明。未可捨去。而聽後人之迷惑也。公曰。前

人敷乃心。乃悉命汝。作汝民極。曰汝明勖偶王。在亶乘茲大命。惟文王德。丕承無疆之恤。偶配也。蘇氏曰。周公與召公同受武王顧命輔成王。故周公言前人敷乃心腹以命汝召公位三公以為民極。且曰。汝當明勉輔孺子。如耕之有偶也。在於相信。如車之有馭也。并力一心。以載天命。念文考之舊德。以丕承無疆之憂。公曰。君告汝朕允。保奭。其汝克敬以予。監于殷喪大否。肆念我天威。大否大亂也。告汝以我之誠。呼其官而名之。言汝能敬以我所言。監視殷之喪亡大亂。可不大念我天威之可畏乎。予不允惟若茲誥。予惟曰襄我二人。汝有合哉。言曰在時二人。天休滋至。惟時二人弗戡。其汝克敬德。明我俊民。在讓後人于丕時。戡勝也。戡堪。古通用。周公言我不信於人而若此告語乎。予惟曰王業之成。在我與汝而已。汝聞我言而有合哉。亦曰在是二人。但天休滋至。惟是我二人將不堪勝。汝若以盈滿為懼。則當能自敬德。益加寅畏。明揚俊民。布列庶位。以盡大臣之職業。以答滋至之天休。毋徒惴惴而欲去為也。他日在汝推遜後人于大盛之時。超然肥遯。誰復汝禁。今豈汝辭位之時乎。

嗚呼。篤棐時二人。我式克至于今日休。我咸成文王功于不怠。丕冒。海隅出日。罔不率俾。周公復歎息言。篤於輔君者。是我二人。我用能至于今日休盛。然我欲與召公共成文王功業于不怠。大覆冒斯民。使海隅日出之地。無不臣服。然後可也。周都西土。去東為遠。故以日出言。吳氏曰。周公未嘗有其功。以其留召公。故言之。蓋敘其所已然。而勉其所未至。亦人所說而從者也。公曰。君。予不惠若茲多誥。予惟用閔于天越民。周公言。我不順於理而若茲諄復之多誥耶。予惟用憂天命之不終。及斯民之無賴也。韓子言畏天命而悲人窮。亦此意。前言若茲誥。故此言若茲多誥。周公之告召公。其言語之際。亦可悲矣。

公曰。嗚呼。君。惟乃知民德。亦罔不能厥初。惟其終。祇若茲。往敬用治。上章言天命民心。而民心又天命之本也。故卒章專言民德以終之。周公歎息謂召公踐歷諳練之久。惟汝知民之德。民德謂民心之嚮順。亦罔不能其初。今日固罔尤違矣。當思其終。則民之難保者。尤可畏也。其祇順此誥。往敬用治。不可忽也。此召公已留周公飭遣就職之辭。厥後召公既相成王。又相康王。再世猶未釋其政。有味於周公之言也夫。

蔡仲之命

蔡國名。仲字。蔡叔之子也。叔沒。周公以仲賢。命諸成王。復封之蔡。此其誥命之辭也。今文無古文有。○按此篇次敘。當在洛誥之前。

惟周公位冢宰。正百工。羣叔流言。乃致辟管叔于商。囚蔡叔于郭鄰。以車七乘。降霍叔于庶人。三年不齒。蔡仲克庸祗德。周公以為卿士。叔卒。乃命諸王邦之蔡。周公位冢宰正百工。武王崩時也。郭鄰。孔氏曰。中國之外地名。蘇氏曰。郭虢也。周禮六遂五家為鄰。管霍國名。武王崩。成王幼。周公居冢宰。百官總已以聽者。古今之通道也。當是時。三叔以主少國疑。乘商人之不靖。謂可惑以非義。遂相與流言。相亂以搖之。是豈周公一身之利害。乃欲顚覆社稷。塗炭生靈。天討所加。非周公所得已也。故致辟管叔于商。致辟云者。誅戮之也。囚蔡叔于郭鄰。以車七乘。囚云者。制其出入。而猶從以七乘之車也。降霍叔于庶人。三年不齒。三年之後。方齒錄以復其國也。三叔刑罰之輕重。因其罪之大小而已。仲。叔之子。克常敬德。周公以爲卿士。叔卒。乃命之成王而封之蔡也。周公留佐成王食邑於圻內。圻內諸侯孟仲二卿。故周公用仲爲卿。非魯之卿也。蔡。左傳在淮汝之間。仲不別封而命邦之蔡者。所以不絕叔於蔡也。封仲以他國。則絕叔於蔡矣。呂氏曰。象欲殺舜。舜在側微。其害止於一身。故舜得遂其友愛之心。周公之位。則繫於天下國家。雖欲遂友愛於三叔。不可得也。舜與周公易地皆然。史臣先書惟周公位冢宰。正百工。而繼以羣叔流言。所以結正三叔之罪也。後言蔡仲克庸祗德。周公以爲卿士。叔卒。即命之王。以爲諸侯。以見周公處然於三叔之刑。幸仲克庸祗德。則亟擢用分封之也。吳氏曰。此所謂冢宰正百工。與詩所謂攝政。皆在成王諒闇之時。非以幼沖而攝。而其攝也。不過位冢宰之位而已。亦非如荀卿所謂攝天子位之事也。三年之喪。二十五月而畢。方其畢時。周公固未嘗攝。亦非有七年而後還政之事也。百官總已以聽冢宰。未知其所從始。如殷之高宗已然。不特周公行之。此告諭周公者所當先知也。

王若曰。小子胡。惟爾率德改行。克愼厥猷。肆予命爾侯于東土。往即乃封。敬哉。胡。仲名。言仲循祖文王之德。改父蔡叔之行。能謹其道。故我命汝爲侯于東土。往就汝所封之國。其敬之哉。呂氏曰。敬哉者。欲其無失此心也。命書之辭。雖稱成王。實周公之意。

爾尚蓋前人之愆。惟忠惟孝。爾乃邁迹自身。克勤無怠。以垂憲乃後。率乃祖文王之彝訓。無若爾考之違王命。蔡叔之罪。在於不忠不孝。故仲能掩前人之愆者。惟在於忠孝而已。叔違王命。仲無所因。故曰邁迹自身。克勤無怠。所謂自身也。垂憲乃後。所謂邁迹也。率乃祖文王之彝訓。無若爾考之違王命。上文所謂率德改行也。

皇天無親。惟德是輔。民心無常。惟惠之懷。爲善不同。同歸于治。爲惡不同。同歸于亂。爾其戒哉。此章與伊尹申誥太甲之言相類。而有深淺不同者。太甲蔡仲之有間也。善固不一端。而無不可行之善。惡亦不一端。而無可爲之惡。爾其可不戒之哉。

愼厥初。惟厥終。終以不困。不惟厥終。終以困窮。惟。思也。窮。困之極也。思其終者。所以謹其初也。

懋乃攸績。睦乃四鄰。以蕃王室。以和兄弟。康濟小民。勉汝所立之功。親汝四鄰之國。蕃屛王家。和協同姓。康濟小民。五者諸侯職之所當盡也。

率自中。無作聰明亂舊章。詳乃視聽。罔以側言改厥度。則予一人汝嘉。率。循也。無。毋同。詳。審也。中者。心之理。而無過不及之差者也。舊章者。先王之成法。厥度者。吾身之法度。皆中之所出者。作聰明。則喜怒好惡。皆出於私。而非中矣。其能不亂先王之舊章乎。戒其本於已者然也。側言。一偏之言也。視聽不審。惑於一偏之說。則非中矣。其能不改吾身之法度乎。戒其徇於人者然也。仲能戒是。則我一人汝嘉矣。呂氏曰。作聰明者。非天之聰明。特沾沾小智耳。作與不作。而天人判焉。

王曰。嗚呼。小子胡。汝往哉。無荒棄朕命。飭往就國。戒其毋廢棄我命汝所言也。

多方成王即政奄與淮夷又叛成王滅奄歸作此篇按費誓言徂茲淮夷徐戎並興即其事也疑當時扇亂不特殷人如徐戎淮夷四方容或有之故及多方亦誥體也今文古文皆有○蘇氏曰大誥康誥酒誥梓材召誥洛誥多士多方八篇雖所誥不一然大略以殷人心不服周而作也予讀泰誓武成常怪周取殷之易及讀此八篇又怪周安殷之難也多方所誥不止殷人乃及四方之士是紛紛焉不心服者非獨殷人也予乃今知湯已下七王之德深矣方殷之虐人如在膏火中歸周如流不暇念先王之德及天下粗定人自膏火中出即念殷先七王如父母雖以武王周公之聖相繼撫之而莫能禦也夫以西漢道德比之殷猶醎碔之與美玉然王莽公孫述隗囂之流終不能使人忘漢光武成功若建瓴然使周無周公則亦殆矣此周公之所以畏而不敢去也

惟五月丁亥王來自奄至于宗周成王即政之明年商奄又叛成王征滅之杜預云奄不知所在宗周鎬京也呂氏曰王者定都天下之所宗也東遷之後定都于洛則洛亦謂之宗周衞孔悝之鼎銘曰隨難于漢陽即宮于宗周是時鎬已封秦宗周蓋指洛也然則宗周初無定名隨王者所都而名耳**周公曰王若曰猷告爾四國多方惟爾殷侯尹民我惟大降爾命爾罔不知**呂氏曰先曰周公曰而復曰王若曰何也明周公傳王命而非周公之命也周公之命誥終於此篇故發例於此以見大誥諸篇凡稱王曰者無非周公傳成王之命也成王滅奄之後告諭四國殷民而因以曉天下也所主殷民故又專提殷侯之正民者告之言殷民罪應誅戮我大降宥爾命爾宜無不知也**洪惟圖天之命弗永寅念于祀**圖謀也言商奄大惟私意圖謀天命自底滅亡不深長敬念以保其祭祀呂氏曰天命可受而不可圖圖則人謀之私而非天命之公矣此蓋深示以天命不可妄干乃多方一篇之綱領也下文引夏商所以失天命受天命者以明示之**惟帝降格于夏有夏誕厥逸不肯慼言于民乃大淫昏不克終日勸于帝之迪乃爾攸聞**言帝降災異以譴告桀桀不知戒懼乃大肆逸豫憂民之言尚不肯出諸口況望其有憂民之實乎勸勉也迪啓迪也視聽動息日用之間洋洋乎皆上帝所以啓迪開導斯人者桀乃大肆淫昏終日之間不能少勉於是天理或幾乎息矣況望有惠迪而不違乎此乃爾之所聞欲其因桀而知紂也厥逸與多士引逸不同者猶亂之爲亂爲治耳逸豫以民言淫昏以帝言各以其義也此章上疑有闕文**厥圖帝之命不克開于民之麗乃大降罰崇亂有夏因甲于內亂不克靈承于旅罔丕惟進之恭洪舒于民亦惟有夏之民叨懫日欽劓割夏邑**叨他刀反懫陟利反○此章文多未詳麗猶日月麗乎天之麗謂民之所依以生者也依於土依於衣食之類甲始也言桀矯誣上天圖度帝命不能開民衣食之原於民依恃以生者一皆抑塞遏絕之猶乃大降威虐于民以增亂其國其所因則始于內嬖蠱其心敗其家不能善承其眾不能大進於恭而大寬裕其民亦惟夏邑之民貪叨忿懫者則日欽崇而尊用之以戕害於其國也**天惟時求民主乃大降顯休命于成湯刑殄有夏**言天惟是爲民求主耳桀既不能爲民之主天乃大降顯休命於成

湯使爲民主。而伐夏殄滅之也。○呂氏曰。曰求曰降。豈眞有求之降之者哉。天下無統。渙散漫流勢不得不歸其所聚。而湯之一德。乃所謂顯休命之實。一衆離而聚之者也。民不得不聚於湯。湯不得不受斯民之聚。是豈人爲之私哉。故曰天求之天降之也。**惟天不畀純。乃惟以爾多方之義民。不克永于多享。惟夏之恭多士。大不克明保享于民。乃胥惟虐于民。至于百爲。大不克開。**純。大也。義民。賢者也。言天不與桀者大。乃以爾多方賢者不克永于多享。以至于亡也。言桀於義民不能用其所敬之多士。幸皆不義之民。上文所謂叨懫日欽者。同惡相濟。大不能明保享于民。乃相與播虐于民。民無所措其手足。凡百所爲。無一能達。上文所謂不克開于民之麗者。政暴民窮。所以速其亡也。此雖指桀多士。爾殷侯尹民。嘗速事紂者。寧不惕然內愧乎。**乃惟成湯。克以爾多方簡代夏作民主。**簡。擇也。民擇湯而歸之。**慎厥麗。乃勸厥民刑用勸。**湯深謹其所依以勸勉其民。故民皆儀刑而用勸勉也。人君之於天下。仁而已矣。仁者君之所依也。君仁則莫不仁矣。**以至于帝乙。罔不明德慎罰。亦克用勸。**明德則民愛慕之。謹罰則民畏服之。自成湯至于帝乙。雖歷世不同。而皆知明其德。謹其罰。故亦能用以勸勉其民也。明德謹罰。所以謹厥麗也。明德。仁之本也。謹罰。仁之政也。**要囚殄戮多罪。亦克用勸。開釋無辜。亦克用勸。**德。明之而已。罰有辜焉。有宥焉。故再言辟而當罪。亦能用以勸勉。宥而赦過。亦能用以勸勉。言辟與宥。皆足以使人勉於善也。**今至于爾辟。弗克以爾多方享天之命。**呂氏曰。爾辟。謂紂也。商先哲王。世傳家法。積累維持如此。今一旦至于汝君。乃以爾全盛之多方。不克坐享天命而亡之。是誠可閔也。天命至公。操則存。舍則亡。以商先王之多。基圖之大。紂嘗不得席其餘蔭。其亡忽焉。危微操舍之幾。周公所以示天下深矣。豈徒曰慰解之而已哉。**嗚呼。王若曰。誥告爾多方。非天庸釋有夏。非天庸釋有殷。**先言嗚呼而後言王若曰者。唐孔氏曰。周公先自歎息。而後稱王命以誥之也。庸。用也。有心之謂釋。去之也。上文言夏殷之亡。因言非天有心於去夏。亦非天有心於去殷。下文遂言乃惟桀紂自取滅亡也。○呂氏曰。周公先自歎息。而始宣布成王之誥告。以見周公未嘗稱王也。又此篇之始。周公曰。王若曰。複語相承。書無此體也。至於此章先嗚呼而後王若曰。書亦無此體也。周公居聖人之變。史官豫憂來世傳疑襲誤。蓋有竊之爲口實矣。故於周公誥命終篇。發新例二。著周公實未嘗稱王。所以別嫌明微。而謹萬世之防也。**乃惟爾辟。以爾多方。大淫圖天之命。屑有辭。**紂以多方之富。大肆淫泆。圖度天命。瑣屑有辭。與多士言桀大淫泆有辭義同。殷之亡。非自取乎。以下二章推之。此章之上當有闕文。**乃惟有夏圖厥政。不集于享。天降時喪。有邦間之。**集。萃也。享。享有之享。桀圖其政。不集于享而集于亡。故天降是喪亂。而俾有殷代之。夏之亡。非自取乎。**乃惟爾商後王。逸厥逸。圖厥政。不蠲烝。天惟降時喪。**蠲。潔。烝。進也。紂以逸居逸。淫湎無度。故其爲政。不蠲潔而穢惡。不烝進而怠惰。天以是降喪亡于殷。殷之亡。非自取乎。此上三節。皆應上文非天庸釋之語。**惟聖罔念作狂。惟狂克念作聖。**

天惟五年須暇之子孫誕作民主罔可念聽聖通明之稱言聖而罔念則爲狂矣愚而能念則爲聖矣紂雖昏愚亦有可改過遷善之理故天又未忍遽絕之猶五年之久須待暇寛於紂覬其克念大爲民主而紂無可念可聽者五年必有指實而言孔氏牽合歲月者非是或曰狂而克念果可爲聖乎曰聖固未易爲也狂而克念則作聖之功知所向方太甲其庶幾矣聖而罔念果至於狂乎曰聖固無所謂罔念也禹戒舜曰無若丹朱傲惟慢遊是好一念之差雖未至於狂而狂之理亦在是矣此人心惟危聖人拳拳告戒豈無意哉**天惟求爾多方大動以威開厥顧天惟爾多方罔堪顧之**紂既罔可念聽天於是求民主於爾多方大警動以祲祥譴告之威以開發其能受眷顧之命者而爾多方之衆皆不足以堪眷顧之命也**惟我周王靈承于旅克堪用德惟典神天天惟式教我用休簡畀殷命尹爾多方**典主式用也克堪者能勝之謂也德輶如毛民鮮克舉之言德舉者莫能勝也文武善承其衆克堪用德是誠可以爲神天之主矣故天式教文武用以休美簡擇畀付殷命以正爾多方也呂氏曰式教用休者如之何而教之也文武既得乎天天德日新左右逢原其思也若或起之其行也若或翼之乃天之所以教而用以昌大休明者也非諄諄然而教之也此章深論天下向者天命未定眷求民主之時能則得之孰有過汝者乃無一能當天之眷今天既命我周而定于一矣爾猶洶洶不靖欲何爲耶明指天命而讋服四海姦雄之心者莫切於是**今我曷敢多誥我惟大降爾四國民命**言今我何敢如此多誥我惟大降宥爾四國民命舉其宥過之恩而責其遷善之實也**爾曷不忱裕之于爾多方爾曷不夾介又我周王享天之命今爾尚宅爾宅畋爾田爾曷不惠王熙天之命**夾訖洽反○夾夾輔之夾介賓介之介爾何不誠信寛裕於爾之多方乎爾何不夾輔介助我周王享天之命乎爾之叛亂據法定罪則瀦其宅收其田可也今爾猶得居爾宅耕爾田爾何不順我王室各守爾典以廣天命乎此三節責其何不如此也**爾乃迪屢不靜爾心未愛爾乃不大宅天命爾乃屑播天命爾乃自作不典圖忱于正**爾乃屢蹈不靖自取亡滅爾心其未知所以自愛耶爾乃大不安天命耶爾乃輕棄天命耶爾乃自爲不法欲圖見信于正者以爲當然耶此四節責其不可如此也**我惟時其教告之我惟時其戰要囚之至于再至于三乃有不用我降爾命我乃其大罰殛之非我有周秉德不康寧乃惟爾自速辜**我惟是教告而誨諭之我惟是戒懼而要囚之今至于再至于三矣爾不用我降宥爾命而猶狃於叛亂反蔑我乃其大罰殛之非我有周持德不安靜乃惟爾自爲凶逆以速其罪爾**王曰嗚呼猷告爾有多方士暨殷多士今爾奔走臣我監五祀**監監洛邑之遷民者也猶諸侯之分民有君道焉所以謂之臣我監也言商士遷洛奔走臣服我監於今五年矣不曰年而曰祀者因商俗而言也又按成周既成而成王卽政成王卽政而商奄繼叛事皆相因纔一二年耳今言五祀則商民之遷固在作洛之前矣尤爲明驗

越惟有胥伯小大多正。爾罔不克臬。臬。事也。周官多以胥以伯以正爲名。胥伯小大衆多之正。蓋殷多士授職於洛。其長治遷民者也。其奔走臣我監亦久矣。宜相體悉。竭力其職。無或反側偷惰而不能事也。自作不和。爾惟和哉。爾室不睦。爾惟和哉。爾邑克明。爾惟克勤乃事。心不安靜則身不和順矣。身不安靜則家不和順矣。言爾惟和哉者。所以勸勉之也。和其身。睦其家。而後能協于其邑。驩然有恩以相愛。粲然有文以相接。爾邑克明。始爲不負其職。而可謂克勤乃事矣。前既戒以罔不克臬。故以克勤乃事期之也。爾尚不忌于凶德。亦則以穆穆在乃位。克閱于乃邑謀介。忌。畏也。穆穆。和敬貌。頑民誠可畏矣。然如上文所言。爾多士庶幾不至畏忌頑民凶德。亦則以穆穆和敬。端處爾位。以潛消其悍逆悖戾之氣。又能簡閱爾邑之賢者。以謀其助。則民之頑者且革而化矣。尚何可畏之有哉。成王誘掖商士之善。以化服商民之惡。其轉移感動之機微矣哉。爾乃自時洛邑。尚永力畋爾田。天惟畀矜爾。我有周惟其大介賚爾。迪簡在王庭。尚爾事。有服在大僚。爾乃自時洛邑。庶幾可以保有其業。力畋爾田。天亦將畀予矜憐於爾。我有周亦將大介勛賚錫於爾。啓迪簡拔。置之王朝矣。其庶幾勉爾之事。有服在大僚。不難至也。多士篇商民嘗以夏迪簡在王庭。有服在百僚爲言。故此因以勸勵之也。王曰。嗚呼。多士。爾不克勸忱我命。爾亦則惟不克享。凡民惟曰不享。爾乃惟逸惟頗。大遠王命。則惟爾多方探天之威。我則致天之罰。離逖爾土。誥告將終。乃歎息言爾多士如不能相勸信我之誥命。爾亦則惟不能享上。凡爾之民。亦惟曰上不必享矣。爾乃放逸頗僻。大違我命。則惟爾多士自取天威。我亦致天之罰。播流蕩析。俾爾離遠爾土矣。爾雖欲宅爾宅。畋爾田。尚可得哉。多方疑當作多士。上章既勸之以休。此章則董之以威。商民不惟有所慕而不敢違越。且有所畏而不敢違越矣。王曰。我不惟多誥。我惟祗告爾命。我豈若是多言哉。我惟敬告爾以上文勸勉之命而已。又曰。時惟爾初。不克敬于和。則無我怨。與之更始。故曰時惟爾初也。爾民至此。苟又不能敬于和。猶復乖亂。則自底誅戮。毋我怨尤矣。開其爲善。禁其爲惡。周家忠厚之意。於是篇尤爲可見。○呂氏曰。又曰二字。所以形容周公之惓惓斯民。會已畢而猶有餘情。誥已終而猶有餘語。顧盼之光。猶暐然溢於簡冊也。

立政

吳氏曰。此書戒成王以任用賢才之道。而其旨意則又上戒成王專擇百官有司之長。如所謂常伯常任準人等云者。蓋古者外之諸侯一卿已命於君。內之卿大夫則亦自擇其屬。如周公以蔡仲爲卿士。伯冏謹簡乃僚之類。其長既賢。則其所舉用無不賢者矣。葛氏曰。誥體也。今文古文皆有。

周公若曰。拜手稽首。告嗣天子王矣。用咸戒于王曰。王左右常伯。常任。準人。綴衣。虎賁。周公曰。嗚呼。休茲。知恤鮮哉。綴朱衛丁劣二反。賁音奔。○此篇周公所作。而記之者周史也。故稱若曰。言周公帥羣臣進戒于王。贊之曰。拜手稽首。告嗣天子王矣。羣臣用皆進戒曰。王左右之臣。有牧民之長曰常伯。有任事之公卿曰常任。有守法之有司曰準人。三事之外掌服器者曰綴衣。執射御者曰虎賁。皆任用之所當謹者。周公於是歎息言曰。美矣此官。然知憂恤者鮮矣。言五等官職之美。而知憂其得人者少也。吳氏曰。綴衣虎賁。近臣之長也。葛氏曰。綴衣。周禮司服之類。虎賁。周禮之虎賁氏也。**古之人迪惟有夏。乃有室大競。籲俊尊上帝。迪知忱恂于九德之行。乃敢告教厥后曰。拜手稽首后矣。曰宅乃事。宅乃牧。宅乃準。茲惟后矣。謀面用丕訓德。則乃宅人。茲乃三宅無義民。**恂音荀。○古之人有行此道者。惟有夏之君。當王室大强之時。而求賢以爲事天之實也。迪知者。蹈知而非苟知也。忱恂者。誠信而非輕信也。言夏之臣。蹈知誠信于九德之行。乃敢告教其君曰。拜手稽首后矣云者。致敬以尊其爲君之名也。曰宅乃事。宅乃牧。宅乃準。茲惟后矣云者。致告以敘其爲君之實也。茲者此也。言如此而後可以爲君也。卽皐陶與禹言九德之事。謀面者。謀人之面貌也。言非迪知忱恂于九德之行。而徒謀之面貌。用以爲大順於德。乃宅而任之。如此則三宅之人。豈復有賢者乎。蘇氏曰。事則向所謂常任也。牧則向所謂常伯也。準則向所謂準人也。一篇之中所論宅俊者。參差不齊。然大要不出是三者。其餘則皆小臣百執事也。吳氏曰。古者凡以善言語人皆謂之教。不必自上教下而後謂之教也。**桀德。惟乃弗作往任。是惟暴德罔後。**夏桀惡德。弗作往昔先王任用三宅。而所任者。乃惟暴德之人。故桀以喪亡無後。**亦越成湯陟。丕釐上帝之耿命。乃用三有宅。克卽宅。曰三有俊。克卽俊。嚴惟丕式。克用三宅三俊。其在商邑。用協于厥邑。其在四方。用丕式見德。**亦越者。繼前之辭也。耿。光也。湯自七十里升爲天子。典禮命討。昭著於天下。所謂陟丕釐上帝之光命也。三宅。謂居常伯常任準人之位者。三俊。謂有常伯常任準人之才者。克卽者。言湯所用三宅。實能就是位。而不曠其職。所稱三俊。實能就是德而不浮其名也。三俊。說者謂他日次補三宅者。詳宅以位言。俊以德言。意其儲養待用。或如說者所云也。惟。思。式。法也。湯於三宅三俊。嚴思而丕法之。故能盡其宅俊之用。而宅者得以效其職。俊者得以著其才。賢智奮庸。登於至治。其在商邑。用協于厥邑。近者察之詳。其情未易齊。畿甸之協。則純之至也。其在四方。用丕式見德。遠者及之難。其德未易徧。觀法之同。則大之至也。至純至大。治道無餘蘊矣。曰邑曰四方者。各極其遠近而言耳。**嗚呼。其在受德暋。惟羞刑暴德之人。同于厥邦。乃惟庶習逸德之人。同于厥政。帝欽罰之。乃伻我有夏式商受命。奄甸萬姓。**暋音敏。奄衣檢反。○羞刑。進任刑戮者也。庶習。備諸衆醜者也。言紂德强暴。又所與共國者。惟羞刑暴德之諸侯。所與共政者。惟庶習逸德之臣。下上帝敬致其罰。乃使我周有此諸夏。用商所受之命。而奄甸萬姓焉。甸者。井牧其地。什伍其民也。**亦越文王武王。克知三有宅心。灼見三有俊心。以敬事上帝。立民長伯。**三宅三俊。文武克知灼見。皆曰心者。卽所謂迪知忱恂而非謀面也。三宅已授之位。故曰克知。三俊未任以事。故曰灼見。以是敬事上帝。則天職修而上有所承。以是立民長伯。則體統立而下有所寄。人君位天人之兩間。

而俯仰無作者以是也。夏之尊帝。商之丕釐。周之敬事。其義一也。長。如王制所謂五國以爲屬。屬有長。伯。如王制所謂二百一十國以爲州。州有伯是也。

立政。任人。準夫。牧。作三事。言文武立政三宅之官也。任人常任也。準夫準人也。牧常伯也。以職言。故曰事。**虎賁。綴衣。趣馬。小尹。左右攜僕。百司。庶府。**此侍御之官也。趣馬掌馬之官。小尹小官之長。攜僕攜持僕御之人。百司若司裘司服。庶府若內府太府之屬也。**大都。小伯。藝人。表臣百司。太史。尹伯。庶常吉士。**此都邑之官也。呂氏曰。大都小伯者。謂大都之伯。小都之伯也。大都言都不言伯。小伯言伯不言都。互見之也。藝人者。卜祝巫匠執技以事上者。表臣百司。表外也。表對裏之詞。上文百司。蓋內百司若內府內司服之屬。所謂裏臣也。此百司蓋外百司若外府外司服之屬。所謂表臣也。太史者史官也。尹伯者有司之長。如庖人內饔膳夫。則是數尹之伯也。鐘師尹鐘。磬師尹磬。大師司樂。則是數尹之伯也。凡所謂官吏。莫不在內外百司之中。至於特見其名者。則皆有意焉。虎賁綴衣趣馬小尹左右攜僕。以扈御親近而見。庶府以冗賤人所易忽而見。藝人恐其或興淫巧機詐以蕩上心而見。太史以奉諱惡公天下後世之是非而見。尹伯以大小相維體統所係而見。若大都小伯。則分治郊畿。不預百司之數者。既條陳歷數文武之眾職。而總結之曰庶常吉士。庶眾也。言在文武之廷。無非常德吉士也。**司徒。司馬。司空。亞旅。**此諸侯之官也。司徒主邦教。司馬主邦政。司空主邦土。餘見牧誓。言諸侯之官。莫不得人也。諸侯之官獨舉此者。以其名位通於天子歟。**夷。微。盧。烝。三亳。阪尹。**此王官之監於諸侯四夷者也。微盧見經。亳見史。三亳蒙爲北亳。穀熟爲南亳。偃師爲西亳。烝或以爲眾。或以爲夷名。阪未詳。古者險危之地。封疆之守。或不以封。而使王官治之。參錯於五服之閒。是之謂尹。地志載王官所治非一。此特舉其重者耳。自諸侯三卿以降。惟列官名而無他語。之承上庶常吉士之文。以內見外也。夫上自王朝。內而都邑。外而諸侯。遠而夷狄。莫不皆得人以爲官使。何其盛歟。**文王惟克厥宅心。乃克立茲常事司牧人。以克俊有德。**文王惟能其三宅之心。能者能之也。知之至。信之篤之謂。故能立此常任常伯。用能俊有德也。不言準人者。因上章言文王用人。而申克知三有宅心之說。故略之也。**文王罔攸兼于庶言。庶獄庶慎。惟有司之牧夫。是訓用違。**庶言號令也。庶獄獄訟也。庶慎國之禁戒儲備也。有司有職主者。牧夫牧人也。文王不敢下侵庶職。惟於有司牧夫訓勑用命及違命者而已。漢孔氏曰。勞於求才。逸於任賢。**庶獄庶慎。文王罔敢知于茲。**上言罔攸兼。兼則猶知之。特不兼其事耳。至此罔敢知。則若未嘗知有其事。蓋信任之益專也。上言庶言。此不及者。號令出於君。有不容不知者故也。呂氏曰。不曰罔知于茲。而曰罔敢知于茲者。徒言罔知。則是莊老之無爲也。惟言罔敢知。然後見文王敬畏思不出位之意。毫釐之辨。學者宜精察之。**亦越武王率惟敉功。不敢替厥義德。率惟謀從容德。以並受此丕丕基。**率循也。敉功安天下之功。義德義德之人。容德容德之人。蓋義德者有撥亂反正之才。容德者有休休樂善之量。皆成德之人也。周公上文言武王率循文王之功。而不敢替其所用義德之人。率循文王之謀。而不敢違其容德之人。意如號叔閎夭散宜生泰顛南宮括之徒。所以輔成王業者。文用之於前。武任之於後。故周之公士。

於君奭言五臣克昭文王。受有殷命。武王惟茲四人。尙迪有祿。正猶此敘文武用人。而言並受此丕丕基也。**嗚呼。孺子王矣。繼自今。我其立政。立事準人牧夫。我其克灼知厥若。丕乃俾亂。相我受民。和我庶獄庶愼。時則勿有閒之。**我者。指王而言。若。順也。周公旣述文武基業之大。歎息而言曰。孺子今旣爲王矣。繼此以往。王其於立政立事準人牧夫之任。當能明知其所順。順者。其心之安也。孔子曰。察其所安。人焉廋哉。察其所順者。知人之要也。夫旣明知其所順。果正而不他。然後推心而大委任之。使展布四體以爲治。相助左右所受之民。和調均齊獄愼之事。而又戒其勿以小人閒之。使得終始其治。此任人之要也。民而謂之受者。言民者乃受之於天。受之於祖宗。非成王之所自有也。**自一話一言。我則末惟成德之彥。以乂我受民。**末。終。惟。思也。自一話一言之閒。我則終思成德之美士。以治我所受之民。而不敢斯須忘也。**嗚呼。予旦已受人之徽言。咸告孺子王矣。繼自今文子文孫。其勿誤于庶獄庶愼。惟正是乂之。**前所言禹湯文武任人之事。無非至美之言。我聞之於人者。已皆告孺子王矣。文子文孫者。成王。武王之文子。文王之文孫也。成王之時。法度彰。禮樂著。守成尙文。故曰文。誤。失也。有所兼。有所知。不付之有司而以己誤之也。正。猶康誥所謂正人。與宮正酒正之正。指當職者爲言。不以己誤庶獄庶愼。惟當職之人是治之。下文言其勿誤庶獄。惟有司之牧夫。卽此意。**自古商人。亦越我周文王。立政立事牧夫準人。則克宅之。克由繹之。茲乃俾乂。**自古及商人。及我周文王。於立政所以用三宅之道。則克宅之者。能得賢者以居其職也。克由繹之者。能紬繹用之。而盡其才也。旣能宅其才以安其職。又能繹其才以盡其用。茲其所以能俾乂也歟。**國則罔有立政用憸人。不訓于德。是罔顯在厥世。繼自今立政。其勿以憸人。其惟吉士。用勱相我國家。**勱音邁。○自古爲國。無有立政用憸利小人者。小人而謂之憸者。形容其沾沾便捷之狀也。憸利小人。不順于德。是無能光顯以在厥世。王當繼今以往立政。勿用憸利小。其惟用有常吉士。使勉力以輔相我國家也。呂氏曰。君子陽類。用則升其國於明昌。小人陰類。用則降其國於晦昧。陰陽升降。亦各從其類也。**今文子文孫。孺子王矣。其勿誤于庶獄。惟有司之牧夫。**始言和我庶獄庶愼。時則勿有閒之。繼言其勿誤于庶獄庶愼。惟正是乂之。至是獨曰其勿誤于庶獄。惟有司之牧夫。蓋刑者。天下之重事。挈其重而獨舉之。使成王尤知刑獄之可畏。必專有司牧夫之任。而不可以己誤之也。**其克詰爾戎兵。以陟禹之迹。方行天下。至于海表。罔有不服。以覲文王之耿光。以揚武王之大烈。**詰。治也。治爾戎服兵器也。陟。升也。禹迹。禹服舊迹也。方。四方也。海表。四裔也。言德威所及。無不服也。覲。見也。耿光。德也。大烈。業也。於文王稱德。於武王稱業。各於其盛者稱之。呂氏曰。兵。刑之大也。故旣言庶獄。而繼以治兵之戒焉。或曰。周公之訓。稽其所弊。得無啓後世好大喜功之患乎。曰。周公詰兵之訓。繼勿誤庶獄之後。幷獄之閒。尙恐一刑之誤。況六師萬衆之命。其敢不審而誤舉乎。推勿誤庶獄之心。而奉克詰戎兵之戒。必非得已不已。而輕用民命者也。**嗚呼。繼自今後王立政。其惟克用常人。**幷周家後王而戒之也。常人。常德之人也。皐陶曰。彰厥有常吉哉。常人與吉士。同實而異名者也。**周公若曰。太史。司寇蘇公。式敬爾由獄。以長我王國。茲式有慎。以列用中罰。**此周公因言慎罰。而以蘇公敬獄之事。告之太史。使其幷書以爲後世司獄之式也。蘇國名也。左傳蘇忿生以溫爲司寇。周公告太史以蘇忿生爲司寇。用能敬其所由之獄。培植基本。以長我王國。令於此取法而有謹焉。則能以輕重條列。用其中罰。而無過差之患矣。

書經卷之六

周官

成王訓迪百官。史錄其言。以周官名之。亦訓體也。今文無。古文有。○按此篇與今周禮不同。如三公三孤。周禮皆不載。或謂公孤兼官。無正職。故不載。然三公論道經邦。三孤貳公弘化。非職乎。職任之大。無踰此矣。或又謂師氏卽太師。保氏卽太保。然以師保之尊。而反屬司徒之職。亦無是理也。又此言六年五服一朝。而周禮六服諸侯有一歲一見者。二歲一見者。三歲一見者。亦與此不合。是固可疑。然周禮非聖人不能作也。意周公方條治事之官。而未及師保之職。所謂未及者。鄭重而未及言之也。書未成而公亡。其間法制有未施用。故與此異。而冬官亦缺。要之周禮首末未備。周公未成之書也。惜哉。讀書者參互而考之。則周公經制。可得而論矣。

惟周王撫萬邦。巡侯甸。四征弗庭。綏厥兆民。六服羣辟。罔不承德。歸于宗周。董正治官。此書之本序也。庭。直也。葛氏曰。弗庭。弗來庭者。六服。侯。甸。男。采。衛。幷畿內爲六服也。禹貢五服通畿內。周制五服在王畿外也。周禮又有九服。侯。甸。男。采。衛。蠻。夷。鎭。蕃。與此不同。宗周。鎬京也。董。督也。治官。凡治事之官也。言成王撫臨萬國。巡狩侯甸。四方征討不庭之國。以安天下之民。六服諸侯之君。無不奉承周德。成王歸于鎬京。督正治事之官。外攘之功舉。而益嚴內治之修也。唐孔氏曰。周制無萬國。惟伐淮夷。非四征也。大言之爾。

王曰。若昔大猷。制治于未亂。保邦于未危。治。去聲。○若昔大道之世。制治保邦于未亂未危之前。卽下文明王立政是也。

曰唐虞稽古。建官惟百。內有百揆四岳。外有州牧侯伯。庶政惟和。萬國咸寧。夏商官倍。亦克用乂。明王立政。不惟其官。惟其人。倍。薄亥反。○百揆。無所不總者。四岳。總其方岳者。州牧。各總其州者。侯伯。次州牧而總諸侯者也。百揆四岳總治于內。州牧侯伯總治于外。內外相承。體統不紊。故庶政惟和。而萬國咸安。夏商之時。世變事繁。觀其會通。制其繁簡。官數加倍。亦能用治。明王立政。不惟其官之多。惟其得人而已。

今予小子。祗勤于德。夙夜不逮。仰惟前代時若。訓迪厥官。逮。徒耐反。又湯亥大計二反。○逮。及。時。是。若。順也。成王祗勤于德。早夜若有所不及。然。蓋修德者。任官之本也。

立太師太傅太保。茲惟三公。論道經邦。燮理陰陽。官不必備。惟其人。立。始辭也。三公非始於此。立爲周家定制。則始於此也。賈誼曰。保者。保其身體。傳者。傳之德義。師。道之教訓。此所謂三公也。陰陽。以氣言。道者。陰陽之理。恒而不變者也。易曰。一陰一陽之謂道。是也。論者。講明之謂。經者。經綸之謂。燮理者。和調之也。非經綸天下之大經。參天地之化育者。豈足以任此責。故官不必備。惟其人也。

少師少傅少保。曰三孤。貳公弘化。寅亮天地。弼予一人。少。失照反。○孤。特也。三少雖三公之貳。而非其屬官。故曰孤。天地以形言。化者。天地之用。運而無迹者也。易曰。範圍天地之化。是也。弘者。張而大之。寅亮者。敬而明之也。公論道。孤弘化。公燮理陰陽。孤寅亮天地。公論於前。孤弼於後。公孤之分如此。

冢宰掌邦治。統百官。均四海。冢。大。宰。治也。天官卿。治官之長。是爲家宰。內統百官。外均四海。蓋天子之相也。百官異職。管攝使歸于一。是之謂統。四海異宜。調劑使得其平。是之謂均。**司徒掌邦敎。敷五典。擾兆民。**擾。馴也。地官卿。主國敎化。敷君臣父子夫婦長幼朋友五者之敎。以馴擾兆民之不順者而使之順也。唐虞司徒之官。固已職掌如此。**宗伯掌邦禮。治神人。和上下。**春官卿。主邦禮。治天神地祇人鬼之事。和上下尊卑等列。春官於四時之序爲長。故其官謂之宗伯。成周合樂於禮官。謂之和者。蓋以樂而言也。**司馬掌邦政。統六師。平邦國。**夏官卿。主戎馬之事。掌國征伐。統御六軍。平治邦國。平謂強不得陵弱。衆不得暴寡。而人皆得其平也。軍政莫急於馬。故以司馬名官。何莫非政。獨戎政謂之政者。用以征伐而正彼之不正。王政之大者也。**司寇掌邦禁。詰姦慝。刑暴亂。**秋官卿。主寇賊法禁。羣行攻劫曰寇。詰姦慝。刑強暴作亂者。掌刑不曰刑而曰禁者。禁於未然也。呂氏曰。姦慝隱而難知。故謂之詰。推鞫窮詰而求其情也。暴亂顯而易見。直刑之而已。**司空掌邦土。居四民。時地利。**冬官卿。主國邦土。以居士農工商四民。順天時以興地利。按周禮。冬官則記考工之事。與此不同。蓋本闕冬官。漢儒以考工記當之也。**六卿分職。各率其屬。以倡九牧。阜成兆民。**六卿分職。各率其屬官。以倡九州之牧。自內達之於外。政治明。敎化洽。兆民之衆莫不阜厚而化成也。按周禮。每卿六十屬。六卿。三百六十屬也。呂氏曰。家宰相天子。統百官。則司徒以下。無非家宰所統。乃均列一職。而併數之爲六者。綱在網中也。乾坤之與六子。並列於八方。家宰之與五卿。並列於六職也。**六年。五服一朝。又六年。王乃時巡。考制度于四岳。諸侯各朝于方岳。大明黜陟。**五服。侯甸男采衛也。六年一朝會京師。十二年王一巡狩。時巡者。猶舜之四仲巡狩也。考制度者。猶舜之協時月正日同律度量衡等事也。諸侯各朝方岳者。猶舜之肆覲東后也。大明黜陟者。猶舜之黜陟幽明也。疏數異時。繁簡異制。帝王之治。因時損益者可見矣。**王曰。嗚呼。凡我有官君子。欽乃攸司。愼乃出令。令出惟行。弗惟反。以公滅私。民其允懷。**建官之體統。前章既訓迪之矣。此則居守官職者。咸在。曰凡有官君子者。合尊卑小大而同訓之也。反者。令出不可行而壅逆之謂。言敬汝所主之職。謹汝所出之令。令出欲其行。不欲其壅逆而不行也。以天下之公理。滅一己之私情。則令行而民莫不敬信懷服矣。**學古入官。議事以制。政乃不迷。其爾典常作之師。無以利口亂厥官。蓄疑敗謀。怠忽荒政。不學牆面。蒞事惟煩。**蓄勑六反。○學古。學前代之法也。制。裁度也。迷。錯謬也。典常。當代之法也。周家典常。皆文武周公之所講畫。至精至備。凡蒞官者。謹師之而已。不可喋喋利口。更改而紛亂之也。積疑不決。必敗其謀。怠惰忽略。必荒其政。人而不學。其猶正牆面而立。必無所見。而舉錯煩擾也。○蘇氏曰。鄭子產鑄刑書。晉叔向譏之曰。昔先王議事以制。不爲刑辟。其言蓋取諸此。先王人法並任。而任人爲多。故律設大法而已。其輕重之詳。則付之人。臨事而議。以制其出入。故刑簡而政清。自唐以前。治罪科條。止於今律令而已。人之所犯日變無窮。而律令有限。以有限治無窮。不聞有所闕。豈非人法兼行。吏猶得臨事而議乎。今律令之外。科條數萬。而不足於用。有司請立新法者。日益不已。嗚呼。任法之弊。一至於此哉。**戒**

爾卿士。功崇惟志。業廣惟勤。惟克果斷。乃罔後艱。斷都玩反。○此下申戒卿士也。王氏曰。功以志崇。業以仁廣。斷以勇克。此三者。天下之達道也。呂氏曰。功者。業之成也。業者。功之積也。崇其功者存乎志。廣其業者存乎勤。勤由志而生。志待勤而遂。雖有二者。當幾而不能果斷。則志與勤虛用。而終貽後艱矣。位不期驕。祿不期侈。恭儉惟德。無載爾僞。作德心逸日休。作僞心勞日拙。載作代反。○貴不與驕期而驕自至。祿不與侈期而侈自至。故居是位。當知所以恭。饗是祿。當知所以儉。然恭儉豈可以聲音笑貌爲哉。當有實得於己。不可從事於僞。作德。則中外惟一。故心逸而日休休焉。作僞。則揜護不暇。故心勞而日著其拙矣。或曰。期。待也。位所以崇德。非期於爲驕。祿所以報功。非期於爲侈。亦通。居寵思危。罔不惟畏。弗畏入畏。居寵盛。則思危辱。當無所不致其祗畏。苟不知祗畏。則入于可畏之中矣。後之患失者。與思危相似。然思危者以寵利爲憂。患失者。以寵利爲樂。所存大不同也。推賢讓能。庶官乃和。不和政厖。舉能其官。惟爾之能。稱匪其人。惟爾不任。推通回切。厖莫江切。○賢。有德者也。能。有才者也。王氏曰。道二義利而已。推賢讓能。所以爲義。大臣出於義。則莫不出於義。此庶官所以不爭而和。蔽賢害能。所以爲利。大臣出於利。則莫不出於利。此庶官所以爭而不和。庶官不和。則政必雜亂而不理矣。稱。亦舉也。所舉之人。能修其官。是亦爾之所能。舉非其人。是亦爾不勝任。古者大臣以人事君。其責如此。王曰。嗚呼。三事暨大夫。敬爾有官。亂爾有政。以佑乃辟。永康兆民。萬邦惟無斁。辟必益反。斁音亦。○三事。卽立政三事也。亂。治也。篇終歎息。上自三事。下至大夫。而申戒勑之也。其不及公孤者。公孤德尊位隆。非有待於戒勑也。

君陳君陳。臣名。唐孔氏曰。周公遷殷頑民於下都。周公親自監之。周公既歿。成王命君陳代周公。此其策命之詞。史錄其書。以君陳名篇。今文無。古文有。

王若曰。君陳。惟爾令德孝恭。惟孝友于兄弟。克施有政。命汝尹茲東郊。敬哉。言君陳有令德。事親孝。事上恭。惟其孝友於家。是以能施政於邦。孔子曰。居家理。故治可移於官。陳氏曰。天子之國。五十里爲近郊。自王城言之。則下都乃東郊之地。故君陳畢命。皆指下都爲東郊。昔周公師保萬民。民懷其德。往慎乃司。茲率厥常。懋昭周公之訓。惟民其乂。周公之在東郊。有師之尊。有保之親。師教之。保安之。民懷其德。君陳之往。但當謹其所司。率循其常。勉明周公之舊訓。則民其治矣。蓋周公既歿。民方思慕周公之訓。君陳能發明而光大之。固宜其翕然聽順也。我聞曰。至治馨香。感于神明。黍稷非馨。明德惟馨。爾尚式時周公之猷訓。惟日孜孜。無敢逸豫。呂氏曰。成王既勉君陳昭周公之訓。復舉周公精微之訓以告之。至治馨香以下四語。所謂周公之訓也。既言此而揭之以爾尚式時周公之猷訓。則是四言爲周公之訓明矣。物之精華。固無二體。然形質止而氣臭升。止者有方。升者無間。則馨香者。精華之上達者也。至治之極。馨香發聞。感格神明。不疾而速。凡昭薦黍稷之苾芬。是豈黍稷之馨哉。所以苾芬者。實明德之馨也。至治舉其成。明德循其本。非有一馨香也。

周公之訓。固爲精微。而舉以告君陳。尤當其可。自殷頑民言之。欲其感格。非可刑驅而勢迫。所謂洞達無閒者。蓋當深省也。自周公法度言之。典章雖具。苟無前人之德。則索然萎薾。徒爲陳迹也。故勉之以用是猷訓。惟日孜孜。無敢逸豫焉。是訓也。至精至微。非日新不已。深致敬篤之功。孰能與於斯。**凡人未見聖。若不克見。既見聖。亦不克由聖。爾其戒哉。爾惟風。下民惟草。**未見聖如不能得見。既見聖。亦不能由聖。人情皆然。君陳親見周公。故特申戒以此。君子之德風也。小人之德草也。草上之風必偃。君陳克由周公之訓。則商民亦由君陳之訓矣。**圖厥政。莫或不艱。有廢有興。出入自爾師虞。庶言同則繹。**師衆。虞度也。言圖謀其政。無小無大。莫或不致其難。有所當廢。有所當興。必出入反覆。與衆共虞度之。衆論既同。則又紬繹而深思之。而後行也。蓋出入自爾師虞者。所以合乎人之同。庶言同則繹者。所以斷於己之獨。孟子曰。國人皆曰賢。然後察之。國人皆曰可殺。然後察之。庶言同則繹之謂也。**爾有嘉謀嘉猷。則入告爾后于內。爾乃順之于外。曰斯謀斯猷。惟我后之德。嗚呼。臣人咸若時。惟良顯哉。**言切於事謂之謀。言合於道謂之猷。道與事非二也。各舉其甚者言之。良以德言。顯以名言。或曰。成王舉君陳前日已陳之善而歎息以美之也。○葛氏曰。成王殆失斯言矣。欲其臣善則稱君。人臣之細行也。然君既有是心。至於有過。則將使誰執哉。禹聞善言則拜。湯改過不吝。端不爲此言矣。嗚呼。此其所以爲成王歟。**王曰。君陳。爾惟弘周公丕訓。無依勢作威。無倚法以削。寬而有制。從容以和。**從七恭反。○此篇言周公訓者三。曰懋昭。曰式時。至此。則弘周公之丕訓。欲其益張而大之也。君陳何至依勢以爲威。倚法以侵削者。然勢我所有也。法我所用也。喜怒予奪。毫髮不於人而於己。是私意也。非公理也。安能不作威以削乎。君陳之世。當寬和之時也。然寬不可一於寬。必寬而有其制。和不可一於和。必從容以和之。而後可以和厥中也。**殷民在辟。予曰辟。爾惟勿辟。予曰宥。爾惟勿宥。惟厥中。**辟毗亦反。○上章成王慮君陳之徇己。此則慮君陳之徇君也。言殷民之在刑辟者。不可徇君以爲生殺。惟當審其輕重之中也。**有弗若于汝政。弗化于汝訓。辟以止辟。乃辟。**其有不順于汝之政。不化于汝之訓。刑之可也。然刑期無刑。刑而可以止刑者。乃刑之。此終上章之辟。**狃于姦宄。敗常亂俗。三細不宥。**狃女九反。○狃習也。常典常也。俗風俗也。狃于姦宄。與夫毀敗典常。壞亂風俗。人犯此三者。雖小罪亦不可宥。以其所關者大也。此終上章之宥。**爾無忿疾于頑。無求備于一夫。**無忿疾人之所未化。無求備人之所不能。**必有忍。其乃有濟。有容。德乃大。**孔子曰。小不忍則亂大謀。必有所忍。而後能有所濟。然此猶有堅制力蓄之意。若洪裕寬綽。恢恢乎有餘地者。斯乃德之大也。忍言事。容言德。各以深淺言也。**簡厥修。亦簡其或不修。進厥良。以率其或不良。**王氏曰。修謂其職業。良謂其行義。職業有修與不修。當簡而別之。則人勸功。進行義之良者。以率其不良。則人勵行。**惟民生厚。因物有遷。違上所命。從厥攸好。爾克敬典在德。時乃罔不變。允**

升于大猷。惟予一人膺受多福。其爾之休。終有辭於永世。言斯民之生。其性本厚。而所以澆薄者。以誘於習俗。而爲物所遷耳。然厚者既可遷而薄。則薄者豈不可反而厚乎。反薄歸厚。特非聲音笑貌之所能爲爾。民之於上。固不從其令而從其好。大學言其所令反其所好。則民不從。亦此意也。敬典者。敬其君臣父子兄弟夫婦朋友之常道也。在德者。得其典常之道。而著之於身也。蓋知敬典而不知在德。則典與我猶二也。惟敬典而在德焉。則所敬之典。無非實有諸己。實之感人。捷於桴鼓。所以時乃罔不變而信升于大猷也。如是則君受其福。臣成其美。而有令名於永世矣。

顧命　顧。還視也。成王將崩。命羣臣立康王。史序其事爲篇。謂之顧命者。鄭玄云。回首曰顧。臨死回顧而發命也。今文古文皆有。○呂氏曰。成王經三監之變。王室幾搖。故此正其終始特詳焉。顧命。成王所以正其終。康王之誥。康王所以正其始。

惟四月哉生魄。王不懌。始生魄。十六日。王有疾。故不悅懌。甲子。王乃洮頮水。相被冕服。憑玉几。洮音桃。頮音悔。○王發大命。臨羣臣。必齊戒沐浴。今疾病危殆。故但洮盥頮面。扶相者被以袞冕。憑玉几以發命。乃同召太保奭。芮伯。彤伯。畢公。衛侯。毛公。師氏。虎臣。百尹御事。召直笑反。芮如稅反。彤音仝。○同召六卿。下至御治事者。太保芮伯彤伯畢公衛侯毛公。六卿也。冢宰第一。召公領之。司徒第二。芮伯爲之。宗伯第三。彤伯爲之。司馬第四。畢公領之。司寇第五。衛侯爲之。司空第六。毛公領之。太保畢毛。三公兼也。芮彤畢衛毛。皆國名。入爲天子公卿。師氏。大夫官。虎臣。虎賁氏。百尹。百官之長。及諸御治事者。平時則召六卿使率其屬。此則將發顧命。自六卿至御事。同以王命召也。

王曰。嗚呼。疾大漸。惟幾。病日臻。既彌畱。恐不獲誓言嗣。茲予審訓命汝。此下成王之顧命也。自歎其疾大進。惟危殆。病日至。既彌甚而畱連。恐遂死不得誓言以嗣續我志。此我所以詳審發訓命汝。統言曰疾。甚言曰病。昔君文王武王。宣重光。奠麗陳教則肄。肄不違。用克達殷集大命。武猶文。謂之重光。猶舜如堯。謂之重華也。奠。定。麗。依也。言文武宣布重明之德。定民所依。陳列教條。則民習服。習而不違。天下化之。用能達於殷邦。而集大命於周也。在後之侗。敬迓天威。嗣守文武大訓。無敢昏逾。○侗音同。侗。愚也。成王自稱。言其敬迎上天威命而不敢少忽。嗣守文武大訓而無敢昏逾。天威。天命也。大訓。迪天命者也。於天言天威。於文武言大訓。非有二也。今天降疾。殆弗興弗悟。爾尚明時朕言。用敬保元子釗。弘濟于艱難。釗音昭。○釗。康王名。成王言今天降疾我身。殆將必死。弗興弗悟。爾庶幾明是我言。用敬保元子釗。大濟于艱難。曰元子者。正其統也。柔遠能邇。安勸小大庶邦。懷來馴擾。安寧勸導。皆君道所當盡者。合遠邇小大而言。又以見君德所施。公平周溥。而不可有所偏滯也。思夫人自亂于威儀。爾無以釗冒貢于非幾。亂。治也。威者。有威可畏。儀者。有儀可象。舉一身之則而言也。蓋人受天地之中以生。

是以有動作威儀之則。成王思夫人之所以爲人者。自治於威儀耳。自治云者。正其身而不假於外求也。貢，進也。成王又言羣臣其無以元子而冒進於不善之幾也。蓋幾者動之微，而善惡之所由分也。非幾則發於不善而陷於惡矣。威儀擧其著於外者而勉之也。非幾擧其發於中戒之也。威儀之治，皆本於一念一慮之微，可不謹乎。孔子所謂知幾，子思所謂謹獨，周子幾善惡者，皆致意於是也。成王垂絕之言，而拳拳及此，其有得於周公者亦深矣。○蘇氏生之際，聖賢之所甚重也。成王將崩之一日，被冕服以見百官，出經遠保世之言，其不死於燕安婦人之手也，明矣。其致刑措宜哉。

茲既受命還，出綴衣于庭。越翼日乙丑，王崩。還，音旋。○綴衣，幄帳也。羣臣既退，徹出幄帳於庭。喪大記云：疾病，君徹懸，東首於北牖下。是也。於其明日王崩。

太保命仲桓、南宮毛，俾爰齊侯呂伋，以二干戈、虎賁百人，逆子釗於南門之外。延入翼室，恤宅宗。桓、毛，二臣名。伋，太公望子，爲天子虎賁氏。延，引也。翼室，路寢旁左右翼室也。太保以冢宰攝政，命桓、毛二臣，使齊侯呂伋以二干戈、虎賁百人，逆太子釗於路寢門外，引入路寢翼室，爲憂居宗主也。呂氏曰：發命者冢宰，傳命者兩朝臣，承命者勳戚顯諸侯，體統尊嚴，樞機周密，防危慮患之意深矣。入自端門，萬姓咸覩，與天下共之也。延入翼室，爲憂居之宗，示天下不可一日無統也。唐穆、敬、文、武以降，閹寺執國命，易主於宮掖，而外廷猶不聞，然後知周家之制，曲盡備豫，雖一條一節，亦不可廢也。

丁卯，命作冊度。命史爲冊書法度，傳顧命於康王。

越七日癸酉，伯相命士須材。伯相，召公也。召公以西伯爲相。須，取也。命士取材木以供喪用。

狄設黼扆綴衣。扆，隱豈反。○狄，下士。祭統云：狄者，樂吏之賤者也。喪大記：狄人設階。蓋供喪役而與設張之事者也。黼扆，屛風畫爲斧文者。設黼扆幄帳，如成王生存之日也。

牖間南嚮，敷重篾席，黼純，華玉仍几。篾，莫結反。○此平時見羣臣覲諸侯之坐也。敷設重席，所謂天子之席三重者也。篾席，桃竹枝席也。黼，白黑雜繒。純，緣也。華，彩色也。華玉以飾几。仍，因也。因生時所設也。周禮吉事變几，凶事仍几，是也。

西序東嚮，敷重底席，綴純，文貝仍几。此旦夕聽事之坐也。東西廂謂之序。底席，蒲席也。綴，雜彩。文貝，有文之貝，以飾几也。

東序西嚮，敷重豐席，畫純，雕玉仍几。此養國老饗羣臣之坐也。豐席，筍席也。畫，彩色。雕，刻鏤也。

西夾南嚮，敷重筍席，玄紛純，漆仍几。此親屬私燕之坐也。西廂夾室之前。筍席，竹席也。紛，雜也。以玄黑之色雜爲之緣。漆，漆几也。牖間、兩序、西夾，其席有四。牖戶之間謂之扆。天子負扆朝諸侯，則牖間南嚮之席，坐之正也。其三席各隨事以時設也。將傳先王顧命，知神之在此乎，在彼乎，故兼設平生之坐也。

越玉五重，陳寶，赤刀、大訓、弘璧、琬琰，在西序。大玉、夷玉、天球、河圖，在東序。胤之舞衣、大貝、鼖鼓，在西房。兌之戈、和之弓、垂之竹矢，在東房。於東西序坐北，列玉五重，及陳先王所寶器物。赤刀，赤削也。大訓，三皇五帝之書。訓誥亦在焉。文武之訓，亦曰大訓。弘璧，大璧也。琬琰，圭名。夷，常也。球，鳴球也。河圖，伏羲時龍馬負圖，出於河。一六位北，二七位南，三八位東，四九位西，五十居中者。易大傳所謂河出圖是也。胤，國名。胤國所制舞衣。大貝，如車渠。鼖鼓，長八尺。兌、和，皆古之巧工。垂舜時共工。舞衣。鼖鼓。戈。弓。竹矢。皆制作精巧中法度。故歷代傳寶之。孔氏曰。弘璧。琬琰。大玉。夷玉。天球。玉之五重也。呂氏曰。西序所陳。不惟赤刀弘璧。而大訓參之。東序所陳。不惟大玉夷玉。而河圖參之。則其所寶者斷可識矣。愚謂寶玉器物之陳。非徒以爲國容觀美。意者成王平日之所觀閱。手澤在焉。陳之以象其生存也。楊氏中庸傳曰。宗器於祭陳之。示能守也。於顧命陳之。示能傳也。

大輅在賓階面。綴輅在阼階面。先輅在左塾之前。次輅在右塾之前。

大輅。玉輅也。綴輅。金輅也。先輅。木輅也。次輅。象輅。革輅也。王之五輅。玉輅以祀。不以封。爲最貴。金輅以封同姓。爲次之。象輅以封異姓。爲又次之。革輅以封四衛。爲又次之。木輅以封蕃國。爲最賤。其行也。貴者宜自近。賤者宜遠也。王乘玉輅。綴之者金輅也。故金輅謂之綴輅。最遠者木輅也。故木輅謂之先輅。以木輅爲先輅。則革輅象輅爲次輅矣。賓階。西階也。阼階。東階也。面。南嚮也。塾。門側堂也。五輅陳列。以象成王之生存也。周禮典輅云。若有大祭祀。則出輅。大喪大賓客亦如之。是大喪出輅爲常禮也。又按所陳寶玉器物。皆以西爲上者。成王殯在西序故也。

二人雀弁執惠。立于畢門之內。四人綦弁執戈上刃。夾兩階戺。一人冕執劉。立于東堂。一人冕執鉞。立于西堂。一人冕執戣。立于東垂。一人冕執瞿。立于西垂。一人冕執銳。立于側階。

戺。鉏里反。戣。音逵。○弁以士服。雀弁。赤色弁也。綦文鹿子皮爲之。惠。三隅矛。路寢門。一名畢門。上刃。刃外嚮也。堂廉曰戺。冕。大夫服。劉。鉞屬。戣瞿皆戟屬。銳當作鈗。說文曰。鈗。侍臣所執兵。從金允聲。周書曰。一人冕執鈗。讀若允。東西堂。路寢東西廂之前堂也。東西垂。路寢東西序之階上也。側階。北階之階上也。○呂氏曰。古者。執戈戟以宿衛王宮。皆士大夫之職。無事而奉燕私。則從容養德。而有膏澤之潤。有事而司禦侮。則堅明守義。而無腹心之虞。下及秦漢。陛楯執戟。尚餘一二。此制既廢。人主接士大夫者。僅有視朝數刻。而周廬陛楯。或環以椎埋嚚悍之徒。有志於復古者。當深繹也。

王麻冕黼裳。由賓階隮。卿士邦君麻冕蟻裳。入卽位。

隮。牋西反。○麻冕。三十升麻爲冕也。隮。升也。康王吉服。自西階升堂。以受先王之命。故由賓階也。蟻。玄色。公卿大夫及諸侯皆同服。亦廟中之禮。不言升階者。從王賓階也。入卽位者。各就其位也。○呂氏曰。麻冕黼裳。王祭服也。卿士邦君祭服之裳皆纁。今蟻裳者。蓋無事於奠祝。不欲純用吉服。有位於班列。不可純用凶服。酌吉凶之閒。示禮之變也。

太保太史太宗皆麻冕彤裳。太保承介圭。上宗奉同瑁。由阼階隮。太史秉書。由賓階隮。御王冊命。

太宗。宗伯也。彤。纁也。太保受遺。太史奉冊。太宗相禮。故皆祭服也。介。大也。大圭。天子之守。長尺有二寸。同。爵名。祭以酌酒者。瑁。方四寸。邪刻之。以冒諸侯之珪璧。以齊瑞信也。太保宗伯。以先王之命。奉符寶以傳嗣君。有主道焉。故升自阼階。太史以冊命御王。故持書由賓階以升。蘇氏曰。凡王所臨所服用。皆曰御。

曰。皇后憑玉几。道揚末命。命汝嗣訓。臨君周邦。率循大卞。燮和天下。用答揚文武之光訓。

成王顧命之言。書之冊矣。此太史口陳者也。皇。大。后。君也。言大君成王。力疾親憑玉几。道揚臨終之命。命汝嗣守文武大訓。曰汝者。父前子名之義。卞。法也。臨君周邦。位之大也。率循大卞。法之大也。燮和天下和之大也。居大位。由大法。致大和。然後可以對揚文武之光訓也。王再拜興答曰。眇眇予末小子。其能而亂四方。以敬忌天威。眇。小。而。如。亂。治也。王拜受顧命。起答太史曰。眇眇然予微末小子。其能如祖父治四方。以敬忌天威乎。謙辭退託於不能也。顧命有敬迓天威。嗣守文武大訓之語。故太史所告。康王所答。告於是致意焉。乃受同瑁。王三宿。三祭。三咤。上宗曰饗。咤。陟嫁反。○王受瑁為主。受同以祭。宿。進爵也。祭。祭酒也。咤。奠爵也。禮成於三。故三宿三祭三咤。葛氏曰。受上宗同瑁。則受太保介圭可知。宗伯曰饗者。傳神命以饗告也。太保受同降盥。以異同秉璋以酢。授宗人同。拜。王答拜。酢。疾各反。○太保受王所咤之同。而下堂盥洗。更用他同。秉璋以酢。酢。報祭也。祭禮。君執圭瓚祼尸。太宗執璋瓚亞祼。報祭。亦亞祼之類。故亦秉璋也。以同授宗人。而拜尸。王答拜者。代尸拜也。宗人。小宗伯之屬。相太保酢者也。太保供王。故宗人供太保。太保受同。祭。嚌。宅。授宗人同。拜。王答拜。嚌。才詣反。○太保復受同以祭。以酒至齒曰嚌。宅。居也。太保退居其所。以同授宗人。又拜。王復答拜。太保飲福至齒者。方在喪疚。歆神之賜。而不甘其味也。若王則喪之主。非徒不甘味。雖飲福亦廢也。太保降。收。諸侯出廟門俟。太保下堂。有司收撤器用。廟門。路寢之門也。成王之殯在焉。故曰廟。言諸侯則卿士以下可知。俟者。俟見新君也。

康王之誥今古文皆有。但今文合于顧命。

王出在應門之內。太保率西方諸侯。入應門左。畢公率東方諸侯。入應門右。皆布乘黃朱。賓稱奉圭兼幣。曰。一二臣衛。敢執壤奠。皆再拜稽首。王義嗣德。答拜。漢孔氏曰。王出畢門。立應門內。鄭氏曰。周禮五門。一曰皋門。二曰雉門。三曰庫門。四曰應門。五曰路門。路門一曰畢門。外朝在路門外。則應門之內。蓋內朝所在也。周中分天下諸侯。主以二伯。自陝以東。周公主之。自陝以西。召公主之。召公率西方諸侯。蓋西伯舊職。畢公率東方諸侯。則繼周公為東伯矣。諸侯入應門。列于左右。布。陳也。乘。四馬也。諸侯皆陳四黃馬而朱其鬣。以為廷實。或曰。黃朱若篚厥玄黃之類。賓。諸侯也。稱。舉也。諸侯舉所奉圭兼幣曰。一二臣衛。一二。見非一也。為王蕃衛。故曰臣衛。敢執壤地所出奠贄。皆再拜首至地。以致敬。義。宜也。義嗣德云者。史氏之辭也。康王宜嗣前人之德。故答拜也。吳氏曰。穆公使人弔公子重耳。重耳稽顙而不拜。穆公曰。仁夫公子。稽顙而不拜。則未為後也。蓋為後者拜。不拜。故未為後也。弔者含者襚者。升堂致命。主孤拜稽顙。成為後者也。康王之見諸侯。若以為不當拜而不拜。則疑未為後也。且純乎吉也。答拜既正其為後。且知其以喪見也。太保暨芮伯咸進相揖。皆再拜稽首曰。敢敬告天子。皇天改大邦殷之命。惟周文武誕受羑若。克恤西土。冢宰及司徒與羣臣。皆進相揖定位。又皆再拜稽首。陳戒於王曰。敢敬告天子。示不敢輕告。且尊稱之。所以重其聽也。曰大邦殷者。明有天下不足恃也。羑若未詳。蘇氏曰。羑。羑里也。文王出羑里之囚。天命自是始順。或曰羑若。即下文之厥若也。羑厥或字有訛謬。西土。文武所與之地。言文武所以大受命者。以其能恤西土之衆也。進告不言諸侯。以內見外。惟新陟王。畢協賞罰。戡定厥功。用敷遺後人休。今王敬之哉。張皇六師。無壞我高祖寡命。陟升遐也。成王初崩。未葬未諡。故曰新陟王。畢盡。協合也。好惡在理不在我。故能盡合其賞之所當賞。罰之所當罰。而克定其功。用施及後人之休美。今王嗣位。其敬勉之哉。皇大也。張皇六師。大戒戎備。無廢壞我文武艱難寡得之基命也。按召公此言。若導王以尚威武者。然守成之世。多溺宴安。而無立志。苟不詰爾戎兵。奮揚武烈。則廢弛怠惰。而陵遲之漸見矣。成康之時。病正在是。故周公於立政。亦懇懇言之。後世墜先王之業。忘祖父之讎。上下苟安。甚至於口不言兵。亦異於召公之見矣。可勝歎哉。

王若曰。庶邦侯甸男衛。惟予一人釗報誥。報誥而不及羣臣者。以外見內。康王在喪。故稱名。春秋嗣王在喪。亦書名也。昔君文武。丕平富。不務咎。底至齊信。用昭明于天下。則亦有熊羆之士。不二心之臣。保乂王家。用端命于上帝。皇天用訓厥道。付畀四方。丕平富者。溥博均平。薄斂富民。言文武德之廣也。不務咎者。不務咎惡。輕省刑罰。言文武罰之謹也。底至者。推行而底其至也。齊信者。兼盡而極其誠也。文武務德不務罰之心。推行而底其至。兼盡而極其誠。內外充實。故光輝發越。用昭明于天下。蓋誠之至者。不可揜也。而又有熊羆武勇之士。不二心忠實之臣。戮力同心。保乂王室。文武用受正命於天下。上天用順文武之道。而付之以天下之大也。康王言此者。求助羣臣諸侯之意。乃命建侯樹屏。在我後之人。今予一二伯父。尚胥暨顧綏爾先公之臣服于先王。雖爾身在外。乃心罔不在王室。用奉恤厥若。無遺鞠子羞。天子稱同姓諸侯曰伯父。康王言文武所以命建侯邦。植立蕃屏者。意蓋在我後之人也。今我一二伯父。庶幾相與顧綏爾祖考所以臣服于我先王之道。雖身守國在外。乃心當常在王室。用奉上之憂勤。其順承之。毋遺我稚子之恥也。羣公既皆聽命。相揖趨出。王釋冕。反喪服。始相揖者。揖而進也。此相揖者。揖而退也。蘇氏曰。成王崩未葬。君臣皆冕服。禮歟。曰。非禮也。謂之變禮。可乎。曰。不可。禮變於不得已。嫂非溺。終不援也。三年之喪既成服。釋之而即吉。無時而可者。曰。成王顧命。不可以不傳。既傳不可以喪服受也。曰。何爲其不可也。孔子曰。將冠子。未及期日。而有齊衰大功之喪。則因喪服而冠。冠吉禮也。猶可以喪服行之。受顧命。見諸侯。獨不可以喪服乎。太保使大史奉冊授王于次。諸侯入哭於路寢。而見王於次。王喪服受教戒諫。哭踊答拜。聖人復起。不易斯言矣。春秋傳曰。鄭子皮如晉。葬晉平公。將以幣行。子產曰。喪安用幣。子皮固請以行。既葬。諸侯之大夫欲因見新君。叔向辭之曰。大夫之事畢矣。而又命孤。孤斬焉在衰絰之中。其以嘉服見。則喪禮未畢。其以喪服見。是重受弔也。大夫將若之何。皆無辭以退。今康王既以嘉服見諸侯。而又受乘黃玉帛之幣。使周公在。必不爲此。然則孔子何取此書也。曰。至矣。其父子君臣之間。教戒深切著明。足以爲後世法。孔子何爲不取哉。然其失禮則不可不辯。

畢命康王以成周之衆。命畢公保釐。此其冊命也。今文無古文有。○唐孔氏曰。漢律歷志云。康王畢命豐刑。曰。惟十有二年。六月庚午朏。王命作冊書豐刑。此僞作者傳聞舊詩得其年月。不得以下之辭。妄言作豐刑耳。亦不知豐刑之言。何所道也。

惟十有二年。六月庚午朏。越三日壬申。王朝步自宗周。至于豐。以成周之衆。命畢公保釐東郊。康王之十二年也。畢公嘗相文王。故康王就豐文王廟命之。成周。下都也。保。安。釐。理也。保釐。卽下文旌別淑慝之謂。蓋一代之治體。一篇之宗要也。

王若曰。嗚呼。父師。惟文王武王敷大德于天下。用克受殷命。畢公代周公爲太師也。文王武王布大德于天下。用能受殷之命。言得之之難也。

惟周公左右先王。綏定厥家。毖殷頑民。遷于洛邑。密邇王室。式化厥訓。既歷三紀。世變風移。四方無虞。予一人以寧。十二年曰紀。父子曰世。周公左右文武成王。安定國家。謹毖頑民。遷于洛邑。密近王室。用化其教。既歷三紀。世已變而風始移。今四方無可虞度之事。而予一人以寧。言化之之難也。

道有升降。政由俗革。不臧厥臧。民罔攸勸。有升有降。猶言有隆有汚也。周公當世道方降之時。至君陳畢公之世。則將升於大猷矣。爲政者。因俗變革。故周公毖殷。而謹厥始。君陳有容。而和厥中。皆由俗爲政者。當今之政。旌別淑慝之時也。苟不善其善。則民無所勸慕矣。

惟公懋德。克勤小物。弼亮四世。正色率下。罔不祗師言。嘉績多于先王。予小子垂拱仰成。懋。盛大之義。予懋乃德之懋。小物。猶言細行也。言畢公既有盛德。又能勤於細行。輔導四世。風采凝峻。表儀朝著。若大若小。罔不祗服師訓。休嘉之績。蓋多於先王之時矣。今我小子復何爲哉。垂衣拱手以仰其成而已。康王將付畢公以保釐之寄。故敘其德業之盛。而歸美之也。

王曰。嗚呼。父師。今予祗命公以周公之事。往哉。今我敬命公以周公化訓頑民之事。公其往哉。言非周公所爲不敢屈公以行也。

旌別淑慝。表厥宅里。彰善癉惡。樹之風聲。弗率訓典。殊厥井疆。俾克畏慕。申畫郊圻。慎固封守。以康四海。癉多旱反。守舒究反。○淑。善。慝。惡。癉。病也。旌善別惡。成周今日由俗革之政也。表異善人之居里。如後世旌表門閭之類。顯其爲善者。而病其爲不善者。以樹立爲善者風聲。使顯於當時。而傳於後世。所謂旌淑也。其不率訓典者。則殊異其井里疆界。使不得與善者雜處。禮記曰。不變移之郊。不變移之遂。卽其法也。使能畏爲惡之禍。而慕爲善之福。所謂別慝也。圻與畿同。郊圻之制。昔固規畫矣。曰申云者。申明之也。封域之險。昔固有守矣。曰謹云者。戒嚴之也。疆域障塞。歲久則易湮。世平則易玩。時緝而屢省之。乃所以尊嚴王畿。王畿安。則四海安矣。

政貴有恆。辭尚體要。不惟好異。商俗靡靡。利口惟賢。餘風未殄。公其念哉。恆胡登反。○對暫之謂恆。對常之謂異。趣完具而已之謂體。恆體所會之謂要。政事純一。辭令簡實。深戒作聰明趨浮末好異之事。凡論治體者皆然。而在商俗。則尤爲對病之藥也。蘇氏曰。張釋之諫漢文帝。秦任刀筆之吏。爭以亟疾苛察相高。其弊徒文具無惻隱之實。以故不聞其過。陵夷至於二世。天下土崩。今以嗇夫口辯而超遷之。臣恐天下隨風靡。爭口辯無其實。凡釋之所論。則康王以告畢公者也。我聞曰。世祿之家。鮮克由禮。以蕩陵德。實悖天道。敝化奢麗。萬世同流。鮮上聲。悖蒲沒反。○古人論世祿之家。逸樂豢養。其能由禮者鮮矣。既不由禮。則心無所制。肆其驕蕩。陵蔑有德。悖亂天道。敝壞風化。奢侈美麗。萬世同一流也。康王將言殷士怙侈滅義之惡。故先取古人論世族者發之。

茲殷庶士。席寵惟舊。怙侈滅義。服美于人。驕淫矜侈。將由惡終。雖收放心。閑之惟艱。侈枯瓜反。○呂氏曰。殷士憑藉光寵。助發其私欲者。有自來矣。私欲公義。相為消長。故怙侈必至滅義。義滅則無復羞惡之端。徒以服飾之美。侈之於人。而身之不美。則莫之恥也。流而不反。驕淫矜侈。百邪並見。將以惡終矣。洛邑之遷。式化厥訓。雖已收其放心。而其所以防閑其邪者。猶甚難也。

資富能訓。惟以永年。惟德惟義。時乃大訓。不由古訓。于何其訓。言殷士不可不訓之也。資資財也。資富而能訓。則心不遷於外物。而可全其性命之正也。然訓非外立教條也。惟德惟義而已。德者心之理。義者理之宜也。德義人所同有也。惟德義以為訓。是乃天下之大訓。然訓非可以己私言也。當稽古以為之說。蓋善無證。則民不從。不由古以為訓。于何以為訓乎。

王曰。嗚呼。父師。邦之安危。惟茲殷士。不剛不柔。厥德允修。是時四方無虞矣。蕞爾殷民。化訓三紀之餘。亦何足慮。而康王孳孳以邦之安危。惟繫於此。其不苟於小成者如此。文武周公之澤。其深長也宜哉。不剛所以保之。不柔所以釐之。不剛不柔。其德信乎其修矣。

惟周公克愼厥始。惟君陳克和厥中。惟公克成厥終。三后協心。同底于道。道洽政治。澤潤生民。四夷左衽。罔不咸賴。予小子永膺多福。殊厥井疆。非治之成也。使商民皆善。然後可謂之成。此曰成者。貴期之也。三后所治者洛邑。而施及四夷。王畿四方之本也。吳氏曰。道者。致治之道也。始之。中之。終之。雖時有先後。皆能即其行事。觀其用心。而有以濟之。若出於一時。若成於一人。謂之協心如此。

公其惟時成周建無窮之基。亦有無窮之聞。子孫訓其成式惟乂。聞音問。○建立。訓順。式法也。成周指下都而言。呂氏曰。畢公四世元老。豈區區立後世名者。而動德之隆。亦豈少此。康王所以望之者。蓋相期以無窮事業。乃尊敬之至也。

嗚呼。罔曰弗克。惟既厥心。罔曰民寡。惟愼厥事。欽若先王成烈。以休于前政。蘇氏曰。曰弗克者。畏其難而不敢為者也。曰民寡者。易其事以為不足為者也。前政。周公君陳也。

君牙

君牙。臣名。穆王命君牙為大司徒。此其誥命也。今文無。古文有。

王若曰。嗚呼。君牙。惟乃祖乃父。世篤忠貞。服勞王家。厥有成績。紀于太常。王。穆王也。康王孫。昭王子。周禮司勳云。凡有功者。銘書于王之太常。司常云。日月為常。畫日月於旌旗也。惟予小子。嗣守文武成康遺緒。亦惟先王之臣。克左右亂四方。

心之憂危。若蹈虎尾。涉于春冰。緒統緒也。若蹈虎尾。畏其噬。若涉春冰。畏其陷。言憂危之至。以見求助之切也。今命爾予翼。作股肱心膂。纘乃舊服。無忝祖考。膂脊也。舊服忠貞服勞之事。忝辱也。欲君牙以其祖考事先王者而事我也。弘敷五典。式和民則。爾身克正。罔敢弗正。民心罔中。惟爾之中。弘敷者大而布之也。式和者敬而和之也。則有物有則之則。君臣之義。父子之仁。夫婦之別。長幼之序。朋友之信。是也。典以設教言。故曰弘敷。則以民彝言。故曰式和。此司徒之教也。然教之本。則在君牙之身。正也中也。民則之體。而人之所同然也。正以身言。欲其所處無邪行也。中以心言。欲其所存無邪思也。孔子曰。子率以正。孰敢不正。周公曰。率自中。此告君牙以司徒之職也。夏暑雨。小民惟曰怨咨。冬祁寒。小民亦惟曰怨咨。厥惟艱哉。思其艱以圖其易。民乃寧。祁大也。暑雨祁寒。小民怨咨。自傷其生之艱難也。厥惟艱哉者。歎小民之誠為艱難也。思念其難以圖其易。民乃安也。艱者。饑寒之艱。易者衣食之易。司徒敷五典。擾兆民。兼教養之職。此又告君牙以養民之難也。嗚呼。丕顯哉。文王謨。丕承哉。武王烈。啓佑我後人。咸以正罔缺。爾惟敬明乃訓。用奉若于先王。對揚文武之光命。追配于前人。丕大。謨謀。烈功也。文顯於前。武承於後。曰謨曰烈。各指其實而言之。咸以正者。無一事不出於正。咸罔缺者。無一事不致其周密。若順。對答。配匹也。前人。君牙祖父。王若曰。君牙。乃惟由先正舊典時式。民之治亂在茲。率乃祖考之攸行。昭乃辟之有乂。先正。君牙祖父也。君牙由祖父舊職。而是法之。民之治亂。在此而已。法則治。否則亂也。循汝祖父之所行。而顯其君之有乂。復申戒其守家法以終之。按此篇專以君牙祖父為言。曰纘舊服。曰由舊典。曰無忝。曰追配。曰由先正舊典。曰率祖考攸行。然則君牙之祖父。嘗任司徒之職。而其賢可知矣。惜載籍之無傳也。陳氏曰。康王時。芮伯為司徒。君牙豈其後邪。

冏命

冏俱永反。○穆王命伯冏為太僕正。此其誥命也。今文無。古文有。○呂氏曰。陪僕暬御之臣。後世視為賤品而不之擇者。曾不知人主朝夕與居。氣體移養。常必由之。潛消默奪於冥冥之中。而明爭顯諫於昭昭之際。抑末矣。自周公作立政。而歎綴衣虎賁知恤者鮮。則君德之所繫。前此知之者亦罕矣。周公表而出之。其選始重。穆王之用太僕正。特作命書。至與大司徒略等。其知本哉。

王若曰。伯冏。惟予弗克于德。嗣先人宅丕后。怵惕惟厲。中夜以興。思免厥愆。怵敕律反。○伯冏。臣名。穆王言我不能于德。繼前人居大君之位。恐懼危厲。中夜以興。思所以免其咎過。昔在文武。聰明齊聖。小大之臣。咸懷忠良。其侍御僕從。罔匪正人。以旦夕承弼厥辟。出入起居。罔有不欽。發號施令。罔有不臧。下民祇若。萬邦咸休。從才用反。○侍給侍左右者。御車御之官。僕從太僕羣僕。凡從王者。承。承順之謂。弼。正救之謂。雖文武之君。聰明齊聖。小大之臣。咸懷忠良。固無待於侍御僕從之承弼者。然其左右奔走。皆得正人。則承順正救。亦豈小補哉。

惟予一人無良。實賴左右前後有位之士。匡其不及。繩愆糾謬。格其非心。俾克紹先烈。無良。言其質之不善也。匡。輔助也。繩。直。糾。正也。非心。非僻之心也。先烈。文武也。

今予命汝作大正。正于羣僕侍御之臣。懋乃后德。交修不逮。大正。太僕正也。周禮。太僕。下大夫也。羣僕。謂祭僕隸僕戎僕齊僕之類。穆王欲伯冏正其羣僕侍御之臣以勉進君德。而交修其所不及。或曰。周禮。下大夫不得爲正。漢孔氏以爲太御中大夫。蓋周禮太御最長。下又有羣僕。與此所謂正于羣僕者合。且與君同車。最爲親近也。

愼簡乃僚。無以巧言令色便辟側媚。其惟吉士。便。毘連反。辟。匹亦反。○巧。好。令。善也。好其言。善其色。外飾而無質實者也。便者。順人之所欲。辟者。避人之所惡。側者。姦邪。媚者。諛說。小人也。吉士。君子也。言當謹擇汝之僚佐。無任小人。而惟用君子也。又按此言謹簡乃僚。則成周之時。凡爲官長者。皆得自舉其屬。不特府史胥徒而已。

僕臣正。厥后克正。僕臣諛。厥后自聖。后德惟臣。不德惟臣。自聖。自以爲聖也。僕臣之賢否。係君德之輕重如此。呂氏曰。自古小人之敗君德。爲昏爲虐。爲侈爲縱。爲其有極。至於自聖。猶若淺之爲害。穆王獨以是蔽之者。蓋小人之蠱其君。必使之虛美熏心。傲然自聖。則謂人莫己若。而欲予言莫之違。然後法家拂士日遠。而快意肆情之事。亦莫或齟齬其間。自聖之證既見。而百疾從之。昏虐侈縱。皆其枝葉而不足論也。

爾無昵于憸人。充耳目之官。迪上以非先王之典。汝無比近小人。充我耳目之官。導君上以非先王之典。蓋穆王自量其執德未固。恐左右以異端進。而蕩其心也。

非人其吉。惟貨其吉。若時瘝厥官。惟爾大弗克祗厥辟。惟予汝辜。戒其以貨賄任羣僕也。言不于其人之善。而惟以貨賄爲善。則是曠厥官。汝大不能敬其君。而我亦汝罪矣。

王曰。嗚呼。欽哉。永弼乃后于彝憲。彝憲。常法也。呂氏曰。穆王卒章之命。望於伯冏者。深且長矣。此心不繼。造父爲御。周遊天下。將必有車轍馬跡。導其侈者。果出於僕御之間。抑不知伯冏猶在職乎否也。穆王豫知所戒。憂思深長。猶不免躬自蹈之。人心操捨之無常。可懼哉。

呂刑

呂侯爲天子司寇。穆王命訓刑以詰四方。史錄爲篇。今文古文皆有。○按此篇專訓贖刑。蓋本舜典金作贖刑之語。今詳此書。實則不然。蓋舜典所謂贖者。官府學校之刑爾。若五刑則固未嘗贖也。五刑之寬。惟處以流。鞭扑之寬。方許其贖。今穆王贖法。雖大辟亦與其贖免矣。漢張敞以討羌兵食不繼。建爲入穀贖罪之法。初亦未嘗及夫殺人及盜之罪。而蕭望之等猶以爲如此。則富者得生。貧者獨死。恐開利路以傷治化。曾謂唐虞之世而有是贖法哉。穆王巡遊無度。財匱民勞。至其末年。無以爲計。乃爲此一切權宜之術。以斂民財。夫子錄之。蓋亦示戒。然其一篇之書。哀矜惻怛。猶可以想見三代忠厚之遺意云爾。又按書傳引此多稱甫刑。史記作甫侯言於王作修刑辟。呂後爲甫歟。

惟呂命。王享國百年。耄荒。度作刑以詰四方。惟呂命與惟說命語意同。先此以見訓刑爲呂侯之言也。耄。老而昏亂之稱。荒。忽也。孟子曰。從獸無厥謂之荒。穆王享國百年。車轍馬跡。遍于天下。故史氏以耄荒二字發之。亦以見瀆刑爲穆王耄荒所訓耳。蘇氏曰。荒大也。大度作刑。猶禹曰予荒度土功。荒當屬下句。亦通。然耄亦貶之之辭也。

王曰。若古有訓。蚩尤惟始作亂。延及于平民。罔不寇賊。鴟義姦宄。奪攘矯虔。蚩充之反。鴟處脂反。○言鴻荒之世渾厚敦龐。蚩尤始開暴亂之端。驅扇熏炙。延及平民。無不爲寇爲賊。鴟義者。以鴟張跋扈爲義。矯虔者。矯詐虔劉也。

苗民弗用靈。制以刑。惟作五虐之刑曰法。殺戮無辜。爰始淫爲劓刵椓黥。越茲麗刑。并制。罔差有辭。劓牛例反。刵而志反。椓竹角反。黥渠京反。○苗民承蚩尤之暴。不用善而制以刑。惟作五虐之刑。名之曰法。以殺戮無罪。於是始過爲劓鼻刵耳椓竅黥面之必刑之。并制無罪。不復以曲直之法。於麗法者。辭爲差別。皆刑之也。

民興胥漸。泯泯棼棼。罔中于信。以覆詛盟。虐威庶戮。方告無辜于上。上帝監民。罔有馨香德。刑發聞惟腥。棼敷文反。又音紛。○泯泯昏也。棼棼亂也。民相漸染。爲昏爲亂。無復誠信。相與反覆詛盟而已。虐政作威。衆被戮者。方各告無罪於天。天視苗民。無有馨香德。而刑戮發聞。莫非腥穢。呂氏曰。形於聲嗟。窮之反也。動於氣臭。惡之熟也。馨香陽也。腥穢陰也。故德爲馨香。而刑發腥穢也。

皇帝哀矜庶戮之不辜。報虐以威。遏絕苗民。無世在下。以書考之。皇帝舜也。治苗民。命伯夷禹稷皋陶。皆舜之事。報苗之虐。以我之威。絕滅也。謂竄與分北之類。遏絕之。使無繼世在下國。

乃命重黎。絕地天通。罔有降格。羣后之逮在下。明明棐常。鰥寡無蓋。重少昊之後。黎高陽之後。重即義。黎即和也。呂氏曰。治世公道昭明。爲善得福。爲惡得禍。民曉然知其所由。則不求之眇茫冥昧之間。當三苗昏虐。民之得罪者。莫知其端。無所控訴。相與聽於神。祭非其鬼。天地人神之典。雜揉瀆亂。此妖誕之所以興。人心之所以不正也。在舜當務之急。莫先於正人心。首命重黎。修明祀典。天子然後祭天地。諸侯然後祭山川。高卑上下。各有分限。絕地天之通。嚴幽明之分。焄蒿妖誕之說。舉皆屛息。羣后及在下之羣臣。皆精白一心。輔助常道。民卒善而得福。惡而得禍。雖鰥寡之微。亦無有蓋蔽而不得自伸者也。○按國語曰。少皥氏之衰。九黎亂德。民神雜揉。家爲巫史。民瀆齊盟。禍災荐臻。顓頊受之。乃命南正重司天以屬神。北正黎司地以屬民。使無相侵瀆。其後三苗復九黎之德。堯復育重黎之後。不忘舊者。使復典之。

皇帝清問下民。鰥寡有辭于苗。德威惟畏。德明惟明。清問。虛心而問也。有辭。聲苗之過也。苗以虐爲威。以察爲明。帝反其道。以德威。而天下無不畏。以德明。而天下無不明也。

乃命三后。恤功于民。伯夷降典。折民惟刑。禹平水土。主名山川。稷降播種。農殖嘉穀。三后成功。惟殷于民。恤功。致憂民之功也。典。禮也。伯夷降天地人之三禮。以折民之邪妄。蘇氏曰。失禮則入刑。禮刑一物也。伯夷降典以正民心。禹平水土以定民居。稷降播種以厚民生。三后成功。而致民之殷盛富庶也。吳氏曰。二典不載有兩刑官。蓋傳聞之謬也。愚按皋陶未爲刑官之時。豈伯夷實兼之歟。下文又言伯夷播刑之迪。不應如此謬誤。

士制百姓于刑之中。以敎祗德。命皋陶爲士。制百姓于刑辟之中。所以檢其心而敎以祗德也。○吳氏曰。皋陶不與三后之列。遂使後世以刑官爲輕。後漢楊賜拜廷尉。自以代非法家。言曰。三后成功。惟殷于民。皐陶不與。蓋吝之也。是後世非獨人臣以刑官爲輕。人君亦以爲輕矣。觀舜之稱皐陶曰。刑期于無刑。民協于中。時乃功。又曰。俾予從欲以治。四方風動。惟乃之休。其所繫乃如此。是可輕哉。呂氏曰。呂刑一篇。以刑爲主。故歷敘本末。而歸之於皐陶之刑。勢不得與伯夷禹稷雜稱。言固有賓主也。

穆穆在上。明明在下。灼于四方。罔不惟德之勤。故乃明于刑之中。率乂于民棐彝。穆穆者。和敬之容也。明明者。精白之容也。灼于四方者。穆穆明明。輝光發越而四達也。君臣之德。昭明如是。故民皆觀感動盪。爲善而不能自已也。如是而猶有未化者。故士師明于刑之中。使無過不及之差。率乂于民。輔其常性。所謂刑罰之精華也。

典獄非訖于威。惟訖于富。敬忌罔有擇言在身。惟克天德。自作元命。配享在下。訖。盡也。威。權勢也。富。賄賂也。當時典獄之官。非惟得盡法於權勢之家。亦惟得盡法於賄賂之人。言不爲威屈。不爲利誘也。敬忌之至。無有擇言在身。大公至正。純乎天德。無毫髮不可舉以示人者。天德在我。則大命自我作。而配享在下矣。在下者。對天之辭。蓋推典獄用刑之極功。而至於與天爲一者如此。

王曰。嗟。四方司政典獄。非爾惟作天牧。今爾何監。非時伯夷播刑之迪。其今爾何懲。惟時苗民匪察于獄之麗。罔擇吉人。觀于五刑之中。惟時庶威奪貨。斷制五刑。以亂無辜。上帝不蠲。降咎于苗。苗民無辭于罰。乃絶厥世。司政典獄。漢孔氏曰。諸侯也。爲諸侯主刑獄而言。非爾諸侯爲天牧養斯民乎。爲天牧民。則今爾何所監懲。所當監者。非伯夷乎。所當懲者。非有苗乎。伯夷布刑以啓迪斯民。捨皐陶而言伯夷者。探本之論也。麗。附也。苗民不察於獄辭之所麗。又不擇吉人。俾觀于五刑之中。惟是貴者以威亂政。富者以貨奪法。斷制五刑。亂虐無罪。上帝不蠲貸而降罰于苗。苗民無所辭其罰。而遂殄滅之也。

王曰。嗚呼。念之哉。伯父伯兄仲叔季弟幼子童孫。皆聽朕言。庶有格命。今爾罔不由慰日勤。爾罔或戒不勤。天齊于民。俾我一日。非終惟終。在人。爾尚敬逆天命。以奉我一人。雖畏勿畏。雖休勿休。惟敬五刑。以成三德。一人有慶。兆民賴之。其寧惟永。此告同姓諸侯也。格。至也。參錯訊鞫。極天下之勞者。莫若獄。苟有毫髮怠心。則民有不得其死者矣。罔不由慰日勤者。爾所用以自慰者。無不以日勤。故職舉而刑當也。爾罔或戒不勤者。刑罰之用。一成而不可變者也。苟頃刻之不勤。則刑罰失中。雖深戒之而已施者亦無及矣。戒固善心也。而用刑豈可以或戒也哉。且刑獄非所恃以爲治也。天以是整齊亂民。使我爲一日之用而已。非終。卽康誥大罪非終之謂。言過之當宥者。惟終。卽康誥小罪惟終之謂。言故之當辟者。非終惟終。皆非我得輕重。惟在夫人所犯耳。爾當敬逆天命以承我一人。畏。威。古通用。威。辟之也。休。宥之也。我雖以爲辟。爾惟勿辟。我雖以爲宥。爾惟勿宥。惟敬乎五刑之用。以成剛柔正直之德。則君慶於上。民賴於下。而安寧之福。其永久而不替矣。

王曰。吁。來。有邦有土。告爾祥刑。在今爾安百姓。何擇非人。何敬非刑。何度非及。有民社者。皆在所告也。夫刑。凶器也。

而謂之祥者。刑期無刑。民協于中。其祥莫大焉。及逮也。漢世詔獄所逮有至數萬人者。審度其所當逮者。而後可逮之也。曰何日非。問答以發其意。以明三者之決不可不盡心也。

兩造具備。師聽五辭。五辭簡孚。正于五刑。五刑不簡。正于五罰。五罰不服。正于五過。兩造者。兩爭者皆至也。周官以兩造聽民訟。具備者。詞證皆在也。師。衆也。五辭。麗於五刑之辭也。簡。核其實也。孚。無可疑也。正。質也。五辭簡核而可信。乃質于五刑也。不簡者。辭與刑參差不應。刑之疑者也。罰。贖也。疑于刑則質于罰也。不服者。辭與罰又不應也。罰之疑者也。過。誤也。疑于罰則質于過而宥免之也。

五過之疵。惟官。惟反。惟內。惟貨。惟來。其罪惟均。其審克之。疵。病也。官。威勢也。反。報德怨也。內。女謁也。貨。賄賂也。來。干請也。惟此五者之病。以出入人罪。則以人之所犯坐之也。審克者。察之詳而盡其能也。下文屢言以見其丁寧忠厚之至。疵於刑罰亦然。但言於五過者。舉輕以見重也。

五刑之疑有赦。五罰之疑有赦。其審克之。簡孚有衆。惟貌有稽。無簡不聽。具嚴天威。刑疑有赦。正于五罰也。罰疑有赦。正于五過也。簡核情實可信者衆。亦惟考察其容貌。周禮所謂色聽是也。然聽獄以簡核為本。苟無情實。在所不聽。上帝臨汝。不敢有毫髮之不盡也。

墨辟疑赦。其罰百鍰。閱實其罪。劓辟疑赦。其罰惟倍。閱實其罪。剕辟疑赦。其罰倍差。閱實其罪。宮辟疑赦。其罰六百鍰。閱實其罪。大辟疑赦。其罰千鍰。閱實其罪。墨罰之屬千。劓罰之屬千。剕罰之屬五百。宮罰之屬三百。大辟之罰。其屬二百。五刑之屬三千。上下比罪。無僭亂辭。勿用不行。惟察惟法。其審克之。鍰。胡關反。○墨。刻額而涅之也。劓。割鼻也。剕。刖足也。宮。淫刑也。男子割勢。婦人幽閉。大辟。死刑也。六兩曰鍰。閱。視也。倍。二百鍰也。倍差。倍而又差。五百鍰也。屬。類也。三千。總計之也。周禮司刑所掌五刑之屬二千五百。刑雖增舊。然輕罪比舊為多。而重罪比舊為減也。比。附也。罪無正律。則以上下刑而比附其罪也。無僭亂辭。勿用不行。未詳。或曰。亂辭。辭之不可聽者。不行。舊有是法而今不行者。戒其無差誤於僭亂之辭。勿用今所不行之法。惟詳明法意而審克之也。○今按皋陶所謂罪疑惟輕者。降一等而罪之耳。今五刑疑赦。而直罰之以金。是大辟宮剕劓墨。皆不復降等用矣。蘇氏謂五刑疑各入罰不降。當因古制。非也。舜之贖刑。官府學校鞭扑之刑耳。夫刑莫輕於鞭扑。入於鞭扑之刑。而又情法猶有可議者。則是無法以治之。故使之贖。特不欲遽釋之也。而穆王之所謂贖。雖大辟亦贖也。舜豈有是制哉。詳見篇題。

上刑適輕下服。下刑適重上服。輕重諸罰有權。刑罰世輕世重。惟齊非齊。有倫有要。事在上刑。而情適輕。則服下刑。舜之宥過無大。康誥所謂大罪非終者。是也。事在下刑。而情適重。則服上刑。舜之刑故無小。康誥所謂小罪非眚者。是也。若諸罰之輕重。亦皆有權焉。權者。進退推移。以求其輕重之宜也。刑罰世輕世重者。周官刑新國用輕典。刑亂國用重典。刑平國用中典。隨世而為輕重者也。輕重諸罰有權者。權一人之輕重也。刑罰世輕世重者。權一世之輕重也。惟齊非齊者。法之權也。有倫有要者。法之經也。言刑罰雖惟權變是適。而齊之以不齊焉。至其倫要所在。蓋有截然而不可紊者矣。此兩句。總結上意。

罰懲非死。人極于病。非佞折獄。惟良折獄。罔非在中。察辭于差。非從惟從。哀敬折獄。明啓刑書胥占。咸庶中正。其刑其罰。其審克之。獄成而孚。輸而孚。其刑上備。有并兩刑。罰以懲過。雖非致人於死。然民重出贖。亦甚病矣。佞。口才也。非口才辯給之人。可以折獄。惟溫良長者。視民如傷者。能折獄而無不在中也。此言聽獄者。當擇其人也。察辭于差者。辭非情實。終必有差。聽獄之要。必於其差而察之。非從惟從者。察辭不可偏主。猶曰不然而然。所以審輕重而取中也。哀敬折獄者。惻怛敬畏以求其情也。明啓刑書胥占者。言詳明法律。而與衆占度也。咸庶中正者。皆庶幾其無過忒也。此言聽獄者。當盡其心也。若是。則獄成於下。而民信之。獄輸於上。而君信之。其刑上備。有并兩刑者。言上其斷獄之書。當備情節。一人而犯兩事。罪雖從重。亦并兩刑而上之也。此言讞獄者。當備其辭也。

王曰。嗚呼。敬之哉。官伯族姓。朕言多懼。朕敬于刑。有德惟刑。今天相民。作配在下。明清于單辭。民之亂。罔不中聽獄之兩辭。無或私家于獄之兩辭。獄貨非寶。惟府辜功。報以庶尤。永畏惟罰。非天不中。惟人在命。天罰不極。庶民罔有令政在于天下。此總告之也。官。典獄之官也。伯。諸侯也。族。同族。姓。異姓也。朕之於刑。言且多懼。況用之乎。朕敬于刑者。畏之至也。有德惟刑。厚之至也。今天以刑相治斯民。汝實任責。作配在下。可也。明清以下。敬刑之事也。獄辭有單有兩。單辭者。無證之辭也。聽之爲尤難。明者。無一毫之蔽。清者。無一點之污。曰明曰清。誠敬篤至。表裏洞徹。無少私曲。然後能察其情也。亂。治也。獄貨。鬻獄而得貨也。府。聚也。辜功。猶云罪狀也。報以庶尤者。降之百殃也。非天不中。惟人在命者。非天不以中道待人。惟人自取其殃禍之命爾。此章文有未詳者。姑缺之。

王曰。嗚呼。嗣孫。今往何監。非德于民之中。尚明聽之哉。哲人惟刑。無疆之辭屬于五極。咸中有慶。受王嘉師。監于茲祥刑。此詔來世也。嗣孫。嗣世子孫也。言今往何所監視。非用刑成德而能全民所受之中者乎。下文哲人。即所當監者。五極。五刑也。明哲之人。用刑而有無窮之譽。蓋由五刑咸得其中。所以有慶也。嘉。善。師。衆也。諸侯受天子良民善衆。當監視于此祥刑。申言以結之也。

文侯之命　幽王爲犬戎所殺。晉文侯與鄭武公。迎太子宜臼立之。是爲平王。遷於東都。平王以文侯爲方伯。賜以秬鬯弓矢。作策書命之。史錄爲篇。今文古文皆有。

王若曰。父義和。丕顯文武。克慎明德。昭升于上。敷聞在下。惟時上帝集厥命于文王。亦惟先正。克左右昭事厥辟。越小大謀猷。罔不率從。肆先祖懷在位。同姓。故稱父。文侯名仇。義和其字。不名者。尊之也。丕顯者。言其德之所成。克謹者。言其德之所修。昭升敷聞。言其德之所至也。文武之德如此。故上帝集厥命于文王。亦惟爾祖父。能左右昭事其君。於小大謀猷。無敢背違。故先王得安在位。

嗚呼。閔予

小子。嗣造天丕愆。殄資澤于下民。侵戎我國家純。卽我御事罔或耆壽俊在厥服。予則罔克。曰。惟祖惟父。其伊恤朕躬。嗚呼。有績予一人。永綏在位。

歎而自痛傷也。閔。憐也。嗣造天丕愆者。嗣位之初。爲天所大譴。父死國敗也。殄。絕。純。大也。絕其資用惠澤于下民。本旣先撥。故戎狄侵陵。爲我國家之害甚大。今我御事之臣。無有老成俊傑在厥官者。而我小子又材劣無能。其何以濟難。又言諸侯在我祖父之列者。其誰能恤我乎。又歎息言有能致功于一人。則可永安厥位矣。蓋悲國之無人。無有如上文先正之昭事。而先王得安在位也。

父義和。汝克昭乃顯祖。汝肇刑文武。用會紹乃辟。追孝于前文人。汝多修扞我于艱。若汝予嘉。

扞。侯杆反。○顯祖。文人。皆謂唐叔。卽上文先正昭事厥辟者也。後罔或者壽俊在厥服。則刑文武之道絕矣。今刑文武自文侯始。故曰肇刑文武。會者。合之而使不離。紹者。繼之而使不絕。前文人。猶云前寧人。汝多所修完扞衞我于艱難。若汝之功。我所嘉美也。

王曰。父義和。其歸視爾師。寧爾邦。用賚爾秬鬯一卣。彤弓一。彤矢百。盧弓一。盧矢百。馬四匹。父往哉。柔遠能邇。惠康小民。無荒寧。簡恤爾都。用成爾顯德。

師。衆也。黑黍曰秬。釀以鬯草。卣。中尊也。諸侯受錫命。當告其始祖。故賜鬯也。彤。赤。盧。黑也。諸侯有大功。賜弓矢。然後得專征伐。馬供武用。四匹曰乘。侯伯之賜無常。以功大小爲度也。簡者。簡閱其士。恤者。惠恤其民。都者。國之都鄙也。○蘇氏曰。予讀文侯篇。知東周之不復興也。宗周傾覆。禍敗極矣。平王宜若衞文公。越句踐然。今其書乃旋旋焉與平康之世無異。春秋傳曰。厲王之禍。諸侯釋位以間王政。宣王有志而後效官。讀文侯之命。知平王之無志也。愚按史記。幽王娶於申而生太子宜臼。後幽王嬖褒姒。廢申后。去太子。申侯怒。與繒西夷犬戎攻王而殺之。諸侯卽申侯而立故太子宜臼。是爲平王。平王以申侯立己爲有德。而忘其弒父爲當誅。方將以復讎討賊之衆。而爲戍申戍許之舉。其忘親背義。得罪于天已甚矣。何怪其委靡頹墮而不自振也哉。然則是命也。孔子以其猶能言文武之舊而存之歟。抑亦以示戒於天下後世而存之歟。

費誓

費。地名。淮夷徐戎並起爲寇。魯侯征之。於費誓衆。故以費誓名篇。今文古文皆有。○呂氏曰。伯禽撫封於魯。夷戎妄意其未更事。且乘其新造之隙。而伯禽應之者。甚整暇有序。先治戎備。次之以除道路。又次之以嚴部伍。又次之以立期會。先後之序。皆不可紊。又按費誓秦誓皆侯國之事。而繫於帝王書末者。猶詩之錄商頌魯頌也。

公曰。嗟。人無譁。聽命。徂茲淮夷徐戎並興。

漢孔氏曰。徐戎淮夷並起寇魯。伯禽爲方伯。帥諸侯之師以征。歎而敕之。使無喧譁。欲其靜聽誓命。蘇氏曰。淮夷叛已久矣。及伯禽就國。又脅徐戎並起。故曰徂茲淮夷徐戎並興。徂茲者。猶曰往者云。

善敹乃甲冑。敿乃干。無敢不弔。備乃弓矢。鍛乃戈矛。礪乃鋒刃。無敢不善。

敹。遼條反。敿。舉夭反。弔音的。鍛。都玩反。○敹。縫完也。縫完其甲冑。勿使斷毀。敿。鄭氏云。猶繫也。王肅云。敿楯。當有紛繫持之。弔。精至也。鍛淬。礪。磨也。甲胄所以衛身。弓矢戈矛所以克敵。先自衛而後攻人。亦其序也。**今惟淫舍牿牛馬。杜乃擭。斂乃穽。無敢傷牿。牿之傷。汝則有常刑。**牿音谷擭胡化反斂乃結反穽疾郢反○淫。大也。牿。閑牧也。擭。機檻也。斂。塞也。師既出。牛馬所舍之閑牧。大布於野。當室塞其擭穽。一或不謹。而傷閑牧之牛馬。則有常刑。此令軍在所之居民也。舉此例之。凡川梁藪澤險阻屏翳有害於師屯者。皆在矣。此除道路之事。**馬牛其風。臣妾逋逃。無敢越逐。祗復之。我商賚汝。乃越逐不復。汝則有常刑。無敢寇攘。踰垣牆。竊馬牛。誘臣妾。汝則有常刑。**役人賤者。男曰臣。女曰妾。馬牛風逸。臣妾逋亡。不得越軍壘而逐之。失主雖不得逐。而人得風馬牛逃臣妾者。又當敬還之。我商度多寡以賞汝。如或越逐而失伍。不復而攘取。皆有常刑。有故竊奪踰垣牆竊人牛馬誘人臣妾者。亦有常刑。此嚴部伍之事。

甲戌。我惟征徐戎。峙乃糗糧。無敢不逮。汝則有大刑。魯人三郊三遂。峙乃楨榦。甲戌。我惟築。無敢不供。汝則有無餘刑。非殺。魯人三郊三遂。峙乃芻茭。無敢不多。汝則有大刑。峙丈理反糗去九反楨音貞芻惻俞反茭音交○甲戌。用兵之期也。峙。儲備也。糗。糧食也。不逮。若今之乏軍興。淮夷徐戎並起。今所攻獨徐戎者。蓋量敵之堅瑕緩急而攻之也。國外曰郊。郊外曰遂。天子六軍。則六鄉六遂。大國三軍。故魯三郊三遂也。楨榦。版築之木。題曰楨。牆端之木也。旁曰榦。牆兩邊障土者也。以是日征。是日築者。彼方禦我之攻。勢不得擾我之築也。無餘刑。非殺者。刑之非一。但不至於殺爾。芻茭供軍牛馬之用。軍以期會。芻糧爲急。故皆服大刑。楨榦芻茭。獨言魯人者。地近而致便也。

秦誓

左傳。杞子自鄭使告于秦曰。鄭人使我掌其北門之管。若潛師以來。國可得也。穆公訪諸蹇叔。蹇叔曰不可。公辭焉。使孟明西乞白乙伐鄭。晉襄公帥師敗秦師于殽。囚其三帥。穆公悔過。誓告羣臣。史錄爲篇。今文古文皆有。

公曰。嗟。我士。聽無譁。予誓告汝羣言之首。首之爲言。第一義也。將舉古人之言。故先發此。**古人有言曰。民訖自若是多盤。責人斯無難。惟受責俾如流。是惟艱哉。**訖。盡。盤。安也。凡人盡自若是多安於徇己。其責人無難。惟受責於人。俾如流水。略無扞格。是惟難哉。穆公悔前日安於自徇。而不聽蹇叔之言。深有味乎古人之語。故舉爲誓言之首也。**我心之憂。日月逾邁。若弗云來。**已然之過不可追。未遷之善猶可及。憂歲月之逝。若無復有來日也。**惟古之謀人。則曰未就予忌。惟今之謀人。姑將以爲親。雖則云然。尚猷詢茲黃髮。則罔所愆。**忌。疾。姑。且也。古之謀人。老成之士也。今之謀人。新進之士也。非不知其爲老成。以其不就己而忌疾之。非不知其新進。姑樂其順便而親信之。前日之過。雖已云然。然尚謀詢茲黃髮之人。則庶罔有所愆。蓋悔其既往之失。而冀其將來之善也。**番番良士。旅力既愆。我尚有之。仡仡勇夫。射御不違。我尚不**

欲。惟截截善諞言。俾君子易辭。我皇多有之。番音波。諞，毗俾緬二反。○番番，老貌。仡仡，勇貌。截截，辯給貌。諞，巧也。皇，遑通。旅力既愆之良士，前日所誑墓木既拱者，我猶庶幾得而有之。射御不違之勇夫，前日所誇過門超乘者，我庶幾不欲用之。勇夫我尚不欲，則辯給善巧言，能使君子變易其辭說者，我遑暇多有之哉。良士，謂蹇叔。勇夫，謂三帥。諞言，謂杞子。先儒皆謂穆公悔用孟明，詳其誓意，蓋深悔用杞子之言也。昧昧我思之。如有一介臣，斷斷猗無他技，其心休休焉。其如有容。人之有技，若已有之。人之彥聖，其心好之，不啻如自其口出。是能容之，以保我子孫黎民，亦職有利哉。斷，都玩反。○昧昧而思者，深潛而靜思也。介，獨也。大學作个。斷斷，誠一之貌。猗，語辭。大學作兮。休休，易直好善之意。容，有所受也。彥，美士也。聖，通明也。技，才。聖，德也。心之所好，甚於口之所言也。職，主也。人之有技，冒疾以惡之。人之彥聖，而違之俾不達。是不能容。以不能保我子孫黎民，亦曰殆哉。冒，大學作媢，忌也。違，背違之也。達，窮達之達。殆，危也。蘇氏曰：至哉穆公之論此二人也。前一人似房玄齡，後一人似李林甫。後之人主監此，足矣。邦之杌隉，曰由一人。邦之榮懷，亦尚一人之慶。杌隉，不安也。懷，安也。言國之危殆，繫於所任一人之非；國之榮安，繫於所任一人之是。申繳上二章意。

國家圖書館出版品預行編目資料

書經集傳 / （宋）蔡沈著. -- 初版. -- 新北市：華夏出版有限公司, 2024.01

面； 公分. --（傳世經典；002）

ISBN 978-626-7296-83-7（平裝）

1.CST：書經 2.CST：注釋

621.112 112015280

傳世經典 002

書經集傳

著 作	（宋）蔡沈
出 版	華夏出版有限公司
	220 新北市板橋區縣民大道 3 段 93 巷 30 弄 25 號 1 樓
	電話：02-32343788 傳真：02-22234544
	E-mail：pftwsdom@ms7.hinet.net
印 刷	百通科技股份有限公司
	電話：02-86926066 傳真：02-86926016
總 經 銷	貿騰發賣股份有限公司
	新北市 235 中和區立德街 136 號 6 樓
	電話：02-82275988 傳真：02-82275989
	網址：www.namode.com
版 次	2024 年 1 月初版一刷
特 價	新台幣 250 元（缺頁或破損的書，請寄回更換）

ISBN-13： 978-626-7296-83-7